Controladoria
estratégica aplicada

Dados Internacionais de Catalogação na Publicação (CIP)
(Câmara Brasileira do Livro, SP, Brasil)

P124c
Padoveze, Clóvis Luís.
    Controladoria estratégica aplicada : conceitos, estrutura e sistema de informações / Clóvis Luís Padoveze ; professores colaboradores Adail José de Sousa ... [et al.]. - São Paulo, SP : Cengage Learning, 2024.
    262 p. : il. ; 23 cm.

    1. reimpr. da 1. ed. de 2016.
    Inclui bibliografia e índice.
    ISBN 978-85-221-2581-4

    1. Controladoria. 2. Contabilidade. 3. Administração financeira. 4. Planejamento estratégico. I. Sousa, Adail José de. II. Título.

CDU 658.15.012.48   CDD 658.151

Índice para catálogo sistemático:
1. Controladoria 658.15.012.

(Bibliotecária responsável: Sabrina Leal Araújo - CRB 10/1507)

CLÓVIS LUÍS PADOVEZE

Controladoria estratégica aplicada

Conceitos, estrutura e sistema de informações

Professores colaboradores

Adail José de Sousa
André Luís Bertassi
Carlos Eduardo Francischetti
Eduardo Vieira do Prado
Fábio Chaves Nobre
Luiz Gustavo Camarano Nazareth

✷ Cengage

Austrália • Brasil • Canadá • México • Cingapura • Reino Unido • Estados Unidos

Cengage

Controladoria estratégica aplicada – Conceitos, estrutura e sistema de informações

Clóvis Luís Padoveze

Gerente editorial: Noelma Brocanelli

Editora de desenvolvimento: Gisela Carnicelli

Supervisora de produção gráfica: Fabiana Alencar Albuquerque

Editora de aquisições: Guacira Simonelli

Especialista em direitos autorais: Jenis Oh

Revisão: Fábio Gonçalves, Esther Levi, Luicy Caetano de Oliveira e FZ Consultoria Educacional

Pesquisa iconográfica: Tempo Composto

Projeto gráfico e diagramação: PC Editorial Ltda.

Capa: BuonoDisegno

Imagem da capa: Tanor/Shutterstock

© 2017 Cengage Learning, Inc.

Todos os direitos reservados. Nenhuma parte deste livro poderá ser reproduzida, sejam quais forem os meios empregados, sem a permissão, por escrito, da Editora. Aos infratores aplicam-se as sanções previstas nos artigos 102, 104, 106 e 107 da Lei nº 9.610, de 19 de fevereiro de 1998.

Esta editora empenhou-se em contatar os responsáveis pelos direitos autorais de todas as imagens e de outros materiais utilizados neste livro. Se porventura for constatada a omissão involuntária na identificação de alguns deles, dispomo-nos a efetuar, futuramente, os possíveis acertos.

A Editora não se responsabiliza pelo funcionamento dos *sites* contidos neste livro que possam estar suspensos.

Para informações sobre nossos produtos, entre em contato pelo telefone **+55 11 3665-9900**.

Para permissão de uso de material desta obra, envie seu pedido para **direitosautorais@cengage.com**.

ISBN-13: 978-85-221-2581-4
ISBN-10: 85-221-2581-3

Cengage
WeWork
Rua Cerro Corá, 2175 – Alto da Lapa
São Paulo – SP – CEP 05061-450
Tel.: +55 11 3665-9900

Para suas soluções de curso e aprendizado, visite **www.cengage.com.br**.

Impresso no Brasil.
Printed in Brazil.
1. reimpr. – 2024

Prefácio

Existe controladoria estratégica? Existe contabilidade estratégica? Controladoria é uma ciência diferente da ciência contábil? O motivo que nos levou a escrever esta obra pretende responder à primeira questão. Na nossa visão, apresentamos uma proposta neste livro que a responde adequadamente.

Primeiramente, rediscutimos na obra a questão da possível diferença entre a ciência contábil e controladoria. Nosso entendimento é que a controladoria é a unidade administrativa que efetiva o conjunto completo da ciência contábil – a contabilidade financeira e a contabilidade gerencial – na organização, sendo responsável pela gestão econômica das entidades com o objetivo de promover permanentemente sua eficácia. Dentro desta concepção, confundem-se, e fundem-se, controladoria e contabilidade, e podemos dizer que têm o mesmo objeto de estudo e aplicação: buscar continuamente a eficácia econômica das entidades organizacionais.

Mas há, de fato, contabilidade ou controladoria estratégica?

Sim, existe. A controladoria estratégica representa o conjunto de sistemas de informações implementado nas entidades para apoio aos responsáveis pela estratégia e o planejamento estratégico da organização. Quando este conjunto de sistemas de informações de controladoria estratégica não é implementado nas organizações, estas têm, seguramente, mais dificuldades de conduzir seu processo de gestão, processo este que se inicia com o planejamento estratégico.

O desenvolvimento inicial deste tema teve efeito na primeira edição de nosso livro *Controladoria estratégica e operacional*, em 2000, quando dedicamos uma parte do trabalho para o tema controladoria estratégica. A atual terceira edição de 2012 contempla uma visão mais abrangente, delimitada e mais clara do tema. O ponto de partida é que a controladoria deve participar ativamente de todo o processo de gestão (planejamento, execução e controle) e, consequentemente, do planejamento estratégico, suprindo seus responsáveis com sistemas de informações aderentes à estratégia.

O objetivo deste livro é trazer os últimos avanços acadêmicos e profissionais ocorridos nos últimos anos sobre o assunto, buscando aprofundar o estudo e deixar mais clara a aplicabilidade da controladoria estratégica nas organizações.

Entendemos também que o assunto merece uma publicação destacada que sirva para os interessados acadêmicos e profissionais que queiram trabalhar especificamente o tema de estratégia e controladoria estratégica.

O trabalho contou com a colaboração dos doutorandos de 2015 da disciplina de controladoria estratégica do curso de Doutorado em Administração da Universidade Metodista de Piracicaba, SP, de responsabilidade do professor Clóvis Luís Padoveze.

Foi efetuada uma pesquisa o mais abrangente possível em publicações de artigos e livros nacionais e internacionais com o objetivo de verificar a posição de outros autores sobre o tema e sua aplicação nas organizações, com a finalidade de identificar com a maior clareza possível os subsistemas de informação de controladoria e circunscrever o tema para dar o foco necessário e permitir estudos posteriores pelos colegas profissionais e acadêmicos.

Esperamos que o trabalho seja útil para todos os interessados em contabilidade, controladoria e planejamento estratégico. Ficamos permanentemente abertos a sugestões.

Clóvis Luís Padoveze

Material de apio on-line:

Manual para professores.

Sobre o autor

Clóvis Luís Padoveze

Atua em contabilidade, controladoria e finanças há mais de 40 anos. Passou grande parte da vida profissional nas Indústrias Romi S.A., companhia aberta de bens de capital sediada em Santa Bárbara d'Oeste, SP, onde foi *Controller* por muitos anos. Atualmente, trabalha como instrutor de treinamentos e consultor profissional em empresas de médio e grande porte. É responsável pela controladoria do grupo Nelson Paschoalotto, de Bauru, SP.

É mestre em Ciências Contábeis pela PUC-SP e doutor em Contabilidade e Controladoria pela FEA-USP. É professor titular da Faculdade de Gestão e Negócios do Mestrado Profissional e Acadêmico e do Doutorado em Administração da Universidade Metodista de Piracicaba, SP, onde é responsável pelas áreas de pesquisa em finanças e controladoria.

Tem mais de vinte livros sobre finanças, contabilidade e controladoria publicados por várias editoras. Autor dos livros *Controladoria estratégica e operacional*, *Contabilidade de custos*, *Planejamento orçamentário*, *Introdução à administração financeira*, entre outros, publicados pela Cengage Learning.

Sobre os professores colaboradores

Adail José de Sousa

Mestre em Controladoria e Contabilidade pela FEA/USP. Doutorando em Administração pela Unimep. Professor adjunto da Universidade Federal de Mato Grosso (UFMT), ministrando aulas na Graduação em Ciências Contábeis, Especialização e MBA/UFMT. Avaliador MEC/Inep Institucional, Graduação e tecnologia.

André Luís Bertassi

Doutor em Administração pela Universidade Metodista de Piracicaba – Unimep (1995). Mestre em Administração pelo Unisal-Americana-SP. Graduado em Ciências Contábeis pela Universidade Metodista de Piracicaba – Unimep. Atuou como professor titular da Faculdade de Americana – FAM – e da Faculdade Liceu Coração de Jesus – Unisal-Americana-SP. Atuou como contador-chefe da Prefeitura Municipal de Nova Odessa, SP, no período de 2012 a 2010. Atualmente, é Professor Adjunto do Quadro Permanente da Universidade Federal de São João del-Rei, lotado no Departamento de Ciências Administrativas e Contábeis/Decac. Tem como áreas de atuação: Administração Pública, Contabilidade Pública, Controladoria Pública.

Carlos Eduardo Francischetti

Economista. Possui MBA em gerência financeira e controladoria. Mestre e Doutor em Administração pela Universidade Metodista de Piracicaba –

Unimep. Atua como professor da Universidade Paulista e professor/coordenador dos cursos de Administração e Ciências Contábeis das Faculdades Integradas Einstein de Limeira. Pesquisador e consultor com aplicações de contabilometria.

Eduardo Vieira do Prado

Doutorando em Administração na Unimep. Mestre em Administração Profissional pelo Programa de Pós-Graduação na Unimep. Graduado em Administração de Empresas pela Universidade da Fundação de Ensino Octávio Bastos e especialista em Contabilidade, Controladoria e Auditoria pela PUC-Campinas. Professor da Graduação em Contábeis da Fundação Santa Lúcia de Mogi Mirim. Possui experiência profissional de mais de quinze anos na Auditoria Interna da Mahle Metal Leve S/A.

Fábio Chaves Nobre

Doutorando em Administração pela Universidade Metodista de Piracicaba – Unimep. Mestre em Economia pela Universidade Federal do Ceará – UFC. Atualmente, é professor dos cursos de Administração e Ciências Contábeis da Universidade Federal Rural do Semiárido – Ufersa. Desenvolve pesquisas nas áreas de finanças tradicionais, finanças comportamentais e economia internacional.

Luiz Gustavo Camarano Nazareth

Doutorando em Administração pela Universidade Metodista de Piracicaba – Unimep (2016). Mestre em Administração pela Universidade Federal de Lavras – Ufla (2008). Especialista em Gestão Estratégica em Finanças pela Universidade Federal de São João del-Rei – UFSJ (2006). Graduado em Ciências Contábeis pela Universidade Presidente Antônio Carlos – Unipac (2004). Qualificado profissionalmente em Marketing e Endomarketing pela Ufla (2004). Atualmente é Professor Adjunto na UFSJ, lotado no Departamento de Ciências Administrativas e Contábeis/Decac. Atuou, na UFSJ, como Coordenador do Curso de Ciências Contábeis, membro do Conselho Diretor e professor dos programas de Pós-Graduação. Foi professor da Fundação Bradesco. Atuou como contador no Município de São João del-Rei. Em 2004, recebeu menção honrosa conferida pelo Conselho Regional de Contabilidade de Minas Gerais pelo seu desempenho na graduação. Possui dezenas de publicações científicas nas áreas de Contabilidade e Administração.

Sumário

parte I – Fundamentos   1
    CONCEITOS, OBJETIVOS, ESTRUTURA   1

capítulo 1 – A controladoria como ciência   3
    1.1 CONTROLADORIA E CONTABILIDADE   3
        1.1.1 Controladoria e contabilidade – Definições   4
        1.1.2 Contabilidade e controle   5
        1.1.3 A contabilidade/controladoria como ciência – As raízes da Teoria Contábil   7
        1.1.4 Teoria da decisão   8
        1.1.5 Teoria da mensuração   9
        1.1.6 Teoria da informação   9
    1.2 A CIÊNCIA CONTROLADORIA   11
        1.2.1 A informação contábil e a teoria contábil   12
        1.2.2 A solução primária: banco de dados e/ou funcionalidade multidimensional   13
        1.2.3 Características da informação contábil   14
        1.2.4 Fases da contabilidade   15
        1.2.5 Contabilidade do proprietário   15
        1.2.6 Contabilidade financeira   15
        1.2.7 Contabilidade gerencial   15
        1.2.8 A contabilidade de responsabilidade social   16
    1.3 CONTABILIDADE GERENCIAL E CONTABILIDADE FINANCEIRA   16
        1.3.1 Contabilidade gerencial   17
        1.3.2 Contabilidade financeira   18
        1.3.3 Comparação entre a contabilidade gerencial e a contabilidade financeira   19

1.4 A CONTROLADORIA NA ORGANIZAÇÃO   21
    1.4.1 Controladoria e tesouraria   21
1.5 MISSÃO DA CONTROLADORIA   23
1.6 A CONTROLADORIA COMO UNIDADE ADMINISTRATIVA   26
1.7 ESTRUTURA, PORTE E NATUREZA × CONTROLADORIA   27
1.8 PAPEL DO *CONTROLLER*   28
1.9 PERFIL DO *CONTROLLER*   31
1.10 ATUAÇÃO DO *CONTROLLER*   33
1.11 ESTRUTURA DA CONTROLADORIA   33
    1.11.1 Controle interno   35
1.12 FUNDAMENTOS PARA IMPLEMENTAÇÃO DE UMA CONTROLADORIA   36
    1.12.1 Diagnóstico sobre a empresa   36
    1.12.2 Áreas a serem atendidas   38
    1.12.3 Estruturação do sistema contábil tradicional   38
    1.12.4 Estruturação do sistema contábil gerencial   40
1.13 QUESTÕES E EXERCÍCIOS   40

capítulo 2 – O sistema empresa e o processo de gestão   43

2.1 EFICIÊNCIA E EFICÁCIA   45
    2.1.1 Critérios de eficácia empresarial   48
    2.1.2 Responsabilidade social   49
2.2 OS SUBSISTEMAS DO SISTEMA EMPRESA   49
    2.2.1 Subsistema institucional   50
    2.2.2 Subsistema de gestão   52
    2.2.3 Subsistema formal   52
    2.2.4 Subsistema social   53
    2.2.5 Subsistema de informação   53
    2.2.6 Subsistema físico-operacional   54
2.3 EFICÁCIA E CONTROLADORIA: PLANEJAMENTO E CONTROLE COM ENFOQUE EM RESULTADOS   57
    2.3.1 Premissas para a controladoria com enfoque em resultados   57
    2.3.2 Lucro como medida de eficácia da empresa   58
    2.3.3 Lucro como diferença de patrimônios líquidos   58
    2.3.4 O lucro é maior ou menor segundo o grau de competência empresarial   58
    2.3.5 Os empreendimentos empresariais são investimentos   59
    2.3.6 Valor econômico da empresa   59
    2.3.7 Mensuração do valor da empresa   59
    2.3.8 Dificuldade de mensuração da previsibilidade do mundo real   60
    2.3.9 O planejamento é necessário   60
    2.3.10 A empresa é a reunião de especialidades humanas   60
    2.3.11 Os gestores são responsáveis pela geração do lucro   61
    2.3.12 Informação para gestão   62
    2.3.13 Interação modelar entre as teorias da informação, decisão e mensuração   62
    2.3.14 Nível ótimo de informação   62

2.4 O MODELO DE GESTÃO E O PROCESSO DE GESTÃO   62
    2.4.1 Visão geral da empresa: missão, crenças e valores   63
    2.4.2 Modelo de gestão   64
    2.4.3 O aspecto tridimensional da gestão empresarial   65
    2.4.4 A missão da empresa e o processo de criação de valor   66
    2.4.5 Modelo de gestão e o processo de gestão   66
    2.4.6 Processo de gestão e sistemas de informações   67
2.5 O PROCESSO DE GESTÃO   67
    2.5.1 Necessidade de planejamento   68
    2.5.2 Planejamento estratégico   69
    2.5.3 Planejamento operacional   69
    2.5.4 Programação   70
    2.5.5 Execução   70
    2.5.6 Controle   70
    2.5.7 A contabilidade no controle do processo de gestão   71
    2.5.8 O processo de gestão: visão analítica   72
    2.5.9 O processo de tomada de decisão   72
    2.5.10 Elementos essenciais no processo de tomada de decisão   73
    2.5.11 Metodologia do processo de tomada de decisão   74
    2.5.12 Tomada de decisão e o processo de gestão   74
    2.5.13 Tomada de decisão e modelo de decisão   75
2.6 QUESTÕES E EXERCÍCIOS   76

capítulo 3 – Planejamento estratégico   79

3.1 PLANEJAMENTO ESTRATÉGICO   82
3.2 COMPETITIVIDADE   83
3.3 ESTRATÉGIA COMPETITIVA E VANTAGEM COMPETITIVA   84
3.4 ESTRATÉGIA ORGANIZACIONAL: NÍVEIS E OBJETIVOS   85
3.5 FUNDAMENTOS PARA DESENVOLVER O PLANEJAMENTO ESTRATÉGICO   86
    3.5.1 Processo de planejamento estratégico   87
3.6 VISÃO GERAL DA ATUAÇÃO DA CONTROLADORIA NO PROCESSO DE GESTÃO   89
3.7 QUESTÕES E EXERCÍCIOS   90

capítulo 4 – Controladoria estratégica   91

4.1 CONTROLADORIA NA ESTRATÉGIA   91
4.2 FOCO DE ATUAÇÃO DA CONTROLADORIA / CONTABILIDADE ESTRATÉGICA   92
4.3 O *CONTROLLER* COMO ESTRATEGISTA ORGANIZACIONAL   94
4.4 SISTEMA DE INFORMAÇÃO DA CONTROLADORIA ESTRATÉGICA   95
4.5 QUESTÕES E EXERCÍCIOS   97

parte II – Sistema de informação de controladoria estratégica   99

capítulo 5 – **Subsistema de informações para acompanhamento do negócio**   101

5.1 OBJETIVOS E FUNCIONAMENTO DO SISTEMA DE ACOMPANHAMENTO DO NEGÓCIO   102
    5.1.1 Atributos e funções do gestor do sistema de acompanhamento do negócio   102
    5.1.2 Operacionalidades do subsistema   103
    5.1.3 Integrações com outros subsistemas   103

5.2 INFORMAÇÕES E RELATÓRIOS GERADOS   104

5.3 OBTENÇÃO E EXEMPLOS PRÁTICOS DE INFORMAÇÕES NECESSÁRIAS PARA EMISSÃO DE RELATÓRIOS   104
    5.3.1 Acompanhamento da evolução dos cenários   104
        5.3.1.1 Produto Interno Bruto – PIB   105
        5.3.1.2 Evolução do PIB e taxas de crescimento   109
        5.3.1.3 Índices de Preços   110
        5.3.1.4 IPCA   113
        5.3.1.5 Inflação   115
        5.3.1.6 Taxa de desemprego   116
        5.3.1.7 Taxa de juros   117
    5.3.2 Expectativa de mercado   119
    5.3.3 Análise de balanço dos concorrentes, fornecedores e distribuidores   123
        5.3.3.1 Indicadores fundamentalistas   125
    5.3.4 Competitividade cambial   126
    5.3.5 Importações e exportações   127
    5.3.6 Consumo aparente e participação no mercado   129
    5.3.7 Análise das vendas   130
    5.3.8 Valor da empresa   132

5.4 QUESTÕES E EXERCÍCIOS   133

capítulo 6 – **Subsistema de leitura do ambiente e cenários empresariais**   135

6.1 ANÁLISE DO AMBIENTE   136
6.2 ELABORAÇÃO DE CENÁRIOS   138
6.3 METODOLOGIA DE ANÁLISE DO AMBIENTE   140
    6.3.1 Análise SWOT   140
    6.3.2 Cinco Forças de Porter   143
    6.3.3 Elaboração da estratégia: o plano estratégico   144
6.4 SUBSISTEMA DE INFORMAÇÃO DE LEITURA DO AMBIENTE   146
6.5 ADOÇÃO DE CENÁRIOS   151
6.6 QUESTÕES E EXERCÍCIOS   152

capítulo 7 – Subsistema de simulação no planejamento econômico   155

7.1 SIMULAÇÃO   157
7.2 PLANEJAMENTO ECONÔMICO   158
    7.2.1 Planejamento operacional   158
    7.2.2 Plano orçamentário   159
7.3 SIMULAÇÃO NO PLANEJAMENTO ECONÔMICO   161
7.4 APLICAÇÃO DE MÉTODOS QUANTITATIVOS   163
7.5 MODELO DE SIMULAÇÃO NO PLANEJAMENTO ECONÔMICO   165
7.6 MÉTODO DE SIMULAÇÃO DE MONTE CARLO   167
7.7 *CASE* DE APLICAÇÃO DE SIMULAÇÃO NO PLANEJAMENTO ECONÔMICO   168
    7.7.1 Determinação da equação do modelo de regressão   169
    7.7.2 Análise multivariada dos dados   170
    7.7.3 Função da regressão   170
    7.7.4 Ajuste das variáveis da regressão   172
    7.7.5 Ajuste de dados: defasagem temporal   172
    7.7.6 Simulações do modelo de simulação   175
    7.7.7 Projeção das demonstrações contábeis   176
    7.7.8 Projeção futura   178
7.8 QUESTÕES E EXERCÍCIOS   182

capítulo 8 – Subsistema de indicadores de desempenho   183

8.1 INDICADORES-CHAVE DE DESEMPENHO QUANTO AO TEMPO   186
8.2 INDICADORES-CHAVE DE DESEMPENHO QUANTO À ORIGEM   187
8.3 INDICADORES-CHAVE DE DESEMPENHO QUANTO AO NÍVEL EMPRESARIAL   189
8.4 INDICADORES-CHAVE DE DESEMPENHO (KPI)   189
8.5 SISTEMAS DE INFORMAÇÕES DE INDICADORES DE DESEMPENHO   191
8.6 INDICADORES DE EXCELÊNCIA EMPRESARIAL   194
8.7 *BALANCED SCORECARD*   194
    8.7.1 Relações de causa e efeito da estratégia   196
8.8 OS QUATRO PROCESSOS DO *BALANCED SCORECARD*   197
    8.8.1 Tradução da visão   197
    8.8.2 Comunicação e comprometimento   198
    8.8.3 Planejamento de negócios   198
    8.8.4 *Feedback* e aprendizado   198

8.9 EXEMPLO DE *BALANCED SCORECARD* 199
    8.9.1 Indicadores essenciais 203
8.10 EXEMPLOS DE MAPAS ESTRATÉGICOS 203
8.11 *BALANCED SCORECARD* E INTANGÍVEIS 205
8.12 DESDOBRAMENTO DO *BALANCED SCORECARD*: ESTABELECENDO VINCULAÇÕES 207
8.13 SISTEMAS DE ACOMPANHAMENTO 208
8.14 QUESTÕES E EXERCÍCIOS 210

capítulo 9 – Subsistema de gestão de riscos 213

9.1 GERENCIAMENTO DO RISCO – CONCEITOS E VISÃO GERAL 214
9.2 PERFIL DE RISCO DA ORGANIZAÇÃO 217
9.3 IDENTIFICAÇÃO E CLASSIFICAÇÃO DOS RISCOS 219
9.4 AVALIAÇÃO DOS RISCOS 220
9.5 PRÁTICAS CONTÁBEIS E *DUE DILIGENCE*: PASSIVOS CONTINGENTES 220
9.6 ESTRUTURAS DE GERENCIAMENTO DE RISCOS (GR) 221
9.7 ESTABELECENDO UMA ARQUITETURA DE RISCO INTEGRADA 223
9.8 MATRIZ OU MAPA DE RISCO: A MEDIDA-CHAVE DO PERFIL DO RISCO 225
    9.9 IDENTIFICANDO E MENSURANDO RISCOS ESPECÍFICOS 227
9.10 MODELO DE ACOMPANHAMENTO 228
9.11 QUESTÕES E EXERCÍCIOS 230

Referências bibliográficas 233

Índice remissivo 239

parte I

FUNDAMENTOS

CONCEITOS, OBJETIVOS, ESTRUTURA

O objetivo desta parte do livro é apresentar a base conceitual em que se fundamenta a controladoria para, em seguida, apresentar a sua estrutura administrativa e sua missão dentro da organização.

O foco do processo de gestão, do qual a controladoria deve participar em todas as etapas, é apresentado após análise da empresa dentro do *enfoque sistêmico*. Com isso, é possível definir a missão da controladoria e o seu elemento condutor, que é a criação de valor por meio da otimização dos resultados empresariais.

Nesta parte da obra, apresentamos os fundamentos para implementação da controladoria, sua estrutura administrativa, bem como os elementos indispensáveis de tecnologia da informação, como instrumento maior do *controller* no processo de monitoramento gerencial.

Atenção especial será dada ao processo empresarial de criação de valor e aos conceitos necessários para o modelo de gestão da controladoria com foco nos resultados empresariais e no valor da empresa.

capítulo 1

A controladoria como ciência

1.1 CONTROLADORIA E CONTABILIDADE

Segundo Mosimann; Alves; Fish (1993):

> a controladoria consiste em um corpo de doutrinas e conhecimentos relativos à gestão econômica. Pode ser visualizada sob dois enfoques:
> a) como um órgão administrativo com uma missão, funções e princípios norteadores definidos no modelo de gestão e sistema empresa e,
> b) como uma área do conhecimento humano com fundamentos, conceitos, princípios e métodos oriundos de outras ciências. (p. 8)
> [...]
> Sob esse enfoque, a Controladoria pode ser conceituada como o conjunto de princípios, procedimentos e métodos oriundos das ciências da Administração, Economia, Psicologia, Estatística e principalmente da Contabilidade, que se ocupa da gestão econômica das empresas, com o fim de orientá-las para a eficácia. (p. 85 e 96)

Considerando essas definições, a controladoria seria uma ciência autônoma e não se confunde com a contabilidade, apesar de utilizar pesadamente o instrumental contábil. Consideramos questionável esse aspecto da definição desses autores.

Em nossa opinião, a controladoria pode ser entendida como a ciência contábil evoluída. Como em todas as ciências, há o alargamento do campo de atuação; esse alargamento do campo de abrangência da contabilidade conduziu à que ela seja mais bem representada semanticamente pela denominação de controladoria, conforme se observa na Figura 1.1:

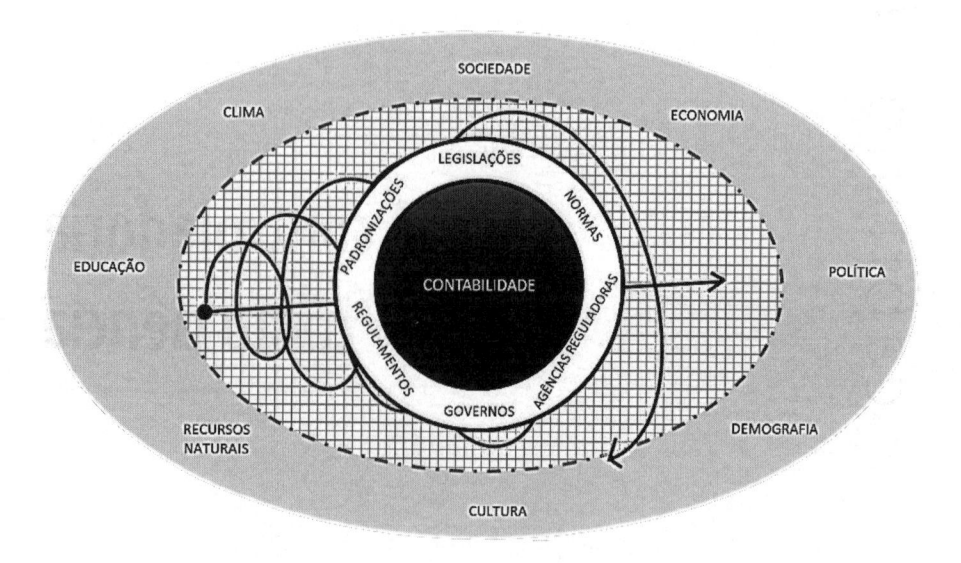

Figura 1.1 Ambiente da controladoria.
Fonte: elaborada pelo autor.

A controladoria pode ser definida então como a unidade administrativa responsável pela utilização de todo o conjunto da ciência contábil dentro da empresa. como a ciência contábil é a ciência do controle em todos os aspectos temporais – passado, presente e futuro – e, também, como ciência social, ela exige a comunicação de informação, no caso econômica, à controladoria, responsável por implantar, desenvolver, aplicar e coordenar todo o ferramental da ciência contábil dentro da empresa, nas suas mais diversas necessidades.

> *A controladoria é a utilização da ciência contábil em toda a sua plenitude.*

1.1.1 Controladoria e contabilidade – Definições

Tendo em vista a grande interação com a contabilidade e a pouca informação sobre controladoria como ciência, passamos, primeiramente, a apresentar a contabilidade como ciência, onde existem diversos estudos, artigos e obras sobre o assunto.

As pesquisas sobre contabilidade como ciência levam-nos à escola de pensamento contábil italiana, já que a escola norte-americana não se preocupa profundamente com o assunto, pois busca tratar a contabilidade mais como ferramenta administrativa e sua utilização nas empresas.

Apresentamos a seguir definições selecionadas sobre a ciência contábil. Damos, primeiramente, algumas definições que refletem a visão da escola italiana.

> Contabilidade é a ciência que estuda e pratica as funções de orientação, controle e registro relativos aos atos e fatos da administração econômica (Francisco D'áuria, apud D'Amore; Castro, 1967, p. 50).
> Considerada em seu aspecto teórico, é a ciência que estuda e enuncia as leis do controle econômico das empresas de todas as classes e deduz as normas oportunas a seguir para que esse controle seja verdadeiramente eficaz, persuasivo e completo. Considerada em sua manifestação prática, é a aplicação ordenada das ditas normas (Fábio Besta, apud D'Amore e Castro, 1967, p. 51).
> A Contabilidade, como ciência autônoma, tem por objeto o estudo do patrimônio aziendal sob o ponto de vista estático e dinâmico. Serve-se da escrituração como instrumento para demonstrar as variações patrimoniais. A Contabilidade não se confunde nem com a organização, nem com a gestão (Herrmann Jr., 1978, p. 29).

Da escola norte-americana, destacamos as seguintes definições.

> Contabilidade é um processo de comunicação de informação econômica para propósitos de tomada de decisão tanto pela administração como por aqueles que necessitam fiar-se nos relatórios externos (Hendriksen, 1977, p. 100).
> Contabilidade é o processo de identificação, mensuração e comunicação de informação econômica para permitir formação de julgamentos e decisões pelos usuários da informação (A.A.A. 1966, apud Glautier e Underdown, 1977, p. 2).

Dessas definições apresentadas, podemos verificar duas vertentes conceituais sobre a contabilidade. A primeira, que enfoca o conceito de controle econômico do patrimônio e de suas mutações (controle estático e dinâmico), e a segunda, que enfatiza o conceito de processo de comunicação de informação econômica.

1.1.2 Contabilidade e controle

O conceito de controle econômico está fundamentalmente ligado à escola italiana, precursora da contabilidade como ciência, e o conceito de comunicação de informação econômica está mais associado à escola norte-americana, e que é entendida como a abordagem da comunicação da contabilidade (ver Iudícibus, 1980, p. 24).

Segundo Catelli (1994), a controladoria tem por objetos a identificação, a mensuração, a comunicação e a decisão relativas aos eventos econômicos. Ela deve ser a gestora dos recursos da empresa, respondendo pelo lucro e pela eficácia empresarial.

O objeto de estudo da controladoria, portanto, é a informação e a mutação patrimonial. Por meio de coleta, armazenamento, processamento, planejamento e controle das informações econômicas, a controladoria auxilia a tomada de decisão. Salienta-se que o embrião da informação está nos objetivos da empresa. Nesse sentido, a controladoria em sua plenitude potencializa o processo de formação de resultado, criação de valor e mutação patrimonial da empresa e dos seus agentes financiadores, ou seja, para potencializar o processo de formação de resultado, são necessários o controle, o planejamento e a gestão econômica do patrimônio.

O modelo de mensuração da gestão econômica induz os gestores a buscar o resultado econômico ótimo de cada evento/transação, da(s) atividade(s), do(s) centro(s) de resultado(s) e, consequentemente, da(s) área(s) de responsabilidade, sem perder a visão do todo, conforme Figura 1.2.

| Otimiza o resultado de cada transação | → | Otimiza o resultado de cada atividade | → | Otimiza o resultado da empresa | → | Alcança a eficácia empresarial |

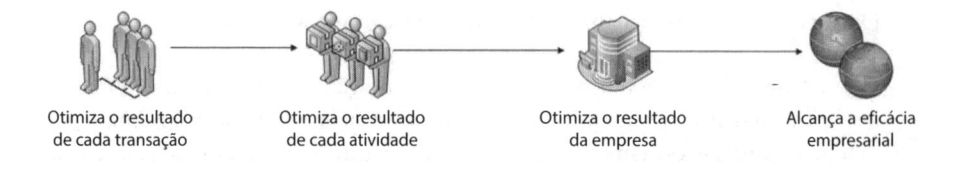

Figura 1.2 Modelo de mensuração da gestão econômica.
Fonte: elaborada pelo autor.

> Evento econômico é uma ocorrência no ambiente da empresa, tanto interno como externo, que tem uma significância econômica para os tomadores de decisão da empresa (Colantoni, 1971). É uma ocorrência que modifica a estrutura patrimonial da empresa e é uma representação genérica do processo maior da execução das atividades empresariais.

Tomando como referencial a definição de Mosimann et al. (1993) sobre a Controladoria, "... que se ocupa da gestão econômica das empresas, com o fim de orientá-las para a eficácia", a definição de Fábio Besta apud D'Amore e Castro (1967) sobre contabilidade, "... que estuda e enuncia as leis do controle econômico das empresas de todas as classes e deduz as normas oportunas a seguir para que esse controle seja verdadeiramente eficaz, persuasivo e completo", a visão de Catelli (1994) sobre controladoria, "a identificação, a mensuração, a comunicação e a decisão relativas aos eventos e econômicos [...] respondendo pelo lucro e pela eficácia empresarial", e entendendo que a gestão econômica se faz precipuamente por meio da decisão sobre os eventos econômicos, podemos compreender que, na realidade, contabilidade e controladoria têm o mesmo campo de atuação e estudam os mesmos fenômenos.

Podemos confirmar isso pelas colocações de outros autores sobre a ciência contábil.

Segundo Viana (1966, p. 48-49),

> o controle assume maior amplitude no que diz respeito à administração econômica, isto é, às ações que visam à obtenção, à transformação, à circulação e ao consumo de bens. O órgão que acompanha toda a atividade econômica, que estuda os fenômenos que lhe são inerentes, suas causas e seus efeitos, pondo-os em evidência, que demonstra os efeitos da administração sobre o patrimônio da "azienda" e que desta forma constrange os órgãos da administração a atuarem em consonância com o programa estabelecido, denomina-se o órgão de contabilidade, ou seja, aquele que exerce a função da contabilidade.

É interessante notar nesta conceituação uma visão muito abrangente e objetiva sobre o que se entende por controladoria.

Segundo Hermmann Jr. (1978, p. 31),

> Fayol enquadrou a contabilidade entre as seis operações administrativas fundamentais, emitindo a esse respeito os seguintes conceitos: "É o órgão visual das empresas. Deve permitir que se saiba a todo instante onde estamos e para onde vamos. Deve fornecer sobre a situação econômica da empresa ensinamentos exatos, claros e precisos. Uma boa contabilidade, simples e clara, fornecendo uma ideia exata das condições da empresa, é um poderoso meio de direção".

As funções de controle econômico constituem, segundo Fábio Besta, apud D'Amore e Castro (1967), o objetivo principal da contabilidade e subdividem-se nas seguintes espécies:

a) antecedente;
b) concomitante;
c) subsequente.

Vê-se que a visão italiana, por meio de um de seus maiores expoentes, é extremamente abrangente e positiva, antevendo o que se convencionou hoje chamar de controladoria.

1.1.3 A contabilidade/controladoria como ciência – As raízes da Teoria Contábil

Uma ciência pode ser confirmada fundamentalmente pelas suas teorias. Das teorias contábeis e de controle, destacamos a visão de Glautier e Underdown

(1977, p. 30-38), apresentada a seguir de forma sintetizada, que identifica as raízes da teoria contábil como sendo a teoria da decisão, a teoria da mensuração e a teoria da informação.

A teoria da decisão é tida como o esforço para explicar como as decisões são realmente feitas. A teoria da decisão objetiva solucionar problemas e manter o caráter preditivo, por meio de um modelo de decisão, para a tomada de decisões.

A tomada de decisões racionais depende de informações ou dados. A teoria da mensuração trabalha com o problema de avaliação dos dados e, por isso, é importante que esta seja estabelecida corretamente. A teoria da informação vem de acordo com o seu propósito, que é possibilitar a uma organização que alcance seus objetivos pelo eficiente uso de seus outros recursos. Num sentido muito abrangente, a ideia de eficiência é expressa na relação entre *inputs* e *outputs*.

1.1.4 Teoria da decisão

Conforme Gaultier e Underdown (1977), nos últimos vinte anos, mudanças nas atitudes sociais, desenvolvimentos na tecnologia da informação, e métodos quantitativos e das ciências comportamentais combinaram-se para mudar o foco da contabilidade da teoria do lucro para a teoria da decisão.

A teoria da decisão é parcialmente descritiva, ou seja, é um esforço para explicar como as decisões são atualmente feitas. Ela também é parcialmente normativa quando é um esforço para ilustrar como as decisões deveriam ser feitas, isto é, com o estabelecimento de padrões para melhores, ou ótimas, decisões. A teoria da decisão deve se preocupar fundamentalmente com a questão da solução de problemas e a subsequente necessidade de tomada de decisão. Isso envolve, portanto, informações para previsões e uma metodologia científica para elaborar tais previsões.

Desta forma, dentro da teoria da decisão, vamos encontrar os instrumentos desenvolvidos para o processo de tomada de decisão, bem como o desenvolvimento de modelos de decisão que atendam às mais variadas necessidades gerenciais. A construção de modelos vem facilitar a aplicação do método científico para o estudo da tomada de decisão.

Os modelos de decisão dentro da teoria contábil podem e devem atender às necessidades gerenciais sobre todos os eventos econômicos, para qualquer nível hierárquico dentro da empresa. Assim, é possível a construção de modelos de decisão bastante específicos para decisões operacionais, bem como modelos de decisão de caráter mais genérico para decisões tidas como estratégicas. Conforme Glautier e Underdown (1977), até a "estrutura completa da contabilidade é um modelo para descrever as operações de um negócio em termos monetários".

Guerreiro (1989, p. 40) afirma que ao se assumir que um tomador de decisão seja racional a questão a ser observada será como determinar a alternativa que satisfaça da melhor maneira os objetivos do tomador de decisão. O autor ainda afirma que mesmo na ausência de decisão, esta existe, conceituando esta atitude de decisão passiva.

1.1.5 Teoria da mensuração

Decisões racionais dependem de informações ou dados. A mensuração tem sido definida como o "estabelecimento de números a objetos ou eventos de acordo com regras especificando a propriedade a ser mensurada, a escala a ser usada e as dimensões da unidade".

A teoria da mensuração deve solucionar os seguintes problemas:

a) quais eventos ou objetos devem ser medidos;
b) quais padrões ou escalas devem ser usados;
c) qual deve ser a dimensão da unidade de mensuração.

A natureza de decisões particulares determinará que objetos ou eventos devem ser mensurados e em que tempo: passado, presente e futuro. Mensurações são necessárias não apenas para expressar objetivos, como metas definidas claramente sobre quais decisões devem ser feitas, mas elas também são necessárias para controlar e avaliar os resultados das atividades envolvidas no alcance daquelas metas.

O padrão de mensuração contábil é a unidade monetária. É um dos grandes trunfos da ciência contábil, pois consegue traduzir todas as operações e a vida da empresa num único padrão de mensuração. Contudo, temos de ressaltar que apresenta algumas desvantagens quando são necessárias metas como moral do pessoal, especialização de mão de obra etc.

A dimensão da unidade de medida está ligada à confiança e à acurácia do padrão utilizado, que é a unidade monetária, e que, em princípio, deve ser permanentemente constante. Sabemos, contudo, que a unidade monetária sempre é dependente da estabilidade econômica. Assim, na ocorrência de inflação, valores de períodos diversos de tempo podem não ser comparáveis. Além desse aspecto, a própria questão da valoração, como critério de mensuração, envolve a necessidade de conceituação e fundamentação teórica, haja vista as possibilidades de diferentes critérios de atribuição de valor (baseado em custo, baseado em valor esperado etc.).

1.1.6 Teoria da informação

O propósito da informação é possibilitar que uma organização alcance seus objetivos pelo uso eficiente de seus outros recursos, isto é, homens, materiais, máquinas e outros ativos, e dinheiro. Desde que a informação é também um recurso, a teoria da informação considera os problemas de seu uso eficiente.

O uso eficiente da informação como um recurso é considerado o confronto entre os custos associados com a produção da informação e os benefícios derivados de seu uso. Os custos associados com a produção de informação são aqueles envolvidos na coleta e no processamento de dados e na distribuição da saída de informação.

O valor da informação reside no seu uso final, isto é, sua inteligibilidade para as pessoas tomarem decisões e sua relevância para aquelas decisões. O valor da informação é baseado na redução da incerteza resultante dessa informação. Sintetizando, a teoria da informação centra-se na questão da relação de custo da produção da informação *versus* o provável benefício gerado pela sua utilização.

Em termos de posicionamento conceitual, em relação à informação e à construção de sistemas de informações, o contador deve estar menos preocupado com minimizar o custo da informação e mais preocupado em descobrir o nível ótimo de produção de informação. As características da informação (útil) contábil de acordo com a Norma Brasileira de Contabilidade Técnica Geral – Estrutura Conceitual – NBC TG, segundo a CFC 11.374 de 2011, são:

- **Características qualitativas fundamentais**
  - **Relevância** – se a informação é capaz de influir sobre uma decisão, ela deve ser evidenciada mesmo que não tenha uma utilização imediata.
  - **Materialidade** – na medida em que delimita as informações a serem evidenciadas.
  - **Confiabilidade** – a informação contábil deve reunir os atributos de fidelidade de apresentação, neutralidade/honestidade, prudência e capacidade de verificação.

- **Características qualitativas de melhoria**
  - **Comparabilidade** – a informação contábil deve permitir que os usuários possam efetuar análises temporais e entre empresas distintas.
  - **Verificabilidade** – a informação representa fidedignamente o fenômeno econômico que se propõe representar.
  - **Tempestividade** – a informação deverá estar disponível para tomadores de decisão a tempo de poder influenciá-los em suas decisões.
  - **Compreensibilidade** – a informação contábil deve ser compreendida com garantia **pelo usuário**, o que implica que seja expressa de maneira não ambígua.

- Relatórios contábil-financeiros são elaborados para usuários que têm conhecimento razoável de negócios e de atividades econômicas e que revisem e analisem a informação diligentemente.

1.2 A CIÊNCIA CONTROLADORIA

Nas definições apresentadas sobre a contabilidade, identificamos duas visões conceituais sobre ela: a primeira enfoca o conceito de controle econômico do patrimônio e de suas mutações (controle estático e dinâmico); e a segunda enfatiza o conceito de processo de comunicação de informação econômica.

Entendemos que a controladoria é ciência e, na realidade, é o atual estágio evolutivo da ciência contábil. Como bem conceituaram Glautier e Underdown (1977), a contabilidade saiu, nas últimas duas ou três décadas, da teoria do lucro (mensuração, comunicação de informação) para a teoria da decisão (modelos de decisão e produtividade).

Entendemos que com isso, unindo esses conceitos, podemos compreender a controladoria como ciência e como a forma de acontecer a verdadeira função contábil.

Utilizando as considerações sobre ciência para a contabilidade, explicitada por Tesche et al. (1991), podemos também afirmar:

> [...] a contabilidade [controladoria] é uma ciência, visto apresentar as seguintes características:
> - ter objeto de estudo próprio;
>   - os eventos econômicos e as mutações patrimoniais
> - utilizar-se de métodos racionais;
>   - identificação, mensuração, registro – partidas dobradas, comunicação
> - estabelecer relações entre os elementos patrimoniais, válidas em todos os espaços e tempos;
> - apresentar-se em constante evolução;
> - ser o conhecimento contábil regido por leis, normas e princípios;
>   - teorias contábeis
> - seus conteúdos evidenciarem generalidade;
>   - os mesmos eventos econômicos reproduzidos nas mesmas condições provocam os mesmos efeitos
> - ter caráter preditivo;
>   - através dos modelos de decisão
> - estar relacionada com os demais ramos do conhecimento científico;
> - a construção lógica do pensamento ser o fundamento das ideias e estas ensejarem os conteúdos das doutrinas;

- apresentar o caráter de certeza na afirmação de seus enunciados.
- comprovados por evidências posteriores.

Podemos dizer que a controladoria seria a ciência contábil dentro do enfoque controlístico da escola italiana. Pela escola norte-americana, a contabilidade gerencial é o que se denomina controladoria.

Os princípios contábeis geralmente aceitos introduziram o conceito de contabilidade financeira, ofuscando provisoriamente as reais funções da contabilidade como sistema de informação para as empresas para a administração econômica. Note-se que os autores italianos não falam em princípios contábeis, mas em administração econômica da azienda. Assim, a escola norte-americana, depois de sair da contabilidade gerencial, que vigorou até 1925 (Kaplan e Johnson, 1993), retomou o tema sob o nome de contabilidade gerencial por meio da função de controladoria.

Assim, parece-nos mais uma questão de semântica. Primeiro, não há razões *teóricas ou científicas* para distinção entre contabilidade e contabilidade gerencial, pois, na sua essência, a contabilidade é gerenciamento e é sistema de informação.

Segundo, o nome contabilidade gerencial é para a disciplina que apresenta todos os aspectos da contabilidade em um sistema de informação contábil, e seu fundamento como ação administrativa que, funcionalmente, dentro da organização, é exercida nas empresas, na maioria das vezes, pelo nome de controladoria.

1.2.1 A informação contábil e a teoria contábil

Os sistemas tradicionais de informação contábil estão (estavam) voltados a armazenar a informação segundo os critérios contábeis geralmente aceitos.

Num sistema de informação contábil ampliado (gerencial), é necessário, em muitos casos, estudar qual é o *modelo de informação contábil* (qual o tratamento contábil a ser dado) para registrar as transações no sistema de informação.

Para qualquer dos níveis de atuação da empresa (operacional, tático ou estratégico), é bastante provável que se tenha de modelar a informação contábil diferentemente do tradicional/fiscal para o uso gerencial da informação contábil.

Por exemplo, o consumo de materiais a preço médio histórico, em ambiente inflacionário, não tem nenhuma utilidade gerencial, mesmo para o nível operacional (custos e controle orçamentário).

Apesar de os princípios contábeis geralmente aceitos serem tradicionalmente conhecidos como a fonte da teoria contábil, sabemos, contudo, que a teoria contábil é muito mais antiga que os princípios. Como já dissertamos, fundamentalmente, a contabilidade nasceu para o controle das operações de uma entidade, sendo portanto, de caráter puramente gerencial.

A sua utilização para usuários externos (governo, bolsas de valores etc.) deu-se *a posteriori*, de onde se originou a necessidade de padronização de informações externas.

A teoria contábil propriamente dita tem soluções de modelação das informações contábeis para os fins que realmente se destinam, ou seja, o gerenciamento das empresas. Assim, conceitos mais avançados (e não aceitos pela contabilidade fiscal e comercial) de mensuração dos eventos econômicos (os fatos contábeis) podem ser incorporados aos subsistemas gerenciais do sistema de informação contábil, tais como:

- ativos a preços de reposição;
- ativos a preços de mercado;
- ativos e passivos com valor à vista;
- ativos com fluxos futuros de caixa descontado etc.

De qualquer forma, a informação contábil deve atender às três raízes teóricas contábeis: teoria da decisão, teoria da mensuração e teoria da informação.

Desta maneira, a informação contábil no sistema de informação contábil tem de atender aos seguintes aspectos:

a) a produção da informação deve estar num nível ótimo em termos de quantidade, dentro da qualidade exigida, a um custo compatível com o valor de sua utilização;
b) deve ter um modelo de mensuração que uniformize todos os dados envolvidos, dentro dos conceitos necessários para o usuário;
c) deve estar de acordo com o modelo de decisão do usuário para cada evento econômico para ter o caráter preditivo;
d) deve permitir o processo geral de controle patrimonial e suas mutações.

1.2.2 A solução primária: banco de dados e/ou funcionalidade multidimensional

Fundamentalmente, vemos a solução para que o sistema de informação contábil atenda a todos os aspectos e todas as necessidades informacionais da empresa (fiscais, legais, comerciais e gerenciais) por meio de dois conceitos básicos de estruturação:

a) uso intensivo do conceito de banco de dados;
b) desenvolvimento do conceito de multidimensionalidade na metodologia contábil.

O uso do conceito de banco de dados está relacionado com a possibilidade existente da tecnologia da informação, que permite uma flexibilidade muito grande de formas de armazenamento de informações e registros. Assim pode-se construir um sistema de informação contábil onde os dados dos lançamentos e das contas são partilhados em diversos bancos de dados. Seriam criados diversos bancos de dados que atendessem aos diversos usuários.

O conceito de multidimensionalidade é similar e está ligado a que cada transação (que representa um fato contábil/administrativo, ou evento econômico, como hoje é denominado) tem uma série de características, atributos, qualidades e mensurações. Essa multidimensionalidade deve estar totalmente captada no lançamento e, subsequentemente, no sistema de plano de contas contábeis.

1.2.3 Características da informação contábil

Mensuração econômica

O ponto forte da informação contábil é a mensuração econômica das transações, ou seja, é o processo contábil de atribuir um ou mais valores a todos os eventos que acontecem na empresa e têm significado patrimonial. Tudo será medido em termos de valor monetário.

Com isso, a contabilidade consegue reunir e interpretar as transações da empresa de uma única óptica, que é o valor econômico. Todos os dados são traduzidos em expressão monetária e, com isso, a contabilidade torna-se um grande sistema de informação monetária/financeira.

A contabilidade, com a mensuração econômica (por meio do sistema de informação contábil), é o único sistema de informação que consegue mostrar a empresa como um todo, pois é a única que consegue atribuir valor a tudo. Essa qualificação da contabilidade é que permite o processo de gestão global de um empreendimento.

Portanto, a característica da mensuração monetária possibilita tornar a informação contábil e o sistema de informação contábil como os mais importantes dentro da empresa.

Outras características necessárias

Contudo, para que a informação contábil seja aceita por todos dentro da empresa, é necessário que possua outras qualidades, objetivando a tomada de decisão pelos usuários, quais sejam:

- a informação deve trazer mais benefício que o custo de obtê-la;
- deve ser compreensível;
- deve ter utilidade para o decisor;
- deve possuir relevância e confiabilidade;
- dentro da relevância, deve ter os aspectos de:
  - oportunidade;
  - valor preditivo;
  - valor de *feedback*.
- dentro da confiabilidade, deve ter os seguintes aspectos:
  - verificabilidade;
  - confiança representacional;
  - neutralidade.
- deve ter consistência (possibilitar a comparabilidade).

1.2.4 Fases da contabilidade

Glautier e Underdown (1977, p. 3) apresentam uma evolução histórica da contabilidade, que, em nossa opinião, contribui para o esclarecimento das funções contábeis e de controle, bem como do permanente processo evolutivo da ciência da contabilidade ou controladoria.

1.2.5 Contabilidade do proprietário

A primeira fase da contabilidade (*Stewardship Accounting*) é a visão contábil de um instrumental ligado diretamente ao dono do empreendimento. Essencialmente envolve o registro ordenado das transações dos homens de negócios para proteção de sua riqueza. Desenvolvida desde os tempos históricos até a Revolução Industrial.

1.2.6 Contabilidade financeira

Teve sua origem na Revolução Industrial, em consequência dos grandes negócios e da alteração pelos quais passaram a ser financiados com grandes montantes de capital de terceiros, em conjunto com a expansão do conceito de financiamento por emissão de ações. Com essa fase é associada à emergência dos relatórios contábeis (balanço patrimonial e demonstração anual de lucros), relacionados com a prestação de contas para a sociedade capitalista, para redirecionamento dos investimentos aos projetos mais rentáveis.

1.2.7 Contabilidade gerencial

É também associada ao advento do capitalismo industrial, e apresentou um desafio para o desenvolvimento da contabilidade como uma ferramenta de gerenciamento industrial. Surgiu da necessidade do gerenciamento contábil interno em função das novas complexidades dos processos de produção, objetivando informações para tomada de decisão.

A contabilidade gerencial mudou o foco da contabilidade, passando dos registros e análise das transações financeiras para a utilização da informação para decisões afetando o futuro.

1.2.8 A contabilidade de responsabilidade social

Fase inteiramente nova no desenvolvimento da contabilidade, que deve seu nascimento à revolução social que está tomando lugar no mundo ocidental nos últimos anos.

A contabilidade de responsabilidade social alarga o escopo da contabilidade por considerar os efeitos sociais das decisões dos negócios, bem como seus efeitos econômicos.

A esse respeito, a utilidade da contabilidade como ciência social depende dos benefícios que ela pode trazer para a sociedade, que devem prevalecer sobre as vantagens que ela pode conferir para seus membros individuais (Glautier e Underdown, 1977, p. 2).

Como exemplos do enfoque da contabilidade como responsabilidade social, que vão exigir necessidades de informações adicionais dentro do sistema de informação contábil, estão os seguintes temas:

a) balanço social;
b) valor adicionado;
c) balanço ecológico.

1.3 CONTABILIDADE GERENCIAL E CONTABILIDADE FINANCEIRA

Alguns teóricos são radicalmente contra a divisão atual estabelecida entre Contabilidade Gerencial e Contabilidade Financeira. A Contabilidade Financeira, que podemos denominar como a Contabilidade Tradicional, é entendida basicamente como o instrumental contábil necessário para a feitura dos relatórios para usuários externos e necessidades regulamentadas. A Contabilidade Gerencial é vista essencialmente como supridora de informações para os usuários internos da empresa.

Esses autores, acertadamente, deixam claro que, sendo a Ciência Contábil a ciência do controle econômico, ela só poderia ser restringida pelos aspectos econômicos que traduzem a verdade dos fatos (os eventos econômicos contábeis). Assim, cada evento econômico deve ser identificado, mensurado e informado pela contabilidade, na exata dimensão em que reflete a realidade da transformação patrimonial, já que o evento econômico provoca uma variação no patrimônio.

Desta maneira, regras ou princípios contábeis que violentem a mensuração econômica adequada não deveriam existir. Nesse sentido, não haveria necessidade da existência de duas variantes de informações contábeis: baseadas nos princípios contábeis, obrigando a determinados conceitos de mensuração; e gerenciais que devem refletir adequadamente o valor da empresa sob aspectos econômicos.

Contudo, a realidade do mercado é outra. Fatores importantes como normalização, necessidades auditoriais externas etc. têm levado as empresas à necessidade de sistemas de informações contábeis que permitam atender às necessidades legais e sociais por meio da Contabilidade Financeira, bem como sistemas de informações que privilegiem as necessidades internas da administração.

1.3.1 Contabilidade gerencial

Segundo Sérgio de Iudícibus (1987, p. 15):

> A contabilidade gerencial pode ser caracterizada, superficialmente, como um enfoque especial conferido a várias técnicas e procedimentos contábeis já conhecidos e tratados na contabilidade financeira, na contabilidade de custos, na análise financeira e de balanços, etc., colocados numa perspectiva diferente, num grau de detalhe mais analítico ou numa forma de apresentação e classificação diferenciada, de maneira a auxiliar os gerentes das entidades em seu processo decisório.

Robert N. Anthony (1979, p. 17) é bastante sintético em sua caracterização da disciplina: "A contabilidade gerencial, que constitui o foco deste livro, preocupa-se com a informação contábil útil à administração".

Segundo a Associação Nacional dos Contadores dos Estados Unidos (National Association of Accountants – NAA, que teve sua denominação alterada em 1991, prevalecendo até os dias atuais, para Institute of Management Accountants - IMA), definiu, por meio de seu relatório número 1A (Statements on Management Accounting – SMA 1A), que:

> Contabilidade gerencial é o processo de identificação, mensuração, acumulação, análise, preparação, interpretação e comunicação de informações financeiras utilizadas pela administração para planejamento, avaliação e controle dentro de uma organização e para assegurar e contabilizar o uso apropriado de seus recursos. (IMA/NAA, 1981)

Para o CGMA, a contabilidade gerencial conecta o ambiente externo ao ambiente interno da organização. Nessa junção, unirá a estratégia ao modelo de negócios, conforme Figura 1.3.

```
┌─────────────────────────────────────────────────────────┐
│                    AMBIENTE EXTERNO                      │
│                                                          │
│                      Função de           Modelo de       │
│     Estratégia  ⇄  contabilidade   ⇄     negócio        │
│                      gerencial       Entradas, atividades,│
│                                      saídas e resultados │
└─────────────────────────────────────────────────────────┘
```

Figura 1.3 Função da contabilidade gerencial.
Fonte: Com base em: Chartered Global Management Accountant® (CGMA®, 2016).

Atkinson et al. (1997, p. 3) assumem e resumem a definição da NAA: "contabilidade gerencial é o processo de identificação, mensuração, reporte e análise de informação sobre os eventos econômicos das organizações".

1.3.2 Contabilidade financeira

A contabilidade financeira está essencialmente ligada aos princípios de contabilidade geralmente aceitos. A contabilidade gerencial está associada à necessidade de informações para planejamento, controle, avaliação de desempenho e tomada de decisão.

A contabilidade financeira, presa aos princípios contábeis, é objeto de muita crítica, uma vez que nem todos os princípios utilizados são necessariamente vistos como os mais corretos conceitualmente (princípio do custo histórico, princípio da realização da receita etc.). nesse sentido, a contabilidade financeira, apesar de cumprir o seu papel regulamentar, é tida como "fraca" conceitualmente para fins de gerenciamento empresarial, e até indutora de erros na gestão empresarial.

Dessa forma, alguns entendem que a verdadeira contabilidade, que realmente auxilia os gestores empresariais, é a contabilidade gerencial. Nessa linha de raciocínio, entendem que a contabilidade financeira é uma ciência diferente da contabilidade gerencial, que seria outra ciência e que receberia o nome de controladoria.

Podemos resumir a contabilidade financeira ou tradicional nos seguintes pontos:

a) vinculada aos princípios contábeis geralmente aceitos (Princípios Fundamentais de contabilidade, como são chamados em nosso país);
b) contabilidade utilizada para fins fiscais;
c) contabilidade utilizada para fins societários e regulatórios (Lei das S/A, CVM, legislação comercial);
d) base de escrituração de dados passados;

e) controle *a posteriori*;
f) mensuração em moeda corrente.

Contudo, em nosso entendimento, esses dois segmentos da contabilidade fazem parte de um todo só, que é a ciência contábil. Fundamentalmente, a ciência contábil nasceu para gerar informações para controle e tomada de decisão sobre empreendimentos negociais e de quaisquer outras entidades.

A sua utilização para fins de relatórios externos, e a consequente fixação de determinados princípios para normalização e padronização para fins regulamentares, é decorrente da grande vantagem do sistema de informação contábil sobre outros sistemas de informação, que é a mensuração econômica de todos os eventos operacionais num único sistema e em uma única base, a monetária.

Portanto, a contabilidade financeira é um subsistema do sistema de informação contábil que, precipuamente, nasce da necessidade de controle, no sentido mais amplo possível, das operações empresariais ou de qualquer entidade.

Outrossim, também não se pode "culpar" a ciência contábil pela fraca utilização, ou visão restrita, que eventualmente é feita pelos próprios contadores. quando se diz que a contabilidade é um simples registro econômico de fatos passados, servindo apenas para fins legais e fiscais, significa apenas despreparo técnico de quem emite ou aceita tal afirmativa. A ciência contábil é ampla e nasceu para auxílio à gestão empresarial em todos os seus segmentos. essa é a verdadeira missão da contabilidade. Classificar a contabilidade financeira dos princípios contábeis geralmente aceitos como uma ciência diferente de uma suposta contabilidade gerencial é desconhecer os fundamentos da ciência e das teorias contábeis.

1.3.3 Comparação entre a contabilidade gerencial e a contabilidade financeira

Os métodos da contabilidade financeira e da contabilidade gerencial foram desenvolvidos para diferentes propósitos e distintos usuários das informações financeiras. Há, contudo, numerosas similaridades e áreas de sobreposição entre os métodos da contabilidade financeira e a gerencial.

A contabilidade gerencial é relacionada com o fornecimento de informações para os administradores – isto é, aqueles que estão dentro da organização e que são responsáveis pela direção e controle de suas operações. A contabilidade gerencial pode ser contrastada com a contabilidade financeira, que é relacionada com o fornecimento de informações para os acionistas, credores e outros que estão de fora da organização (Figura 1.4).

Tabela 1.1 Comparação entre a contabilidade gerencial e a contabilidade financeira.

Fator	Contabilidade financeira	Contabilidade gerencial
Usuários dos relatórios	Externos e internos	Internos
Objetivos dos relatórios	Facilitar a análise financeira para as necessidades dos usuários externos	Objetivo especial de facilitar o planejamento, o controle, a avaliação de desempenho e a tomada de decisão internamente.
Forma dos relatórios	Balanço patrimonial, demonstração dos resultados, demonstração do fluxo de caixa e demonstração das mutações do patrimônio líquido	Orçamentos, contabilidade por responsabilidade, relatórios de desempenho, relatórios de custo, relatórios especiais não rotineiros para facilitar a tomada de decisão.
Frequências dos relatórios	Anual, trimestral e, ocasionalmente, mensal	Quando necessário pela administração
Custos ou valores utilizados	Primariamente históricos (passados)	Históricos e esperados (previstos)
Bases de mensuração usadas para quantificar os dados	Moeda corrente	Várias bases (moeda corrente, moeda estrangeira, moeda forte, medidas físicas, índices etc.)
Restrições nas informações fornecidas	Princípios contábeis geralmente aceitos	Nenhuma restrição, exceto as determinadas pela adminisração
Característica da informação fornecida	Deve ser objetiva (sem viés), verificável, relevante e a tempo	Deve ser relevante e ter tempo, podendo ser subjetiva, possuindo menos verificabilidade e menos precisão
Perspectiva dos relatórios	Orientação histórica	Orientada para o futuro, facilitando o planejamento, o controle e a avaliação de desempenho antes do fato (para impor metas), acoplada com uma orientação histórica para avaliar os resultados reais (para o controle posterior do fato)

Fonte: elaborada pelo autor.

1.4 A CONTROLADORIA NA ORGANIZAÇÃO

Segundo Francia et al. (1991, p. 27) "o *controller* é uma posição de apoio incluída na alta administração da empresa" . O *controller* é responsável por todo o processamento da informação contábil da organização.

Ainda segundo Francia et al. (1991, p. 9), o *controller* deve responder ao diretor ou vice-presidente administrativo e financeiro, e tem suas funções diferenciadas do responsável pela aplicação e captação de recursos, denominado tesoureiro. O papel-perfil e atuação do *controller* serão abordados nos tópicos 1.8, 1.9 e 1.10. Veja na Figura 1.4 o papel da controladoria na organização de uma empresa.

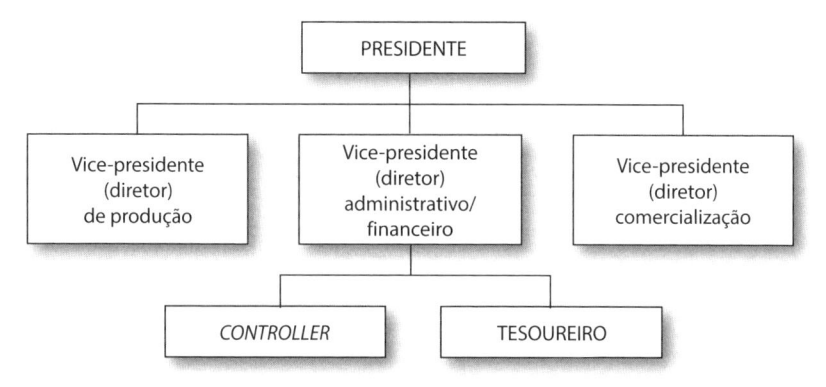

Figura 1.4 A controladoria na organização.
Fonte: Adaptado de Francia (1991).

1.4.1 Controladoria e tesouraria

Fundamentalmente concordamos com a posição do *controller* separada do responsável pela tesouraria. Entendemos que a função de tesouraria ou de finanças é uma atividade de linha e operacional, que, basicamente, tem como função o suprimento de recursos para as demais atividades desenvolvidas internamente na companhia, atividade essa que deve ser avaliada igualmente às demais pela controladoria, como podemos ver na Figura 1.5.

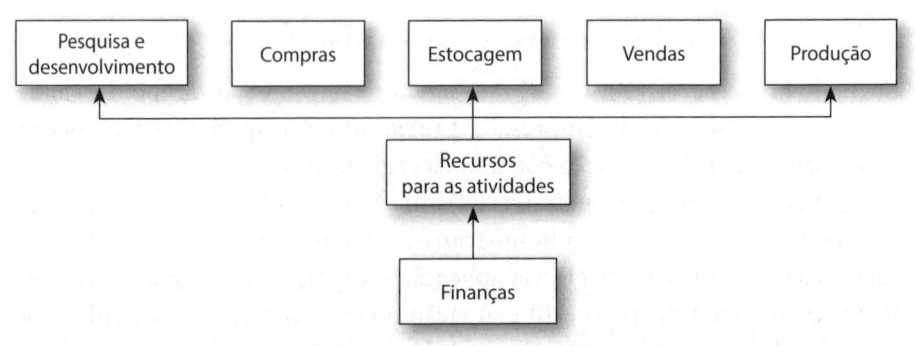

```
┌──────────────┐  ┌────────┐  ┌──────────┐  ┌────────┐  ┌──────────┐
│ Pesquisa e   │  │Compras │  │Estocagem │  │ Vendas │  │ Produção │
│desenvolvimento│  └────────┘  └──────────┘  └────────┘  └──────────┘
└──────────────┘
        ▲            ▲            ▲            ▲            ▲
                              ┌──────────┐
                              │ Recursos │
                              │para as atividades│
                              └──────────┘
                                    ▲
                              ┌──────────┐
                              │ Finanças │
                              └──────────┘
```

Figura 1.5 A atividade de finanças como supridora de recursos financeiros às demais atividades operacionais da empresa.

Fonte: elaborada pelo autor.

As principais atividades ou funções de tesouraria, também denominada diretoria ou gerência financeira, são as seguintes, conforme evidenciado na Figura 1.6.

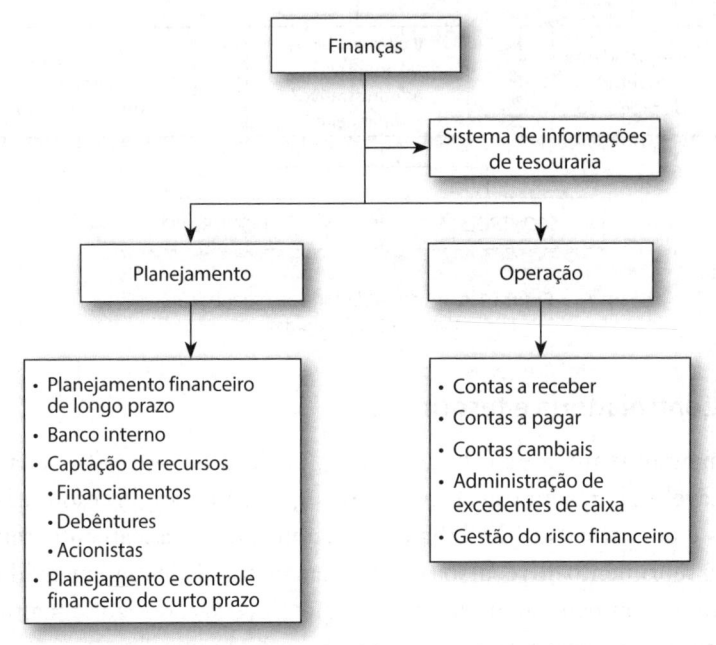

```
                    ┌──────────┐
                    │ Finanças │
                    └──────────┘
                          │
                          ├────────────────────┐
                          │  Sistema de informações │
                          │     de tesouraria       │
                          └────────────────────┘
              ┌───────────┴───────────┐
              ▼                       ▼
        ┌──────────┐            ┌──────────┐
        │Planejamento│          │ Operação │
        └──────────┘            └──────────┘
              │                       │
              ▼                       ▼
```

- Planejamento financeiro de longo prazo
- Banco interno
- Captação de recursos
  - Financiamentos
  - Debêntures
  - Acionistas
- Planejamento e controle financeiro de curto prazo

- Contas a receber
- Contas a pagar
- Contas cambiais
- Administração de excedentes de caixa
- Gestão do risco financeiro

Figura 1.6 Estrutura da tesouraria ou atividade de finanças.

Fonte: elaborada pelo autor.

Note-se que, dentro dessa estrutura, o responsável pela tesouraria tem uma função operacional que, inclusive, deve gerar resultado positivo para a empresa e ser avaliado pelo seu desempenho por meio de seus resultados alcançados.

Já as funções administrativas e de TI podem ser observadas na Figura 1.7 a seguir:

```
                    ┌─────────────┐
                    │Vice-presidente│
                    │  (diretor)   │
                    │  Adm./Fin.   │
                    └──────┬───────┘
    ┌──────────┬───────────┼───────────┬──────────┬──────────┐
┌────────┐ ┌──────────┐ ┌──────────┐ ┌────┐ ┌────┐ ┌────────┐
│Tesouraria│ │Controladoria│ │Administração│ │ TI │ │ RH │ │Logística│
│         │ │          │ │   geral   │ │    │ │    │ │        │
└────────┘ └──────────┘ └──────────┘ └────┘ └────┘ └────────┘
```

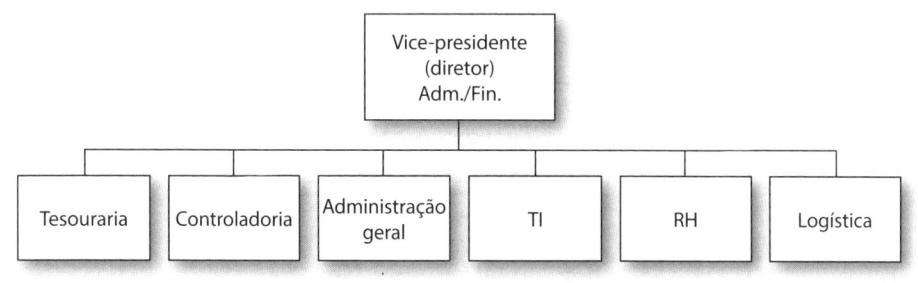

Figura 1.7 As funções administrativas e de TI.
Fonte: elaborada pelo autor.

Observa-se, portanto, que as funções administrativas possuem conexões diretas com a vice-presidência, diretoria ou administração financeira, tornando o processo integrado entre as áreas.

1.5 MISSÃO DA CONTROLADORIA

Controladoria é a unidade administrativa dentro da empresa que, por meio da ciência contábil e do sistema de informação de controladoria, é responsável pela coordenação da gestão econômica do sistema empresa.

> *Conforme Catelli (2001), a missão da controladoria é assegurar a eficácia da empresa pela otimização de seus resultados.*

A visão de controladoria, segundo Heckert e Willson (1963), parece-nos extremamente esclarecedora. Segundo os autores, à controladoria não compete o comando do navio, pois esta tarefa é do primeiro executivo. A controladoria representa, entretanto, o navegador que cuida dos mapas de navegação. É sua finalidade manter informado o comandante quanto à distância percorrida, ao local em que se encontra, e à velocidade da embarcação, à resistência encontrada, aos desvios da rota, aos recifes perigosos e aos caminhos traçados nos mapas, para que o navio chegue ao destino.

Dessa forma, podemos explicitar a missão da controladoria: "dar suporte à gestão de negócios da empresa, de modo a assegurar que esta atinja seus objetivos, cumprindo assim sua missão" (Peleias, 1991, p. 65). A principal missão da controladoria é oferecer o suporte informacional aos decisores a fim de potencializar os resultados da empresa, minimizando os riscos, aproveitando as oportunidades e respeitando as ameaças e limitações das organizações, conforme Figura 1.8:

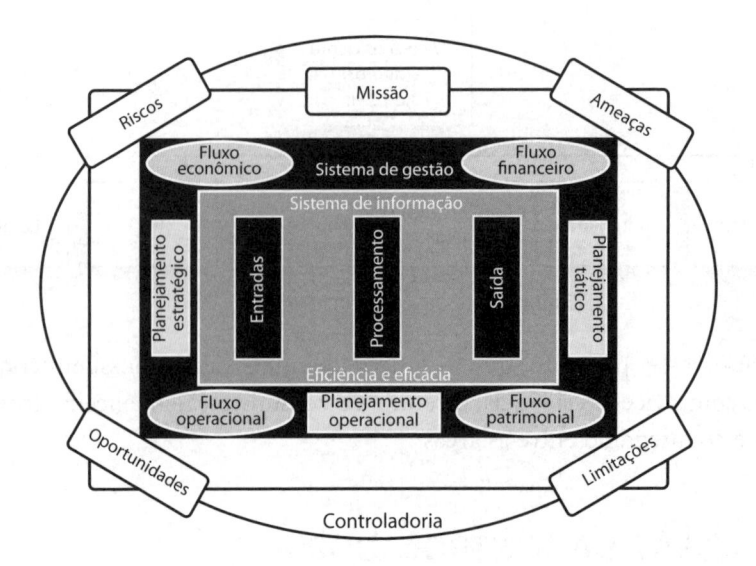

Figura 1.8 Missão da controladoria.
Fonte: elaborada pelo autor.

É interessante ressaltar aqui a grande proximidade da visão de Heckert e Willson (1963) e de Fayol (1916). Os primeiros compararam o controlador como o navegador que mantém o capitão permanentemente informado sobre o navio e a viagem. Destaca-se a clássica obra de Fayol (1916, p. 10) quando afirma que a contabilidade é um elemento constante em empresas de visão, e ainda que deve permitir saber, em todos os momentos, onde a empresa está e para onde está indo. Na visão do autor cabe à contabilidade fornecer uma visão clara e precisa da situação econômica da empresa e, ao finalizar sua explanação da função da contabilidade, Fayol afirmou que, naquela época, início do século XX, ainda não se tinha claro quais eram de fato os serviços realizados pela contabilidade.

É ao mesmo tempo a visão do controle permanente e do alerta permanente. Controlar, informar e influenciar para assegurar a eficácia empresarial. Nunca é uma posição passiva, mas ativa, sabendo da responsabilidade que tem a controladoria de fazer acontecer o planejado.

Com relação à questão de a controladoria ser um órgão de *staff* ou de linha, concordamos com a posição de Horngren (1985, p. 12), quando diz:

> ... as organizações estão enfatizando a importância de equipes para alcançar seus objetivos. Essas equipes podem incluir tanto administração de *staff* como de linha, resultando que as tradicionais distinções entre *staff* e linha são menos claras do que foram décadas atrás.

Assim, entendemos que a controladoria, que tem uma missão específica e, por conseguinte, objetivos a serem alcançados, é um órgão que pode ser mais bem caracterizado como de linha, apesar de que nas suas funções em relação às demais atividades internas da companhia as características sejam mais de um órgão de apoio.

Apresentamos a seguir a Figura 1.9 que resume o papel da controladoria na organização, sua missão e suas relações com as demais áreas empresariais.

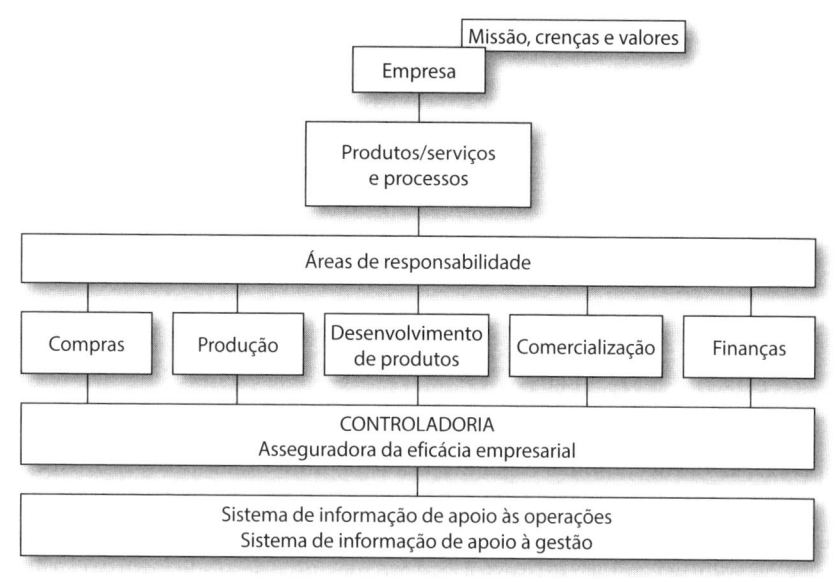

Figura 1.9 Missão da controladoria e as demais áreas da empresa.
Fonte: elaborada pelo autor.

A empresa tem uma missão, que é satisfazer as necessidades da sociedade. Ela explicita sua missão por meio dos produtos ou serviços oferecidos aos clientes. A missão da empresa decorre de suas crenças e valores.

Para o processo de produção e entrega de bens e serviços, a empresa é segmentada em áreas de responsabilidade, onde são agrupadas as principais especialidades do conhecimento humano necessárias para produzir e comercializar esses bens e serviços. A segmentação em diversas áreas é decorrente da especialização humana, que permite a otimização dos diversos processos necessários para desenvolver, produzir e entregar os produtos e serviços à comunidade.

Para desenvolver as diversas atividades, a empresa necessita de informações, que, em termos de enfoque sistêmico, estão contidas no subsistema de informação. O subsistema de informação, por sua vez, pode ser classificado em duas grandes áreas: sistemas de informação de apoio às operações e sistemas de informações de apoio à gestão.

Os sistemas de informação de apoio às operações privilegiam as informações necessárias ao planejamento, a execução e ao controle das atividades operacionais. Os sistemas de apoio à gestão têm por objetivo o controle econômico da empresa.

A controladoria tem como missão suportar todo o processo de gestão empresarial por meio de seu sistema de informação, que é um sistema de apoio à gestão. O sistema de informação de controladoria é integrado com os sistemas operacionais e tem como característica essencial a mensuração econômica das operações para planejamento, controle e avaliação dos resultados e desempenho dos gestores das áreas de responsabilidade.

Cabe à controladoria o processo de assegurar a eficácia da empresa pelo controle das operações e de seus resultados planejados. Quando do planejamento das atividades empresariais, a empresa espera atingir determinados objetivos econômicos para satisfazer os acionistas do empreendimento, e esses objetivos são o ponto central de atuação da controladoria.

1.6 A CONTROLADORIA COMO UNIDADE ADMINISTRATIVA

É a unidade da organização responsável por potencializar os resultados da empresa. Na prática, muitas organizações procuram organizar suas atividades e funções dentro de uma unidade administrativa denominada controladoria. Muitos doutrinadores e empresários erroneamente confundem o controle interno, a auditoria interna, assessoria, e até mesmo o setor de normatização dos procedimentos administrativos com a unidade de controladoria. Todavia, quando segregado corretamente, o departamento é, comumente, subordinado à vice-presidência administrativa e financeira e coordena a gestão econômica.

Nesse sentido, a controladoria contribui para o desenvolvimento da gestão econômica do negócio, auxiliando a gestão com elementos em todas as suas fases e amparando a materialização, os cálculos e a harmonização dos resultados planejados (Catelli et al., 2015). Como unidade administrativa, a controladoria propicia uma visão sistêmica capaz de potencializar a sinergia dos esforços dos gestores na indução da viabilidade da gestão econômica, na busca da eficácia da empresa e dos seus resultados. A eficácia dos resultados deve ser medida pelo lucro, e não pela variação patrimonial.

Não há consenso na literatura, contudo concordamos que independente da sua formalização como unidade administrativa, é responsabilidade da controladoria zelar pelas seguintes atividades:

- agenciar a promoção do patrimônio;
- acompanhar as mutações mercadológicas;
- analisar as demonstrações contábeis;
- promover o suporte informacional;
- atender os usuários da informação contábil;

- assessorar na elaboração orçamentária e nas projeções;
- auxiliar a auditoria interna;
- monitorar a promoção da viabilidade dos projetos de investimento;
- monitorar a promoção da viabilidade dos projetos de financiamento;
- auxiliar o controle interno;
- auxiliar o planejamento tributário;
- induzir todo o planejamento estratégico da organização;
- induzir todo o planejamento tático da organização;
- induzir todo o planejamento operacional da organização;
- subsidiar o desenvolvimento do sistema de informação;
- direcionar a concentração dos esforços dos gestores;
- gerenciar o departamento contábil;
- gerenciar os tributos;
- gerenciar todo o sistema de informação;
- monitorar o sistema de custo;
- criar modelos de decisão, mensuração e informação;
- oferecer suporte à gestão como um todo;
- promover a avaliação de desempenho das atividades dos gestores;
- resguardar o patrimônio;
- influenciar nas decisões;
- responsabilizar-se pela gestão econômica.

Para tanto, a controladoria deverá ser subdividida por áreas, envolvendo os setores de:

- custos;
- tributos;
- contabilidade financeira;
- auditoria interna;
- controle interno;
- sistema de informações com investidores;
- planejamento;
- sistema de informações gerenciais;
- orçamento.

1.7 ESTRUTURA, PORTE E NATUREZA × CONTROLADORIA

A ausência de um critério universal faz emergir grandes diferenças conceituais ao se tentar definir o porte das empresas. Devido à grande heterogeneidade, à multiplicidade de critérios e de objetivos dos estudos das entidades quando buscam defini-las, controvérsias as quais são fundamentadas em pensamentos acadêmicos, econômicos e empresariais, existe uma grande dificuldade na simples elaboração. Assim, qualquer definição não será isenta de contestações e problemas (Loveman e Sengenberger, 1990; Olivier e Riley, 1996).

Os critérios quantitativos são mais utilizados no Brasil para mensurar o porte das empresas. A Lei nº 7.256/84 e a Lei Complementar nº 123, de 14 de dezembro de 2006, por exemplo, utilizam o faturamento como fator determinante do porte da empresa. Já o Serviço de apoio às Micro e Pequenas Empresas (Sebrae), que analisa o setor industrial, de comércio e serviço, com instituições como Banco Nacional de Desenvolvimento Econômico e Social (BNDES) e o Ministério do Trabalho e Emprego (MTE) utiliza o número de empregados.

As micro e pequenas empresas (MPE) conquistaram, ao longo dos últimos anos o *status* de empreendimentos com grandes possibilidades de lucro. Contudo, existe quase um consenso na literatura que estas não apresentam divisões nítidas das atividades de trabalho. Isso não significa ou impossibilita a implantação de uma controladoria.

Acreditamos que todas as funções formalmente constituídas e atribuídas à controladoria, em uma empresa de grande porte, poderão ser implantadas e executadas em uma micro e pequena empresa. A mesma regra se aplica à natureza, ou seja, a controladoria poderá ser aplicada em organizações filantrópicas, do setor público e privado, sejam elas indústrias, comércios ou prestadoras de serviço. Nosso entendimento é que a grande diferença está na pessoa que executa tais atribuições e na distribuição das atividades. Habitualmente, na MPE não existe uma unidade administrativa constituída, porém suas funções são informalmente executadas por uma pessoa que costumeiramente também exerce outras tantas atividades.

A transição da rigidez da escrituração contábil para a fluidez da controladoria tem muito a contribuir na gestão das organizações, principalmente nos micro e pequenos empreendimentos.

1.8 PAPEL DO *CONTROLLER*

O organograma de uma empresa, em alguns casos, recebe a influência em sua elaboração das funções da organização (o termo "função" tem como significado o exercício de órgão ou aparelho; a prática; o uso) (Cunha, 2013, p. 304).

Assim, entendemos que o termo "função" caberá à controladoria e não ao *controller*, pois a este caberá o termo "papel", que tem como significado responsabilidade atribuída a uma pessoa.

Da mesma forma, torna-se importante diferenciar o termo "papel" de "perfil". Etimologicamente, "perfil" significa "contorno do rosto de uma pessoa vista de lado" (Cunha, 2013, p. 489).

Não há, portanto, que se confundir papel do *controller* com o perfil do *controller*, pois o primeiro está atrelado às responsabilidades atribuídas ao profissional, e o segundo conecta-se às características que o profissional deve possuir para atuar de forma efetiva no papel de *controller*.

Os primeiros cargos a se utilizarem do termo *controller* remontam ao século XV, no English Royal Household, na Inglaterra, como controladores das contas na repartição Lord Chamberlain. Em 1778, o termo foi utilizado pelo Continental Congress (Del Valle; Bezerra; Tamura, n. publ.).

A figura do *controller*, nos Estados Unidos, surge no início do século XX, a reboque da transformação administrativa das grandes corporações norte-americanas. Em 1920, ele já aparecia nos organogramas da General Motors como *"comptroller"* e, na Dupont, em 1921, como *"treasurer assistant comptroller"* (Chandler, 1962).

Quanto à ampliação do papel do *controller*, em 1931, foi criada uma organização dedicada a realçar os padrões profissionais da controladoria, o Controller Institute of America, mais tarde modificado para Financial Executives Institute.

Em 1940, já se afirmava que naquele período havia diferenças nas atividades de um grupo de *controllers* departamentais, indicando a falta de definição clara de seu papel nos Estados Unidos (Fiske, 1940).

Há indícios do surgimento do profissional da controladoria no Brasil em meados da década de 1960, com a instalação das multinacionais norte-americanas no país (Pereira, 1987).

Em 1963, atribuiu-se ao *controller* o papel de: a) supervisão da contabilidade geral, da contabilidade de custos, da auditoria, dos impostos, dos seguros e das estatísticas; e b) aplicações da função contábil para a resolução de problemas administrativos futuros (Heckert e Wilson, 1963).

Já em 1984 afirmava-se que um dos papéis do *controller* também é a avaliação econômica, uma visão macro de mercado, observando as influências exógenas à organização e interpretando seus efeitos sobre ela (Yoshitake, 1984).

Neste sentido, em 1985, foram apresentados itens que compõem o papel do *controller* (Horngren, 1985:) planejamento para o controle; ii) relatórios e interpretação; iii) avaliação e assessoramento; iv) administração tributária; v) relatórios para o governo; vi) proteção de ativos e vii) avaliação econômica.

Assim, o papel do *controller* foi definido como um executivo de finanças e contabilidade em uma organização, que prepara e interpreta informações financeiras para administradores, investidores e credores (Atkinson, 1997).

É papel fundamental do *controller* subsidiar a responsabilidade econômica do gestor, oferecendo condições concretas de gerenciamento e acompanhamento econômico da organização, nas ações endógenas ou exógenas, que possam afetar o *status* econômico desta organização (Peters, 2004).

O Ifac – International Federation of Accountants (2005) define o papel do *controller* como um profissional que deve identificar, medir, acumular, analisar, preparar, interpretar e relatar informações, tanto financeiras quanto operacionais, para uso da administração de uma empresa nas funções de planejamento, avaliação e controle de suas atividades, e assegurar o uso apropriado e a responsabilidade abrangente de seus recursos.

Em alguns momentos, na nomenclatura norte-americana, o termo *controller* tem sido substituído por *Chief Financial Officer* (CFO), em tradução livre: diretor financeiro.

Obviamente percebe-se uma mudança no papel do *controller* ao longo do tempo, uma vez que este acompanha o dinamismo do mercado e das necessidades da sociedade.

Pela amplitude apresentada na abordagem do papel do *controller*, foi elaborada na Tabela 1.2, a seguir, resumo do papel do *controller* de acordo com os autores elencados:

Tabela 1.2 O papel do *controller*.

Autores/Ano	Papel atribuído ao *controller*
Heckert e Willson (1963)	a) supervisão da contabilidade geral e de custos, da auditoria, dos impostos, dos seguros e das estatísticas; b) aplicações da função contábil para a resolução de problemas administrativos futuros.
Yoshitake (1984)	a) avaliação econômica de mercado que possa influenciar nos negócios da empresa.
Horngren (1985)	a) planejamento para o controle; b) relatórios e interpretação; c) avaliação e assessoramento; d) administração tributária; e) relatórios para o governo; f) proteção de ativos; e g) avaliação econômica.
Atkinson et al. (1997)	a) preparar e interpretar informações financeiras para administradores, investidores e credores.
Ifac (2005)	a) identificar, medir, acumular, analisar, preparar, interpretar e relatar informações, tanto financeiras quanto operacionais, para uso da administração de uma empresa; b) assegurar o uso apropriado e a responsabilidade abrangente de seus recursos.

Fonte: elaborada pelo autor.

Tendo como premissas as funções da controladoria apresentadas no item 1.6, sobre as responsabilidades atribuídas ao *controller*, após os levantamentos apresentados anteriormente, tem-se então, qual é o papel do *controller*:

- preparar e interpretar informações financeiras para os *Stakeholders* de direção;
- trabalhar com cenários: orçamentos e projeções;
- garantir a utilização eficaz dos recursos da empresa;
- buscar na contabilidade as informações necessárias para auxiliar e influenciar na tomada de decisão, gerindo o sistema de informações;
- identificar a movimentação do mercado e do governo que possa influenciar nas operações da empresa;
- entregar ao planejamento estratégico as informações necessárias para atingir as metas apresentadas;
- saber lidar/agir com tensões próprias da teoria da agência;
- atuar como coparticipante na gestão do risco;
- subsidiar os gestores nas decisões de investimentos e financiamentos, ou seja, na composição de seus ativos e passivos em uma configuração ótima;
- acompanhar e mensurar os eventos econômicos convergindo-os para atingir as metas;
- atuar na preservação e no controle do patrimônio;
- atuar como responsável conclusivo no controle interno;
- monitorar a consistência das informações de caráter gerencial.

1.9 PERFIL DO *CONTROLLER*

Para abordar este tópico, na busca do perfil do *controller*, ou de suas competências, deve-se procurar na fonte da Psicologia elementos balizadores nesta discussão.

McClelland (1973) foi quem primeiro se dedicou a definir competências profissionais. Também merecem destaque os estudos de Boyatzis (1982); complementarmente Spencer e Spencer (1993) elaboraram um dicionário de competências do contador e ainda definiram dois níveis de competências: o nível oculto, com traços mais profundos e centrais, que toca à personalidade do indivíduo; e o nível visível, fácil de identificar e de ser desenvolvido.

Competência significa: capacidade, habilidade, aptidão e idoneidade (Cunha, 2013, p. 166). Assim, entendemos que se torna fundamental apresentar as competências do *controller* para depois, alicerçados nessas competências, traçar o perfil ideal do *controller*.

Diante da complexa discussão e da falta de unidade nas definições teóricas, para efeito prático, lança-se mão neste livro do significado de competências apontadas no vasto estudo bibliométrico de Cardoso; Mendonça Neto;

Oyadomari (2010): habilidades, capacidades, conhecimentos, atitudes, traços e motivos dentro do contexto de entrega, aproximando-se muito do tripé CHA: conhecimento, habilidades e atitudes.

Em 1976, foram propostas as seguintes competências do *controller* (Kanitz, 1976): dar informação (tempestivamente); motivar; coordenar; avaliar; planejar e acompanhar. Há sugestão também que o *controller* seja: independente, envolvido, e forte (Sathe, 1983).

Para o Ifac (2005), o perfil do *controller* não é apenas o de auditor. Vai além: os *controllers* devem possuir perfil para atuarem como contadores gerenciais, líderes empresariais, diretores financeiros, consultores de negócios.

Uma vez definidas, de forma basilar, as competências, passa-se a apresentação do perfil esperado do *controller* para que possa atender às competências aqui elencadas.

De acordo com Chartered Global Management Accountant® (CGMA®, 2016), as habilidades principais que o *controller* (contador gerencial) deve possuir estão apresentadas na Figura 1.10.

Figura 1.10 Habilidades profissionais propostas pelo CGMA®.

Fonte: com base em: Chartered Global Management Accountant® (CGMA®) (2016).

O American Institute of Certified Public Accountants (AICPA) e o Chartered Institute of Management Accountants (CIMA) uniram-se para formar uma *joint venture* que alimenta uma nova designação para os contadores gerenciais, o CGMA®. Esta organização foi idealizada para contribuir na valorização da contabilidade gerencial e enfatizar ainda mais a sua importância para as empresas em todo o mundo.

Assim, entende-se que, para desenvolver o papel de *controller*, o profissional deve possuir em seu perfil algumas das seguintes características:

- ser persuasivo (levar a crer ou aceitar; induzir; ser convincente)
- líder;
- influenciador;
- claro sobre os procedimentos;
- conciso no falar e agir (expor as ideias em poucas palavras; ter precisão; exatidão);
- independente;
- observador;
- ético;
- conciliador;
- multidisciplinar e transdisciplinar;
- proativo.

Destacamos dentro deste conjunto os perfis de influenciador e persuasivo para tornar o *controller* congregador e proativo.

1.10 ATUAÇÃO DO *CONTROLLER*

A "atuação" etimologicamente com significado de "exercer atividade ou estar em atividade, agir" conecta uma ação ao profissional, ou seja, é o *controller* em atividade, agindo (Cunha, 2013, p. 68).

Entende-se que o *controller* deve agir por todo o caminho percorrido pela informação contábil, atuando proativamente na gestão por resultados (contábil/financeiro/econômico) no planejamento (estratégico/operacional/programação), na execução e no controle dos caminhos planejados, contribuindo não somente na mensuração (operacional/econômico/financeiro/patrimonial), mas, principalmente, na otimização do poder de ação do decisor.

1.11 ESTRUTURA DA CONTROLADORIA

Basicamente, a controladoria é a responsável pelo sistema de informação contábil gerencial da empresa, e sua missão é assegurar o resultado da companhia. Para tanto, a controladoria deve atuar fortemente em todas as etapas do processo de gestão da empresa, sob pena de não exercer adequadamente sua função de controle e reporte na correção do planejamento.

A controladoria não se pode furtar, também, às suas funções de execução das tarefas regulamentares. Assim, além das funções gerenciais, deve assumir as funções regulatórias, normalmente vinculadas aos aspectos contábeis societários e de legislação fiscal.

Além disso, a estruturação da controladoria deve estar ligada aos sistemas de informações necessários à gestão. Assim, podemos, primariamente, estruturar a controladoria em duas grandes áreas: a área contábil e fiscal e a área de planejamento e controle.

A área contábil e fiscal é responsável pelas informações societárias, fiscais e funções de guarda de ativos, tais como demonstrativos a serem publicados, controle patrimonial e seguros, gestão de impostos, controle de inventários etc.

A área de planejamento e controle incorpora a questão orçamentária, projeções e simulações, custos e a contabilidade por responsabilidade. Entendemos ser fundamental dentro da controladoria um setor que se responsabilize pelo que denominamos acompanhamento do negócio. Esse setor é responsável pelos dados estatísticos para análise de mercado, análise ambiental, análise conjuntural e projeção de cenários, elaboração e acompanhamento de projetos, análise de investimentos etc. Utiliza-se pesadamente dos sistemas de informações de apoio às operações, e é o setor que possibilita ao *controller* sua efetiva participação no processo de planejamento estratégico.

Na estrutura apresentada a seguir na Figura 1.11, colocamos a questão do sistema de informação gerencial como responsabilidade direta do *controller*. Objetivando a existência de sistema de informação integrado, a administração do sistema de informação gerencial deve ter o monitoramento permanente do *controller* para alcançar essa integração. Partindo dos dados em sua maior parte coletados pela área de escrituração da controladoria, é importante que não exista a duplicação das informações existentes a serem utilizadas pela área de planejamento e controle.

```
                    Controladoria
                         |
         ┌───────────────┼───────────────┐
         |               |      Sistema de informações para
  Controle interno       |      relações com investidores
                         |
                         |      Sistema de informações
                         |            gerenciais
         ┌───────────────┴───────────────┐
    Planejamento                    Escrituração
    e controle
```

- Orçamento, projeções e análise de investimentos
- Contabilidade de custos
- Contabilidade por responsabilidades
- Controladoria estratégica
- Gestão tributária

- Contabilidade societária
- Controle patrimonial
- Contabilidade tributária

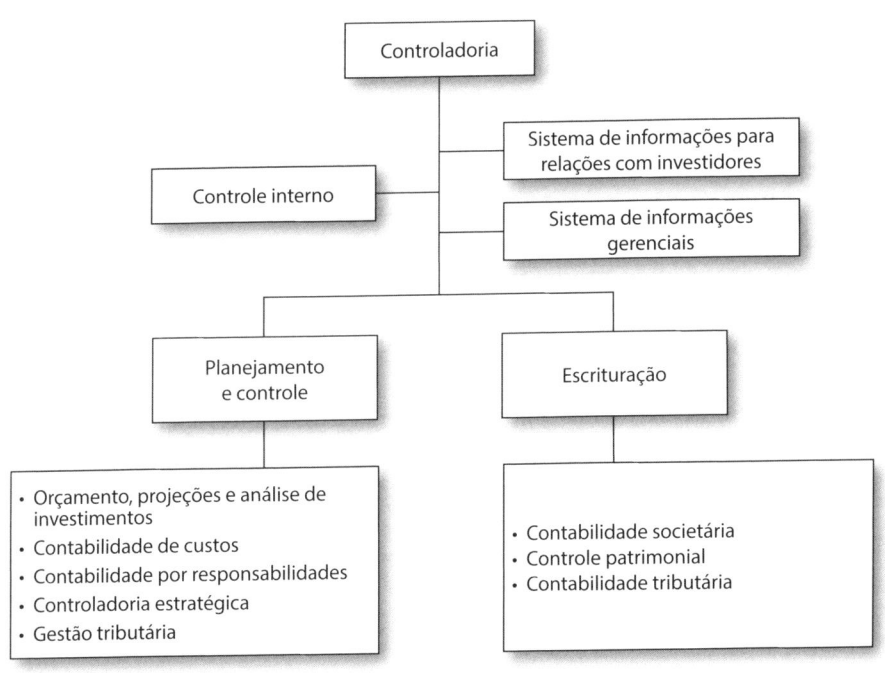

Figura 1.11 Estrutura da controladoria.
Fonte: elaborada pelo autor.

Desenvolveremos o tema do sistema de informação da controladoria no próximo capítulo.

1.11.1 Controle interno

Dentro do conceito atual de integração dos sistemas de informações, onde todos os sistemas especialistas são unidos por processos de integração e redes de comunicação, grande parte dos conceitos de controle interno já está incluída nos sistemas de informações operacionais. Os conceitos de automação de escritório, *interoffice*, *workflow alert*, intranet, internet etc. têm substituído os antigos conceitos de Organização e Métodos, bem como de grande parte da necessidade de manuais de procedimentos.

Cabe à controladoria, dentro de sua função de monitoramento do controle interno, avaliar permanentemente a observância de todas as etapas e procedimentos para os processos embutidos nos sistemas de informações operacionais.

Segundo Peleias (1999),[1] controle interno é um conjunto de normas, procedimentos, instrumentos e ações adotados de forma sistemática pelas empresas, que devem estar em constante evolução, assegurando o atingimento dos resul-

---
[1] Condensado de Peleias (1999).

tados conforme objetivos preestabelecidos, protegendo o patrimônio e garantindo transparência às operações. Esse conjunto deve garantir a eficiência operacional e permitir a melhoria dos processos empresariais e seus resultados.

O controle interno não é de responsabilidade exclusiva do *controller*, pois esta é uma responsabilidade de todos na organização.

Para Boynton; Johnson; Kell (2002), controles internos são um processo operado pelo conselho de administração, pela administração e outras pessoas, desenhado para fornecer segurança razoável quanto à consecução de objetivos nas seguintes categorias: confiabilidade de informações financeiras; obediência (*compliance*) às leis e aos regulamentos aplicáveis e eficácia e eficiência de operações.

Entendemos, de forma objetiva, que o controle interno tem função de checar os procedimentos para garantir que as políticas e diretrizes estão sendo adotadas conforme planejadas.

Contudo, pelo fato de o *controller* ser o responsável pelas demonstrações financeiras, ele tem um papel de *responsabilidade conclusiva no controle interno*, uma vez que as demonstrações financeiras somente podem ser evidenciadas partindo do pressuposto de que os controles internos estão adequados.

1.12 FUNDAMENTOS PARA IMPLEMENTAÇÃO DE UMA CONTROLADORIA

Os conceitos e a estrutura apresentados neste capítulo são os elementos básicos e suficientes para a implementação de uma controladoria eficaz. Contudo, podemos apresentar o tema de implementação de uma controladoria, partindo do pressuposto de que esse setor não esteja totalmente organizado na empresa, ao mesmo tempo que sugerimos uma metodologia mínima do processo de implementação.

1.12.1 Diagnóstico sobre a empresa

A primeira etapa consiste numa análise de toda a empresa, tendo como referência sua organização e os sistemas de informação existentes, para que o *controller* possa fazer um diagnóstico das necessidades de informações para os modelos decisórios, de forma a estruturar seus sistemas de informações de apoio à gestão. Os seguintes elementos mínimos devem ser analisados, identificados e classificados.

Estrutura organizacional

Analisar e entender a estrutura hierárquica da empresa, classificando-a basicamente nas áreas de produção, administração e comercialização, verificando a eventual necessidade de alteração da sua representatividade nos sistemas de acumulação de informações contábeis e gerenciais.

Unidades de negócios e/ou processos operacionais

Identificar as unidades de negócios existentes já definidas. Identificar e classificar os principais processos operacionais de cada unidade de negócio. Este tópico é muito importante, pois consiste em entender as operações da empresa e os macroprocessos geradores de resultados, que vão fundamentar a contabilidade por atividades e unidades de negócio.

Dependendo da organização, ela pode estar organizada em unidades de negócios, e, dentro dessas unidades, existem os processos operacionais que, por sua vez, podem também ser caracterizados como subunidades de negócios tendo responsáveis e necessidade de apuração de resultados. Outras empresas são organizadas em plantas, que, ao se consolidar o resultado de todas as plantas, tem-se o conceito de unidades de negócios.

Produtos e serviços; linhas de produtos

Identificar os produtos e serviços, e – provavelmente será necessário – classificá-los em linhas de produtos. Este tópico também é muito importante, pois, apesar de parecer óbvio, não é fácil identificar e classificar produtos e serviços, objetivando sua codificação e inserção no sistema de informação contábil.

Vejamos, por exemplo, uma usina de açúcar e álcool. Aparentemente teríamos apenas dois produtos, açúcar e álcool. Mas podemos ter álcool com várias graduações alcoólicas, álcool vendido a granel ou em diversos tipos de embalagens etc. Também podemos ter o mesmo com o açúcar. A granel, granulado, bruto, refinado, em sacarias, para exportação, em pacotes etc. Além disso, a empresa pode ter outros produtos e serviços, como venda de bagaço, aproveitamento de borras, venda de cana *in natura*, outros produtos agrícolas plantados para descanso da terra etc.

Desta maneira, o processo de identificação e classificação do produto é sumamente importante, pois, dentro do sistema de informação, será elemento fundamental para análise de rentabilidade por produto, dentro das unidades de negócio.

Eventos econômicos

O passo seguinte é identificar e caracterizar os principais eventos econômicos da empresa. Cada empresa tem uma maneira de caracterizar seus eventos econômicos, que são adequados às necessidades de informações dos gestores. Esta necessidade impõe-se para que os lançamentos contábeis das transações dos eventos aconteçam conforme as diversas necessidades gerenciais.

Para determinada empresa, por exemplo, o evento venda tem uma série de características que devem ser realçadas nos sistemas de informações. Uma venda para uma concessionária de veículos exige, provavelmente, uma caracterização muita ampla no lançamento, enquanto a venda de produtos de massa, como alimentação rápida, não necessite de muitos elementos caracterizadores.

Tecnologia e sistemas de informações

Avaliar a tecnologia de informação empregada e os sistemas de informações e comunicações existentes. Isto inclui a compreensão da qualidade de integração dos processos dentro da arquitetura dos sistemas de informação geral da empresa. A tecnologia de informação também é elemento condutor de estratégias de controladoria, uma vez que por meio dela poderão ser identificados métodos, relatórios e práticas gerenciais existentes.

1.12.2 Áreas a serem atendidas

Fundamentalmente, o sistema de informação de controladoria deverá ser estruturado para atender às seguintes áreas da empresa:

- *A empresa*: informações para o gerenciamento global e consolidado da organização.
- *As divisões ou unidades de negócios*: informações para o gerenciamento do resultado setorial e avaliação de desempenho dos gestores divisionais.
- *Os departamentos*: informações para o gerenciamento de cada responsável por custos e/ou receitas controláveis, bem como para conduzir o processo orçamentário.
- *Os produtos e serviços*: informações para o custeio, gestão de preços e análise de rentabilidade dos produtos e linhas de produtos e serviços.
- *As atividades*: informações para o gerenciamento das atividades principais das divisões ou unidades de negócios, seja em termos de custos, como em termos de resultado.
- *As transações*: informações para o processo de execução das transações para auxílio aos gestores operacionais responsáveis pelos principais eventos econômicos da empresa.

1.12.3 Estruturação do sistema contábil tradicional

Feito o diagnóstico da empresa, avaliando sua estrutura organizacional, unidades de negócios e produtos e serviços, e tendo em mente as diversas áreas que o sistema de informação de controladoria deve atender, o próximo passo é a estruturação do sistema contábil tradicional, matriz de todos os demais sistemas de informação de controladoria.

Relatórios básicos

O foco em gestão econômica naturalmente implica que a avaliação da empresa e suas partes esteja fundamentada nos principais relatórios contábeis, que são o Balanço Patrimonial, a Demonstração de Resultados e o Fluxo de Caixa. Assim, toda a estruturação do sistema deve ser canalizada para que esses relatórios apresentem o resultado geral e consolidado da empresa.

Plano de contas fiscal e gerencial

Para que os relatórios básicos tenham sua aplicação estendida para os demais subsistemas de controladoria, é mister que o plano de contas, além de atender às necessidades fiscais e legais, atenda, em primeira mão, às necessidades gerenciais. Em outras palavras, a estruturação do plano de contas deve privilegiar a parte gerencial, acoplando as necessidades legais.

O outro fundamento é que deve atender às estruturas, às atividades e aos produtos da empresa.

Conta contábil fiscal e gerencial

A construção do banco de dados de informações, por meio do plano de contas, dá-se pela estruturação da conta contábil, que também deve ser integrada com a organização, as atividades e os produtos da empresa. Desta maneira, a estrutura da conta deve também privilegiar a parte gerencial, acoplando a parte legal, uma vez que os lançamentos deverão conter todas as informações para os modelos decisórios dos gestores dos diversos eventos econômicos da empresa.

Flexibilidade

O fundamento de atender à condição de estrutura fiscal e gerencial ao mesmo tempo centra-se na necessidade de que a estrutura básica de informações contábeis seja flexível, ao mesmo tempo que íntegra e precisa, providenciando, além da agilidade, a não redundância de dados.

Análise e orçamento

É necessário que o sistema tenha um acompanhamento de análise periódica. Outra característica é que as contas contábeis devem ser totalmente integradas e acopladas com o sistema orçamentário.

1.12.4 Estruturação do sistema contábil gerencial

Uma adequada estruturação do sistema contábil tradicional permitirá facilidades e leveza dos sistemas gerenciais. Assim, a próxima etapa é estruturar os demais subsistemas contábeis gerenciais, que são:

- sistema de custos, inflação da empresa, preços de venda;
- contabilidade por responsabilidade e unidades de negócio;
- orçamentos e projeções;
- informações para a estratégia;
- gestão tributária.

1.13 QUESTÕES E EXERCÍCIOS

1. Identifique:
   a) argumentos para justificar que controladoria e contabilidade são a mesma ciência;
   b) argumentos para justificar que são ciências distintas.
   Faça e justifique a sua visão específica entre as duas possibilidades apresentadas.

2. Uma mercadoria em estoque foi vendida por $ 5.000. Os seguintes valores podem ser associados a esta mercadoria:
   a) o custo contábil médio ponderado, segundo os princípios contábeis, era de $ 2.500;
   b) entre a data da contabilização e a data da venda houve uma inflação no país de 2%;
   c) o custo de reposição da mercadoria no momento da venda era de $ 2.590;
   d) o preço de venda estimado antes da realização da venda era de $ 5.020.
   Construa um modelo decisório, de informação e mensuração de tal forma que evidencie todas as etapas de realização de resultados ocorridos até a venda definitiva.

3. Conceitue com suas palavras o que é controle econômico.

4. Na sua opinião, o arcabouço da contabilidade financeira é suficiente para o processo de gestão empresarial? Por quê? Quais seriam seus pontos fortes e seus pontos fracos?

5. Na sua opinião, quais são os pontos principais que diferenciam a contabilidade financeira e a contabilidade gerencial? Justifique.

6. Alguns estudiosos entendem que a controladoria é uma posição de *staff* na empresa e outros defendem a sua atuação como área operacional. Tendo

como referência este capítulo, faça sua análise e apresente os argumentos que justifiquem sua posição sobre o assunto.

7. Discorra sobre as funções que existem e são necessárias dentro das empresas e a possibilidade do exercício dessas funções por uma ou mais pessoas ou diferentes pessoas.

8. Alguns estudiosos entendem que o setor de controladoria deve situar-se hierarquicamente acima de todas as outras funções operacionais. Apresente argumentos a favor e contra esta colocação. Faça sua opção.

9. Dê alguns exemplos de como a controladoria pode apoiar os gestores operacionais no processo de condução de suas atividades.

capítulo 2

O sistema empresa e o processo de gestão

As organizações empresariais interagem com a sociedade de maneira completa. A empresa é um sistema onde há recursos introduzidos, que são processados, e há a saída de produtos ou serviços. Uma empresa é considerada um sistema aberto em razão de sua interação com a sociedade. Essa interação com a sociedade provoca influência nas pessoas, aumento nos padrões de vida e o desenvolvimento da sociedade.

> *Toda empresa tem uma missão em relação à sociedade e a missão das empresas corresponde aos seus objetivos permanentes, que consistem em otimizar a satisfação das necessidades humanas.* (Catelli, 1994)

Conforme Bio (1985, p. 19),"os sistemas abertos envolvem a ideia de que determinados *inputs* são introduzidos no sistema e, processados, geram certos *outputs*. Com efeito, a empresa vale-se de recursos materiais, humanos e tecnológicos, de cujo processamento resultam bens ou serviços a serem fornecidos ao mercado".

Essa visão da empresa como um sistema aberto, conforme mostra a Figura 2.1, ressalta as diversificadas e enormes pressões a que o ambiente submete a empresa. Catelli classifica as pressões ambientais, dentro do ambiente remoto e do ambiente próximo, em variáveis e entidades. A seguir, apresentamos uma representação esquemática da empresa como sistema aberto, baseada em Bio e na visão de Catelli:

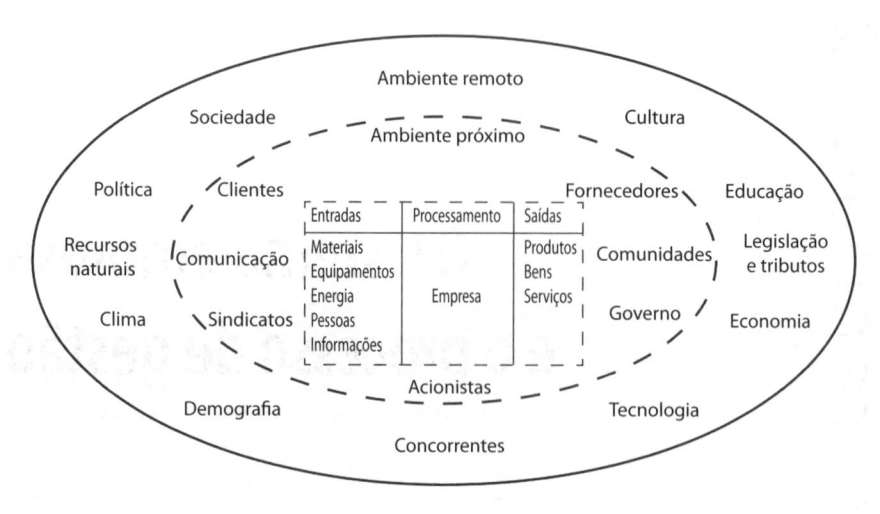

Figura 2.1 A empresa como um sistema aberto.
Fonte: Adaptado de: Bio (1985); Catelli (1994).

Como a empresa deve procurar o desenvolvimento da sociedade, ela deve devolver produtos ou serviços (as saídas do sistema) com valor superior aos dos recursos introjetados para processamento (as entradas do sistema), uma vez que os recursos consumidos exaurem o meio ambiente. Ackoff (1981, p. 32) diz: "A riqueza produzida por uma corporação é a diferença entre os consumos por ela possibilitados e seu próprio consumo".

Desta forma, a eficiência empresarial é componente de sua missão. Podemos definir eficiência como a relação existente entre o resultado obtido e os recursos consumidos para conseguir aquele resultado. Citam Horngren, Foster e Datar (1994, p. 237): "Eficiência: a importância de entrada usada para atingir um dado nível de saída". Assim, podemos entender a afirmação acima de Ackoff (1981) como uma visão da eficiência da empresa. Consideramos importante essa questão porque não há mais dúvidas de que a sociedade exige de todos que dela participam, e nisso as empresas não são excluídas, um comportamento compatível com a utilização dos recursos naturais existentes sob pena de deterioração do ambiente e prejuízo ao futuro da sobrevivência da sociedade.

A visão clássica do funcionamento de um sistema, como já vimos, conforme a Figura 2.2, é a seguinte:

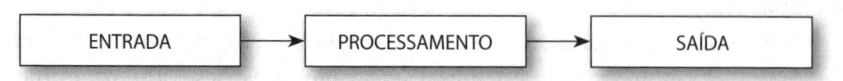

Figura 2.2 Funcionamento básico dos sistemas.
Fonte: Adaptado de: Horgngren; Foster e Datar (1994).

A definição de eficiência pode ser evidenciada também da seguinte maneira na Figura 2.3:

$$\frac{\text{Entrada}}{\text{Saídas}} = \text{Eficiência}$$

Figura 2.3 Representação da eficiência.
Fonte: elaborada pelo autor.

Neste ponto cabe destacar a contribuição de Bertalanffy (1975), considerado por diversos autores o precursor da Teoria Geral de Sistemas (TGS) com trabalhos apresentados já na década de 1940. Bertalanffy (1975) afirma que a TGS possui dois eixos: i) um instrumento útil a dar modelos utilizáveis e transferíveis entre diferentes campos, e ii) evitar analogias que frequentemente têm prejudicado o progresso nesses mesmos campos.

Sendo a empresa uma entidade que processa recursos e entrega produtos, bens ou serviços à sociedade, dentro do enfoque sistêmico, a empresa deve ser vista no elemento **processamento**. A eficiência é definida também como uma relação entre recursos e saídas, que no enfoque sistêmico são relacionados pelo elemento **processamento**. Portanto, podemos fundir essas representações numa única, adicionando ao elemento sistêmico **processamento** a eficiência, como mostrado na Figura 2.4:

ENTRADA → PROCESSAMENTO / EFICIÊNCIA → SAÍDA

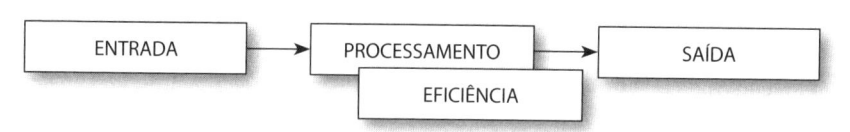

Figura 2.4 O processamento do sistema e eficiência.
Fonte: elaborada pelo autor.

2.1 EFICIÊNCIA E EFICÁCIA

Não podemos, aqui, deixar de retomar a questão da eficácia *versus* eficiência. Uma das premissas de nosso trabalho é que o *lucro é a melhor medida da eficácia empresarial* e que a empresa, como um investimento, deve apresentar um lucro para seus proprietários e para a própria comunidade. Também conforme Horngren et al. (1994, p. 237), a "eficácia é o grau de que um predeterminado objetivo ou meta é atingido". A Figura 2.5 apresenta a visão de Drucker (1993).

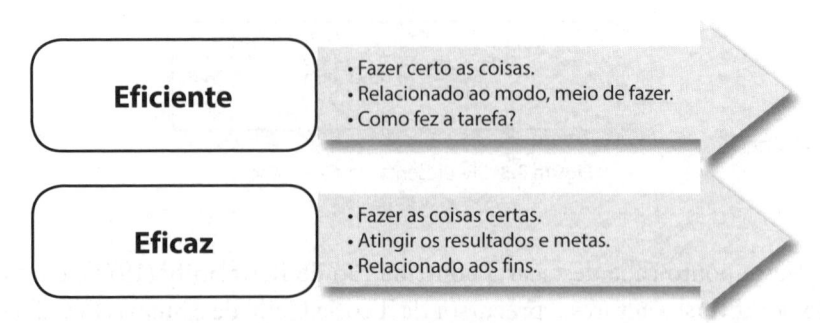

Eficiente
- Fazer certo as coisas.
- Relacionado ao modo, meio de fazer.
- Como fez a tarefa?

Eficaz
- Fazer as coisas certas.
- Atingir os resultados e metas.
- Relacionado aos fins.

Figura 2.5 Eficiência e eficácia.
Fonte: elaborada pelo autor.

Sobre o assunto assim se expressam Gibson; Ivancevich; Donnelly (1998, p. 77):

> O fato de as sociedades criarem organizações que fornecem bens e serviços implica que seu bem-estar será determinado, em larga escala, pela maneira como elas levam a cabo suas tarefas. Isto é, *as sociedades esperam de suas organizações um desempenho eficaz*. (grifo nosso)

Ainda segundo esses autores:

> do ponto de vista da sociedade, a *eficácia* é o grau segundo o qual as organizações atingem suas missões, metas e objetivos – dentro das restrições de recursos limitados [...] nesse sentido, devemos introduzir o conceito de *eficiência*; ele se refere ao processo pelo qual a organização maximiza seus fins com um uso mínimo de recursos.

A empresa, como um sistema aberto, tira recursos do ambiente, processa esses recursos e devolve-os transformados ao ambiente onde se insere. Neste enfoque sistêmico, os conceitos de eficiência e eficácia se entrelaçam, mas são diferentes.

Segundo Oliveira (1992), os elementos de um sistema são: os objetivos, as entradas do sistema, o processo de transformação, as saídas do sistema, os controles e as avaliações do sistema e a retroalimentação do sistema. A eficácia está relacionada com o elemento *objetivo* do sistema empresa.

Conforme Riccio (1989, p. 15) "os objetivos são representados por tudo aquilo que queremos que um sistema faça, nos dê ou nos permita alcançar". A eficiência está relacionada com a otimização do uso dos recursos. De acordo com Bio (1985, p. 21), "eficiência diz respeito a método, a modo certo de fazer as coisas. É definida pela relação entre volumes produzidos/recursos consumidos". Portanto, a empresa, para ser eficaz junto à sociedade, ou seja, cumprir sua missão, metas e objetivos, deve também ser eficiente no uso dos recursos, pois esses recursos são do ambiente e, portanto, são da sociedade.

A sociedade não aceitará uma organização que, para ser eficaz e atingir suas metas, seja ineficiente no uso dos recursos. Para exemplificar, Gibson; Ivancevich; Donnelly (1988, p. 77) dizem que "o monopólio é muito eficaz na consecução dos objetivos de lucro máximo, mas, do ponto de vista da sociedade, ineficaz no uso dos recursos".

Em resumo, uma empresa, para ser eficaz, deve também ser eficiente; eficácia é quando os objetivos preestabelecidos são atingidos como resultado da atividade ou do esforço; eficiência é a relação existente entre o resultado obtido e os recursos consumidos para conseguir aquele resultado.

Na visão sistêmica que apresentamos, podemos dizer que, para ser eficaz, é imprescindível que a empresa tenha eficiência na utilização de seus recursos. Em outras palavras, seria difícil para uma empresa atingir seus objetivos, em relação à sociedade, de forma totalmente ineficiente. Saliente-se, também, que de um modo geral a eficiência está ligada a todos os consumos específicos de recursos, ou seja, o processo da ação eficiente permeia todas as atividades da empresa e todas as transações. Busca-se eficiência em cada transação unitária entre as inúmeras transações que uma empresa necessita para atingir seus resultados, quais sejam, produzir produtos, bens ou serviços.

Já a eficácia reveste-se de um caráter mais abrangente, global, de atuação em maior amplitude. A eficácia é obtida por meio de uma gestão do todo, organizando as partes do sistema empresa. Podemos dizer que um maior grau de eficácia ocorrerá quanto maior a administração das inúmeras possibilidades de ocorrências de eficiência, e que essas ocorrências de eficiência sejam as mais produtivas possíveis.

Dessa forma, os dois conceitos, eficácia e eficiência, podem até se juntar na visão sistêmica da empresa, como a representante do elemento processamento do sistema.

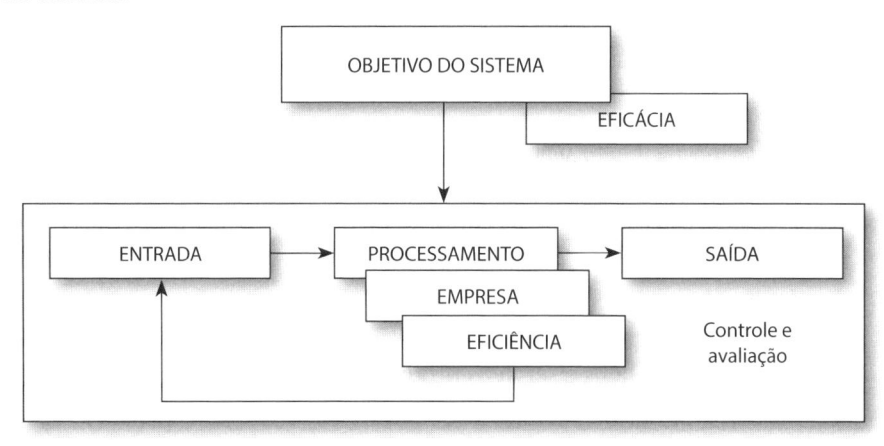

Figura 2.6 A empresa como um sistema aberto e com a missão da eficácia.
Fonte: elaborada pelo autor.

2.1.1 Critérios de eficácia empresarial

Gibson; Ivancevich; Donnelly (1988, p. 81-84) desenvolveram um modelo de eficácia organizacional, que, em nosso entendimento, além de atual, está em linha com a visão de nosso trabalho, razão por que o estamos adotando. Esses autores desenvolvem os critérios gerais para a eficácia do sistema empresa, relacionando-o com o aspecto temporal, conforme apresentado na Figura 2.7 a seguir.

	Curto prazo	Médio prazo	Longo prazo
(Critérios)	Produção Eficiência Satisfação	Adaptabilidade Desenvolvimento	Sobrevivência

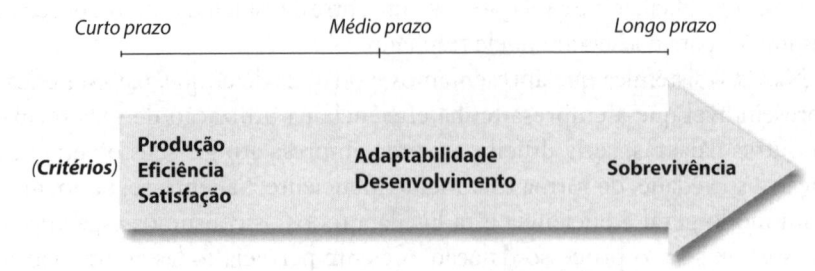

Figura 2.7 Critérios de eficácia organizacional.
Fonte: Adaptado de Gibson; Ivancevich e Donnelly (1988).

Segundo esses autores, "o teste último da eficácia organizacional é sua capacidade de manter-se no meio ambiente. A *sobrevivência*, portanto, é a medida última e de longo prazo da eficácia organizacional".

A sobrevivência das organizações, relacionada ao aspecto temporal de longo prazo, e a preocupação maior das empresas, está ligada ao postulado contábil da **continuidade**. Conforme Iudícibus (1980, p. 50),

> as entidades, para efeito de contabilidade, são consideradas como empreendimentos em andamento (*going concern*) [...] basicamente, portanto, a entidade é vista como um mecanismo voltado para adicionar valor aos recursos que utiliza, e seu sucesso é mensurado pelo valor das vendas ou serviços menos os custos dos recursos utilizados (consumidos) no esforço de produzir a receita.

Outros critérios da eficácia são:

a) *Produção*: capacidade da organização de produzir a quantidade e a qualidade de bens e serviços exigidas pelos clientes consumidores da organização;

b) *Eficiência*: adequada relação de utilização entre os recursos consumidos e os produtos, bens e serviços produzidos;

c) *Satisfação*: grau de aceitação social dos envolvidos no processo sistêmico, seja dos participantes da organização, seja das entidades externas que se relacionam com a empresa (fornecedores, clientes, governo etc.);

d) *Adaptabilidade*: mecanismo pelo qual a empresa responde adequadamente às mudanças que lhe afetam, seja de origem interna ou externa;

e) *Desenvolvimento*: ligado ao critério da sobrevivência. São os investimentos que a empresa faz em si mesma para aumentar sua capacidade de sobrevivência no longo prazo.

Fica evidente, então, que a eficiência é um dos critérios para que uma empresa seja eficaz. De acordo com os autores citados, a eficiência liga-se aos aspectos de curto prazo, ou seja, ela deve estar presente em cada processo de transformação existente dentro da empresa. A eficácia está relacionada com propósitos maiores, ou seja, os objetivos do sistema empresa.

2.1.2 Responsabilidade social

Não se pode dizer que a administração ignora a responsabilidade social da empresa, tais como proteção aos consumidores, pagamento de salários, manutenção de práticas dentro da ética, condições seguras de trabalho, suporte à educação e envolvimento com assuntos ambientais. Além disso, todos os interessados na empresa não podem nunca ser ignorados. Esses interessados incluem credores, empregados, clientes, fornecedores, comunidades nas quais a companhia opera, entre outros.

O impacto das decisões sobre esses interessados deve ser reconhecido. A riqueza dos acionistas, e também da própria empresa, depende de sua responsabilidade social. Quando a sociedade age, por meio do congresso ou outros corpos representativos da comunidade, estabelecendo as regras governamentais que fazem a ligação entre os objetivos sociais e de eficiência econômica, a tarefa da corporação fica mais clara com relação à sua responsabilidade social. Assim, a empresa pode ser vista como uma produtora de bens ou serviços, tanto no enfoque privado como social, e a maximização da riqueza do acionista, por meio do lucro, permanece um objetivo corporativo viável.

2.2 OS SUBSISTEMAS DO SISTEMA EMPRESA

Podemos dizer que todo sistema é composto de partes, quais sejam, seus subsistemas. O sistema empresa é um dos sistemas mais complexos e a sua divisão em subsistemas pode ser enfocada de várias maneiras. Adotaremos em nosso trabalho o enfoque de Guerreiro (1989, p. 165), que dividem o sistema empresa em seis subsistemas, quais sejam:

- subsistema institucional;
- subsistema de gestão;
- subsistema formal;
- subsistema de informação;
- subsistema social;
- subsistema físico-operacional.

A seguir, na Figura 2.8, com base em Guerreiro (1989, p. 168), apresentamos uma representação esquemática da empresa e seus subsistemas:

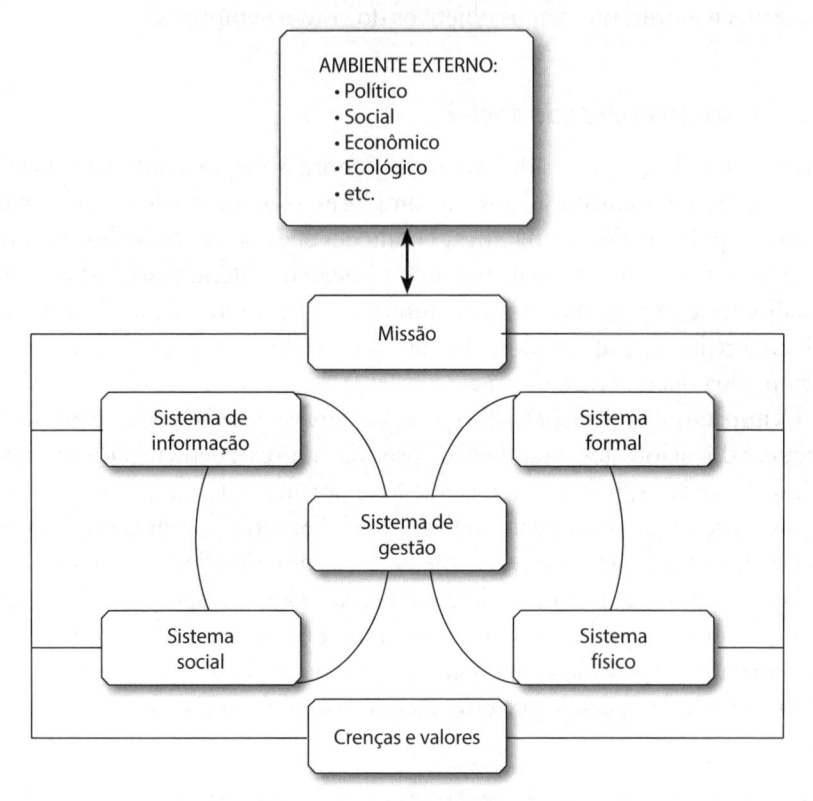

Figura 2.8 Subsistemas empresariais.
Fonte: Elaborada pelo autor.

2.2.1 Subsistema institucional

O subsistema institucional é a matriz dos demais subsistemas da empresa e compreende a definição da missão da empresa e as convicções de seus empreendedores, traduzidos de suas crenças e valores. Como esclarece Guerreiro (1989, p. 167), uma empresa decorre da necessidade e/ou desejo de alguém que tem expectativas a serem atingidas e que por isso se dispõe a investir num empreendimento o seu patrimônio, não só o econômico, mas também o patrimônio moral. São empresários, acionistas, sócios, enfim, empreendedores motivados por um conjunto de crenças, valores, convicções e expectativas individuais.

Continuando com Guerreiro, "as crenças, valores e expectativas dos empresários são convertidos em diretrizes que irão orientar todos os demais componentes do sistema empresa para os resultados desejados" (p. 167).

Da missão, crenças e valores a empresa define o seu modelo de gestão. Também conforme Guerreiro (1989, p. 229-230),

> a gestão se caracteriza pela atuação a nível interno da empresa no sentido de otimizar as relações recursos-operação-produtos/serviços, considerando nesse esforço o comportamento das variáveis dos ambientes externo e interno que impactam a empresa e os atributos dos recursos possuídos.

Assim, a empresa tem de definir um modelo de administração, objetivando que todos os envolvidos no seu ambiente interno atuem sob as mesmas linhas de pensamento e o efeito sinérgico da interação das partes (de todos os subsistemas) possa *adicionar valor à empresa*. Nesse sentido, convém enfatizar que a visão da empresa como um sistema eficiente/eficaz tem como objetivo final o maior valor da empresa por meio da geração do lucro.

Conforme Guerreiro (1989, p. 230),

> [...] o Modelo de Gestão é caracterizado como um subsistema do Sistema Institucional, correspondendo a um conjunto de princípios a serem observados que assegurem:

- a redução do risco do empreendimento no cumprimento da missão e a garantia de que a empresa estará sempre buscando o melhor em todos os sentidos;
- o estabelecimento de uma estrutura de operação adequada que possibilite o suporte requerido às suas atividades;
- a orientação geral dos esforços através de um estilo e "filosofia" de trabalho que criem atitudes construtivas;
- a adoção de um clima motivador e o engajamento de todos, principalmente dos gestores, em torno dos objetivos da empresa e das suas atividades;
- a aferição se a empresa está cumprindo sua missão ou não, se foi feito o que deveria ter sido em termos de produtos, recursos e esforços, e se, o que não foi, está sendo corrigido ou aperfeiçoado;

- o conhecimento do comportamento das variáveis relativas aos ambientes externo e interno e suas tendências, do resultado da avaliação de planos alternativos de ação e das transações/eventos ocorridos em cada período e de onde e no que "as coisas" não ocorreram satisfatoriamente.

2.2.2 Subsistema de gestão

É onde as decisões são tomadas. O subsistema de gestão só pode ser especificado após a definição maior do modelo de gestão. Nele se encontra o processo de gestão e as atividades de planejamento, execução e controle. Está intimamente ligado ao subsistema de informação. Guerreiro enfatiza (1989, p. 173): "A condição básica para o desenvolvimento adequado do processo de planejamento, execução e controle das atividades é o conhecimento da realidade, obtido através das informações geradas pelo subsistema de informação".

O subsistema de gestão compreende um conjunto de procedimentos e diretrizes, partindo do planejamento até o controle das operações, quais sejam:

- análise do ambiente externo e interno;
- elaboração do planejamento estratégico;
- elaboração das diretrizes e políticas estratégicas;
- planejamento operacional;
- elaboração do plano operacional;
- programação das operações;
- aprovação do programa operacional;
- execução das operações e transações;
- controle;
- ações corretivas.

2.2.3 Subsistema formal

Corresponde à estrutura administrativa da empresa, de autoridades e responsabilidades. É o subsistema organizacional, onde as tarefas e atividades são agrupadas em setores, departamentos ou divisões.

Conforme Guerreiro (1989, p. 171),

> contempla a forma pela qual a empresa agrupa as suas diversas atividades em departamentos, a definição da amplitude administrativa, o grau de descentralização desejável, a utilização das funções de assessoria, o problema de autoridade e responsabilidade, entre diversos outros aspectos.

É importante ressaltar que o subsistema formal recebe impacto substancial do subsistema de gestão, principalmente no tocante a definição das questões de responsabilidade e autoridade que, por sua vez, vão impactar o subsistema social. Contudo, grande parte da modelação do subsistema formal será decorrente do subsistema físico-operacional que, por sua vez, será estruturado levando em conta os produtos ou serviços a serem produzidos, o processo de produção e a definição das atividades a serem internalizadas na empresa.

2.2.4 Subsistema social

Compreende os indivíduos que fazem parte do sistema empresa, bem como toda a cultura, as características e demais aspectos relacionados às pessoas.

Também conforme Guerreiro (1989, p. 171), diz respeito, entre outros aspectos, a:

- necessidades dos indivíduos;
- criatividade;
- objetivos individuais;
- motivação;
- liderança;
- treinamento.

Dentro das premissas que consideramos na introdução de nosso livro, salientamos que:

- o lucro é maior ou menor segundo o grau de competência empresarial e,
- a empresa é a reunião de especialidades humanas, que são questões atinentes ao subsistema social.

2.2.5 Subsistema de informação

Compreende todo o conjunto de necessidades informacionais para a gestão empresarial. Dado que o processo de comunicação requisita ininterruptamente um sem número de informações, os gestores em atuação obrigam a geração de inúmeros subsistemas de informações específicos que, entendidos estruturalmente, formam o subsistema de informação.

Nas nossas premissas colocamos que a informação é matéria-prima para os gestores. Porém, não só os gestores são contemplados com subsistemas informacionais. Todo o processo físico-operacional requer também informações que fazem parte do subsistema informacional.

Há tanta relevância na questão da informação que normalmente são criadas atividades específicas para administração de grande parte do subsistema de informação.

Como diz Guerreiro (1989, p. 172),

> dentre as inúmeras atividades executadas no âmbito da empresa, existem aquelas que objetivam basicamente a manipulação de informações. Elas geram essas informações através da manipulação (processamento) de dados derivados da execução das diversas atividades necessárias ao desenvolvimento das funções empresariais básicas. Essas atividades se caracterizam por três aspectos básicos: recebimento de dados, processamento e geração de informações.

Outra premissa que colocamos na introdução é que devemos buscar um **nível ótimo de informações**. Dentro dessa premissa, um dos aspectos cruciais é que as informações são necessárias; porém, dentro da empresa, em nosso entendimento, é difícil fazer uma delimitação das necessidades informacionais, haja vista a grande interação de atividades internas e a quantidade de gestores setoriais.

Nessa linha de pensamento, a produção de informações pode gerar até a criação de atividades desnecessárias à empresa quanto ao cumprimento de sua missão. Normalmente, as atividades de controle é que tendem a exigir grande volume de informação. Uma questão vital, por exemplo, é: *quais são as informações necessárias para o controle?*. Assim, o subsistema de informação necessita de uma constante vigilância, sob pena de até ser um elemento redutor da eficácia empresarial.

2.2.6 Subsistema físico-operacional

Compreende as instalações físicas e os equipamentos do sistema empresa. É importante ressaltar que é no sistema físico-operacional que as transações são executadas e os eventos econômicos acontecem. Conforme diz Guerreiro (1989, p. 170), "o subsistema físico corresponde ao *'hardware'* do sistema empresa".

A estruturação do subsistema físico-operacional está fundamentalmente ligada aos produtos e serviços produzidos pela empresa. É o subsistema físico-operacional que possibilita a maior quantidade de ações para obtenção da eficiência e eficácia empresarial. Fundamentalmente, a visão sistêmica da empresa como processadora de recursos e obtenedora de produtos e serviços qualifica-se no subsistema físico-operacional.

É no subsistema físico-operacional do sistema empresa, organizado em atividades, que acontecem as transações e os eventos econômicos. Podemos definir evento econômico como uma representação genérica de uma ocorrência que modifica a estrutura patrimonial da empresa dentro da entidade empresarial, e que se expressa por um sem-número de ocorrências iguais ou semelhantes. *A cada ocorrência de um evento econômico denominamos transação.*

Para que as transações ocorram é necessária a ação sobre os componentes do subsistema físico-operacional, que é exercida pelas pessoas, ou seja, pelo subsistema social, apoiado pelos componentes dos demais sistemas. Nesse sentido, entendemos que é importante explorarmos um pouco mais o subsistema físico-operacional.

Assim, conforme Guerreiro (1989, p. 170),

> [...] o subsistema físico corresponde ao ferramental que as pessoas (subsistema social), com determinada autoridade e responsabilidade (subsistema formal), municiadas das informações necessárias (subsistema de informações) e condicionadas por determinados princípios (subsistema institucional), interagem no processo de tomada de decisões (subsistema de gestão). Através da interação desses subsistemas são executadas as funções empresariais (compra, venda, finanças etc.), no sentido de a empresa cumprir a sua missão.

É no subsistema físico-operacional que a empresa se manifesta mais claramente, por meio do conceito sistêmico de processamento de recursos para obtenção de produtos ou serviços (Figura 2.9):

RECURSOS → PROCESSAMENTO → PRODUTOS E SERVIÇOS

Figura 2.9 Subsistema físico-operacional.
Fonte: Adaptado de Guerreiro (1989).

Desta maneira, podemos dizer que os demais subsistemas da empresa canalizam todas as suas funções para o subsistema físico-operacional, objetivando fazer com que as tarefas sejam executadas dentro dos princípios de eficiência e eficácia.

O subsistema físico-operacional, em consonância com o subsistema formal, é segmentado em tarefas, funções, atividades, setores, departamentos ou divisões, sempre objetivando atingir o melhor resultado empresarial, produzindo produtos e serviços, de modo a atender à missão da empresa. Essa segmentação que acontece no sistema físico-operacional não é arbitrária e, sim, decorrente de uma série de fatores que "obrigam" a empresa a se definir por um determinado composto estrutural do sistema físico-operacional.

Introduzimos em nossas premissas que empresa é uma reunião de especialidades humanas. Essas especialidades, de um modo geral, são agrupadas em setores e/ou departamentos ou divisões, para desenvolver as atividades determinadas ou necessárias para a empresa. Nas atividades ocorrem as transações (os eventos econômicos), e a busca da maior eficiência dos recursos, coordenados sinergicamente, deverá levar a empresa a um padrão de lucratividade, rentabilidade e, portanto, à eficácia empresarial.

Apresentamos na Figura 2.10 uma representação esquemática da empresa, do seu ambiente, de seus subsistemas, enfocando a questão da eficiência dentro do subsistema físico-operacional.

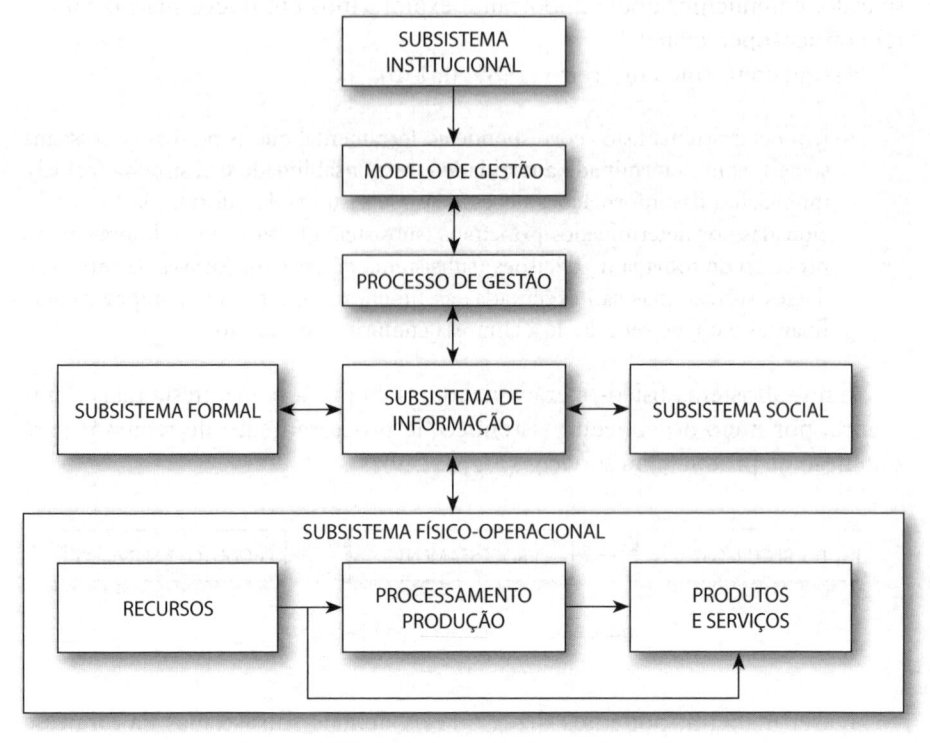

Ambiente remoto	Ambiente próximo
Variáveis e entidades	
Sociedade	Clientes
Política	Fornecedores
Recursos naturais	Comunicação
Clima	Comunidades
Demografia	Sindicatos
Concorrentes	Governo
Tecnologia	Acionistas
Economia	
Legislação	
Educação	
Cultura	

Figura 2.10 Visão sistêmica da empresa, subsistemas e eficiência.
Fonte: elaborada pelo autor.

2.3 EFICÁCIA E CONTROLADORIA: PLANEJAMENTO E CONTROLE COM ENFOQUE EM RESULTADOS

Toda esta obra terá como referencial o conceito de eficácia empresarial e a gestão com enfoque em resultados, resumidos na Figura 2.11 a seguir:

```
┌─────────────────────────────────────────────────┐
│ LUCRO COMO MEDIDA DE EFICÁCIA DA EMPRESA        │
└─────────────────────────────────────────────────┘
                        │
                        ▼
┌─────────────────────────────────────────────────┐
│ PLANEJAMENTO E CONTROLE COM ENFOQUE EM RESULTADOS│
└─────────────────────────────────────────────────┘
                        │
                        ▼
┌─────────────────────────────────────────────────┐
│ VALOR DA EMPRESA                                │
└─────────────────────────────────────────────────┘
```

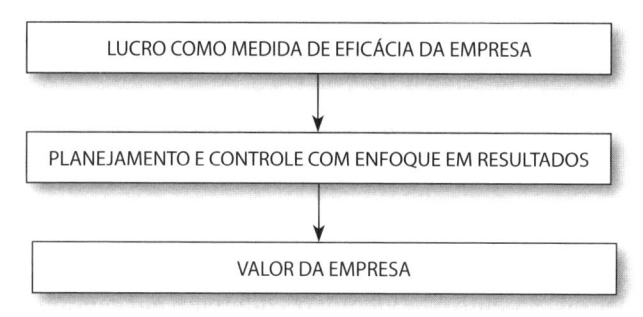

Figura 2.11 Eficácia, planejamento e valor da empresa.
Fonte: elaborada pelo autor.

Tendo a premissa de que o lucro é a melhor medida da eficácia da empresa, o foco da controladoria deve ser o processo de gestão baseado em resultados. Consequentemente, todos os esforços empresariais e a missão da controladoria devem ter como ponto referencial o processo de criação de valor para o acionista, por meio da mensuração econômica do valor da empresa.

2.3.1 Premissas para a controladoria com enfoque em resultados

Detalhamos a seguir as principais premissas do nosso trabalho que embasam nosso conceito de controladoria:

- lucro como medida de eficácia da empresa;
- lucro como diferença de patrimônios líquidos;
- o lucro é maior ou menor segundo o grau de competência empresarial;
- os empreendimentos empresariais são investimentos;
- valor econômico da empresa;
- mensuração do valor da empresa;
- dificuldade de mensuração da previsibilidade do mundo real;
- o planejamento é necessário;
- a empresa é a reunião de especialidades humanas;
- o gestores são responsáveis pela geração do lucro;
- informação para gestão;
- interação modelar entre as teorias da informação, decisão e mensuração;
- nível ótimo de informação.

2.3.2 Lucro como medida de eficácia da empresa

Conforme Guerreiro (1989, p. 13):

> a empresa é constituída sob o pressuposto da continuidade. A garantia da continuidade da empresa só é obtida quando as atividades realizadas geram um resultado líquido no mínimo suficiente para assegurar a reposição de todos os seus ativos consumidos no processo de realização de tais atividades. Todas as estratégias, planos, metas e ações que a empresa implementa devem objetivar em última instância a otimização do lucro. *O lucro, portanto, é a melhor e mais consistente medida da eficácia da organização.* (grifo nosso)

2.3.3 Lucro como diferença de patrimônios líquidos

O lucro empresarial é gerado em cada evento econômico, mas pode e deve ser mensurado periodicamente considerando a diferença em denominador comum monetário do patrimônio líquido empresarial do fim do período menos o patrimônio líquido empresarial do início do período, considerando as entradas adicionais de capital e as saídas a título de distribuição de lucros ou retiradas de capital. Adotamos esta premissa, o conceito de lucro econômico, em vez de lucro contábil.

Nessa premissa, o lucro (L) deixa de ser a visão restrita de receita (R) menos despesa (D):

$$L = R - D$$

para ser a diferença entre o patrimônio líquido de dois momentos, ou seja, o patrimônio líquido final (*PLf*) menos o patrimônio líquido no início do período (*PLf*):

$$L = PLf - PLi$$

2.3.4 O lucro é maior ou menor segundo o grau de competência empresarial

O grau de competência empresarial é o elemento diferenciador das empresas e a garantia da sustentação de sua continuidade e o cumprimento de sua missão. A competência empresarial reflete-se nos resultados empresariais, que é a medida da eficácia gerencial.

A competência empresarial se expressa nos recursos (custos) por meio da eficiência e/ou eficácia exercida (aplicada e extraída) em cada recurso ou transação em ocorrência ou ocorrido, no processo de obtenção da receita de produtos ou serviços.

2.3.5 Os empreendimentos empresariais são investimentos

As empresas com fins lucrativos são investimentos e, portanto, estão sujeitas a incertezas e riscos. Sendo investimentos de capital, os valores nela investidos pelos seus proprietários devem ser retornados a eles sob forma de dinheiro ou caixa. Essa premissa permite enfatizar a questão do planejamento ou da previsibilidade ou não do mundo real, bem como da aplicação do conceito de custo de oportunidade dos acionistas ou donos dos empreendimentos negociais.

2.3.6 Valor econômico da empresa

Sendo investimentos, as empresas têm um valor que, pela ciência contábil, deve estar refletido na figura do patrimônio líquido. Assim tem como fundamento que a mensuração dos eventos econômicos/resultados empresariais deve conduzir à correta mensuração e avaliação do valor econômico da empresa, sob pena de se obterem modelos de mensuração, informação e decisão incompletos. Adicione-se, ainda, que não deveria existir *mais de um valor* da empresa.

2.3.7 Mensuração do valor da empresa

Uma empresa vale o que ela pode render ou o que dela se pode esperar. Portanto, o valor da empresa é decorrente da avaliação do fluxo futuro de benefícios. Para Van Horne (2001), o "objetivo de uma companhia deve ser a criação de valor para seus acionistas".

Em complemento às duas premissas anteriores, entendemos que, tendo em vista que as empresas são investimentos financeiros e que seus investidores dela esperam um rendimento, podemos entender o fluxo futuro de benefícios refletidos na forma de caixa. Conforme Iudícibus (1995, p. 6):

> a curto prazo, no que se refere ao modelo informacional que precisa ser suprido para o modelo decisório, pode parecer que este condiciona modelos diferenciados para aquele, caso estejamos contemplando o usuário interno ou externo. Assim, podemos ter modelos baseados em *fluxos de renda ou de caixa*, conforme o usuário. Mas, a longo prazo, tanto os fluxos de renda (competência) podem ser transformados em fluxos de caixa, como estes são, em última análise, os insumos informacionais mais relevantes. Se examinarmos bem, o que todos os usuários da informação contábil procuram é maximizar o valor presente dos fluxos de

caixa futuros por meio de manipulações com elementos patrimoniais. [...], a empresa, por exemplo, somente mantém outros ativos (que não caixa) na esperança de obter mais caixa no futuro. Assim, basicamente, pensamos que não existe grande diferença nos objetivos decisórios de usuários, os mais variados. *A maximização do fluxo de caixa é um objetivo comum.* (grifos nossos)

2.3.8 Dificuldade de mensuração da previsibilidade do mundo real

A dificuldade de mensuração da previsibilidade do mundo real é um fato e não permite aos gestores o domínio das expectativas na sua totalidade. Os fundamentos para o exercício da competência empresarial, além da capacitação técnica, são a intuição e a capacidade de percepção.

2.3.9 O planejamento é necessário

Partindo do pressuposto que um empreendimento é um investimento e este só é feito após o estudo de expectativas, o fundamental para atingir o maior nível de eficácia é o processo contínuo de mensuração econômica dessas expectativas. Para tanto, a capacidade de percepção, associada a um processo contínuo de planejamento e projeções econômicas, é fator condicionante da eficácia empresarial.

2.3.10 A empresa é a reunião de especialidades humanas

O capital é o recurso que consegue reunir num único empreendimento pessoas de diversas capacitações e especializações, objetivando atingir os resultados propostos pela entidade empresarial. Essa reunião de especialidades dentro da empresa possibilita que esta entregue à sociedade produtos e serviços com qualidade, com custos seguramente inferiores aos que teriam se fossem produzidos individualmente por esses especialistas. O capital é o elemento que consegue promover a maior eficácia dos recursos humanos dentro de uma organização e, portanto, este deve ser também remunerado por meio do lucro empresarial.

Em linhas gerais, as diversas especialidades humanas – do conhecimento humano na empresa – são aglutinadas em setores, departamentos ou áreas, que denominaremos genericamente por atividades. Assim, o capital é o elemento necessário para unir os processos ou as atividades transformadoras do produto ou serviço.

Normalmente as atividades são coordenadas por algum responsável, que denominamos gestor.

A Figura 2.12, a seguir, apresenta o dinamismo da gestão em uma organização. Considera-se como entrada do ambiente externo, por exemplo, matéria-prima de 4 fornecedores a um valor de $ 25,00 cada um. Na sequência, há o que se chamou de união dos processos/atividades internos, com adições e gestão do capital humano, propondo como produto final a ser colocado no mercado, um produto no valor de $ 150,00. Comprovando, neste exemplo hipotético, que esta operação adicionou $ 50,00 em seu processo produtivo.

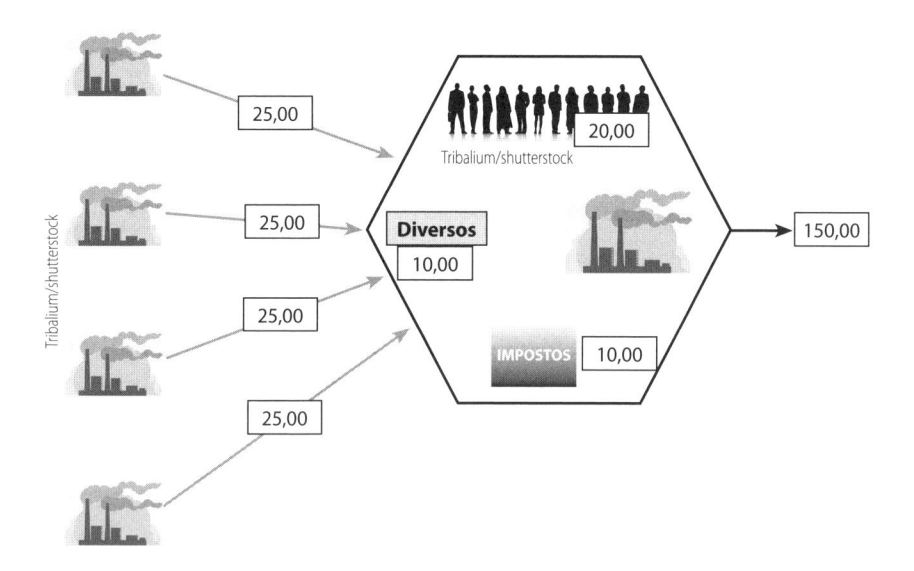

Figura 2.12 Dinamismo da gestão empresarial.
Fonte: elaborada pelo autor.

2.3.11 Os gestores são responsáveis pela geração do lucro

Conforme Guerreiro (1991, p. 14),

> os gestores são responsáveis pela eficácia da empresa. Como o próprio nome esclarece, os gestores são os responsáveis pela gestão, administração ou processo de tomada de decisão. A gestão corresponde analiticamente ao processo de planejar, executar e controlar.

Também conforme Catelli e Guerreiro (1992, p. 11), "o lucro é gerado pelas diversas atividades e a responsabilidade pela geração do lucro é exatamente dos responsáveis pelas diversas atividades, ou seja, dos gestores".

2.3.12 Informação para gestão

Ainda conforme Guerreiro (1991, p. 14),

> os gestores têm uma grande dependência do recurso "informação". A informação é a matéria-prima do processo de tomada de decisão. A informação útil é aquela que atende as necessidades específicas dos gestores, segundo as áreas que atuam, operações que desenvolvem e conceitos que lhes façam sentido lógico. Os sistemas de informações contábeis devem ser configurados de forma a atender eficientemente as necessidades informativas de seus usuários, bem como incorporar conceitos, políticas e procedimentos que motivem e estimulem o gestor a tomar as melhores decisões para a empresa.

2.3.13 Interação modelar entre as teorias da informação, decisão e mensuração

Para que os modelos tenham um caráter integrativo e coerente no seu conjunto para os tomadores de decisão, é necessário que na construção os modelos de informação estejam coerentes com o modelo de mensuração adotado, e estes, por sua vez, integrados com o processo de gestão adotado pela empresa.

2.3.14 Nível ótimo de informação

A informação é um recurso imprescindível para o processo de gestão empresarial e, portanto, como todo recurso, tem um custo. Uma informação é válida na medida em que tenha uma adequada relação custo-benefício. Conforme Oliveira (1990, p. 4), "o Sistema de Informação Gerencial deve apresentar uma situação de custo abaixo dos benefícios que proporciona à empresa".

Porém, tão importante quanto o custo da informação é a quantidade de informação. Assim, concordamos com Glautier e Underdown (1977, p. 39) quando se referem ao *nível ótimo de informações*: "O contador deve estar menos preocupado com minimização do custo da informação e mais preocupado com o descobrimento do nível ótimo de produção de informação".

2.4 O MODELO DE GESTÃO E O PROCESSO DE GESTÃO

Os conceitos de modelo de gestão e processo de gestão são necessários para obter-se a visão geral da empresa e a organização do planejamento estratégico nesta entidade.

2.4.1 Visão geral da empresa: missão, crenças e valores

Para desenvolver a visão geral da empresa e a organização do planejamento estratégico, componentes do subsistema institucional da empresa, devemos observar e desenvolver os seguintes aspectos.[1]

- **Declaração de valores**: um conjunto de crenças e princípios que guiam as ações e atividades da empresa.
- **Declaração de visão**: uma ou duas frases que anunciam aonde a empresa quer chegar ou traçam um quadro amplo do futuro que se deseja para a empresa.
- **Declaração de missão**: uma declaração do propósito da empresa, definindo o que ela faz e o que ela não faz.
- **Metas e objetivos**: uma lista com todas as principais metas que foram definidas para a empresa, juntamente com os objetivos que precisa alcançar para cumprir essas metas.

A *declaração de valores* é um conjunto de crenças e princípios que orientam as atividades e operações de uma empresa, independentemente de seu porte.

A *declaração de visão* é um conjunto preciso e bem elaborado de palavras que anunciam para onde a empresa está caminhando ou traçam um quadro do que a empresa deseja ser ou aonde quer chegar.

A *declaração de missão* da empresa visa comunicar interna e externamente o propósito da organização e do seu negócio. Ela deve ser breve e reunir em poucas palavras as atividades da empresa, os mercados que quer atingir, os produtos e serviços que quer fornecer à comunidade, sua diferenciação e o papel da empresa em relação a seus concorrentes e as principais conquistas que a empresa quer atingir.

Os *objetivos* são declarações específicas que se relacionam diretamente a uma determinada meta; fornecem detalhes sobre o que deve ser feito e quando. É comum os objetivos serem associados a números e datas.

As *metas* correspondem ao itinerário básico para chegar ao destino que a empresa deseja. Normalmente as metas são expressas em termos de intenções gerais da empresa. São resultados abrangentes com os quais a empresa assumiu um compromisso definitivo. As metas devem criar um elo indissolúvel entre as ações da empresa e sua missão.

Para metas o comum é o uso de palavras; para objetivos devemos usar números, complementando com detalhes específicos.

---

[1] Com base em: Tiffany e Peterson (1999) e Ward (1996, p. 33).

A Figura 2.13 apresenta de forma hierarquizada os elementos do planejamento de negócios:

```
                    METAS
                  OBJETIVOS
             DECLARAÇÃO DA MISSÃO
            DECLARAÇÃO DA VISÃO
          DECLARAÇÃO DE VALORES
```

Figura 2.13 Hierarquia do planejamento dos negócios.
Fonte: Adaptado de: Tiffany; Peterson (1996).

Exemplos de declarações de valores, visão, missão, objetivos e metas:[2]

- **Valores** – *Johnson & Johnson* (Condensado) – Nossa primeira responsabilidade é para com os médicos, as enfermeiras e os pacientes, as mães e todas as outras pessoas que usam nossos produtos e serviços. Estes devem ser de alta qualidade, com preços razoáveis e feitos ao menor custo. Nossos clientes devem ser atendidos rapidamente e devem ter condições de ter lucros justos. Somos responsáveis pelas comunidades nas quais vivemos e trabalhamos e pela comunidade mundial. Nossa responsabilidade final é para com os acionistas, porque as empresas devem gerar lucros sólidos.
- **Visão** – *Apple* – Mudar o mundo por meio da tecnologia.
- **Missão** – *Elevadores Otis* – Nossa missão é oferecer a todos os clientes um meio de locomoção a pequenas distâncias para pessoas e cargas, com um grau de confiança superior aos produtos oferecidos por empresas semelhantes no mundo inteiro.
- **Objetivos** – Ter 55% de participação no mercado do nosso produto principal; alcançar uma rentabilidade do investimento não inferior a 20% ao ano.
- **Metas** – Tornar-se líder de mercado; criar valor excepcional para nossos acionistas.

2.4.2 Modelo de gestão

As crenças e os valores são conceitos que formam a cultura organizacional que, por sua vez, interage e conduz à criação do modelo conceitual a ser adotado para gerir a empresa, o que denominamos *modelo de gestão* (Crozatti, 1998).

---
[2] Extraídos de Tiffany e Peterson (1999).

O modelo de gestão ideal deve ser estruturado considerando os seguintes aspectos:

- o processo de gestão do sistema empresa – planejamento, execução, controle;
- a avaliação de desempenho das áreas e dos gestores – responsabilidade pelos resultados das áreas de sua gestão;
- o processo decisório – centralização ou descentralização;
- o comportamento dos gestores – motivação – empreendedores.

> *Modelo de gestão é o produto do subsistema institucional e pode ser definido como o conjunto de normas e princípios que devem orientar os gestores na escolha das melhores alternativas para levar a empresa a cumprir sua missão com eficácia.*

2.4.3 O aspecto tridimensional da gestão empresarial

A gestão empresarial é segmentada em três aspectos:

- o aspecto operacional;
- o aspecto econômico;
- o aspecto financeiro.

Em cada atividade desenvolvida pela empresa observam-se três aspectos interdependentes. O primeiro diz respeito à qualidade, à quantidade e ao cumprimento de prazo, que denominamos operacional; aos recursos consumidos e aos produtos e serviços gerados, podem ser associados valores econômicos, o que caracteriza o aspecto econômico da atividade. Finalmente, as operações envolvem prazos de pagamentos e recebimentos, o que caracteriza o aspecto financeiro da atividade (Catelli e Guerreiro, 1992, p. 12).

Fundamentalmente, o fator tempo está ligado ao aspecto operacional das atividades, ou seja, ao cumprimento dos prazos do processo de produção e comercialização. O aspecto financeiro também evidencia o fator tempo, pois trata de prazos de recebimentos e pagamentos.

A Figura 2.14 reflete o efeito econômico, financeiro e também patrimonial do aspecto temporal de execução operacional das atividades, evidenciando o elo entre a avaliação do tempo gasto pelas atividades e o resultado econômico gerado por elas.

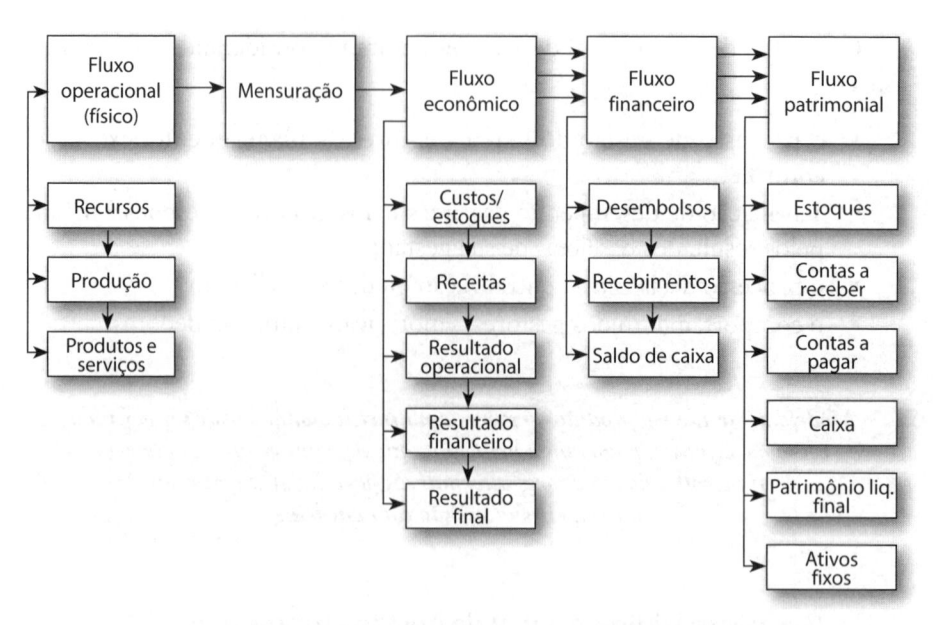

Figura 2.14 Fluxo operacional, econômico, financeiro e patrimonial das atividades.

Fonte: Adaptado de Catelli; Guerreiro (1992).

2.4.4 A missão da empresa e o processo de criação de valor

A empresa só poderá cumprir sua missão, que, em última instância, é a de satisfazer as necessidades humanas das comunidades onde se insere, se obtiver um resultado atrativo para os investidores, ou seja, os supridores dos recursos financeiros para o empreendimento, de tal forma que a empresa mantenha sua sobrevivência ao longo do tempo.

Nesse sentido, a maximização do valor da empresa, por meio do processo de criação de valor, é entendida como objetivo financeiro fundamental do empreendimento. O processo de criação ou adição de valor decorre basicamente do processo produtivo na produção de bens e serviços oferecidos pela empresa. A maximização do valor da empresa decorre dos lucros auferidos no processo produtivo, e que suplantem o custo de capital de oportunidade dos investidores no empreendimento, tornando a empresa permanentemente atrativa.

2.4.5 Modelo de gestão e o processo de gestão

O modelo de gestão é a matriz do subsistema de gestão, que é traduzido dentro da empresa, por meio de um processo orientado o qual permite a ordenação de sua administração para o fluxo do processo de tomada de decisão em todos os planos empresariais e níveis hierárquicos, o que é denominado *processo de gestão*.

Processo de gestão é a sequência lógica de processos administrativos para gestão das entidades.

O processo de gestão tem por finalidade permitir à empresa alcançar os seus resultados em um conjunto coordenado de diretrizes para atingir as metas e os objetivos explicitados na declaração da visão empresarial. O processo de gestão não se limita ao *planejamento*; inicia-se a partir deste. O processo de gestão incorpora todas as etapas da *execução* das atividades, bem como do *controle* da execução das atividades. O controle, por sua vez, não se limita a eventos passados, mas deve permitir controles antecedentes e posteriores aos eventos realizados.

2.4.6 Processo de gestão e sistemas de informações

O processo de gestão é necessariamente assistido por informações que, por sua vez, encontram-se registradas e acumuladas nos sistemas de informações.

Todos os sistemas de informações fornecem subsídios para todas as etapas do processo de gestão, sejam eles sistemas operacionais ou sistemas de apoio à gestão. Os sistemas operacionais contêm as informações dos aspectos operacionais das atividades, sejam de quantidade ou prazo de execução dessas, e auxiliam na necessidade de quantificação do processo de gestão. Os sistemas de apoio à gestão auxiliam o processo de gestão no tocante às informações que caracterizam os aspectos econômicos, financeiros e patrimoniais das atividades.

Os sistemas de informações financeiros e de controladoria são os melhores exemplos de sistemas de apoio à gestão e devem estar totalmente integrados na cadeia completa do processo de gestão.

2.5 O PROCESSO DE GESTÃO

O processo de gestão, também denominado processo decisório, é um conjunto de processos decisórios e compreende as fases do planejamento, da execução e do controle da empresa, de suas áreas e atividades. Por processo entende-se a sucessão de estados de um sistema, que possibilita a transformação das entradas do sistema, nas saídas objetivas pelo mesmo sistema.

O planejamento subdivide-se em duas fases: planejamento estratégico e planejamento operacional. O planejamento operacional incorpora uma etapa adicional, que finaliza o planejamento das operações, denominada programação.

Na Figura 2.15 podemos visualizar todo o conjunto do processo de gestão.

```
PLANEJAMENTO

┌──────────────┐   ┌──────────────┐   ┌──────────────┐
│ Planejamento │──▶│ Planejamento │──▶│  Programação │
│  estratégico │   │  operacional │   │              │
└──────────────┘   └──────┬───────┘   └──────────────┘
                          ▼
                   ┌──────────────┐
                   │   Execução   │
                   └──────┬───────┘
                          ▼
                   ┌──────────────┐
                   │   Controle   │
                   └──────────────┘
```

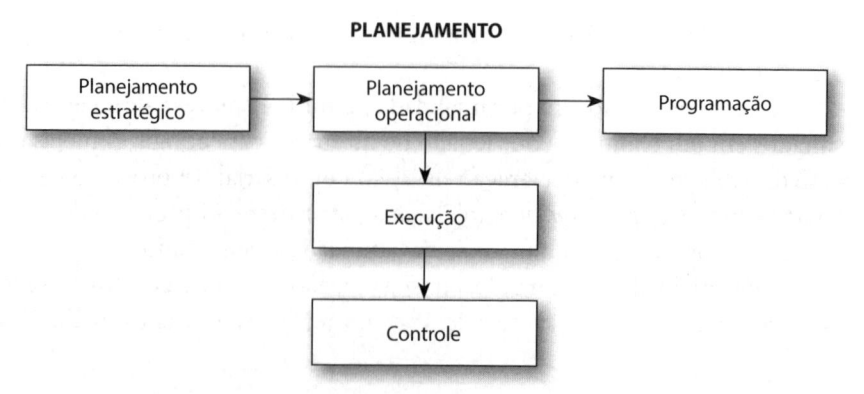

Figura 2.15 Processo de gestão.
Fonte: elaborada pelo autor.

2.5.1 Necessidade de planejamento

Uma das premissas deste trabalho é que o planejamento é necessário. Contudo, algumas correntes entendem que o planejamento não tem eficácia, e que o mais importante é a gestão contínua das operações. Nesse sentido, adotamos a posição de Glautier e Underdown (1977), em obra já citada, quando dizem:

> Há duas escolas de pensamento conflitantes a respeito da extensão do quanto a empresa tem domínio de seu próprio destino. A teoria do mercado postula que a empresa está unicamente ao sabor das forças sociais e econômicas prevalecentes, de modo que o sucesso da administração depende da habilidade de "ler" o ambiente.

Em contraste, a teoria do planejamento e controle assegura que a administração tem controle sobre o futuro da empresa e acredita que o destino da firma pode ser manipulado e, portanto, planejado e controlado. Nessa visão, a qualidade das decisões do planejamento e controle administrativo é um fator-chave para o sucesso. Na realidade, as organizações de negócios normalmente operam de alguma forma entre esses dois pontos de vista extremos: muitos elementos, tais como os preços de matérias-primas, estão completamente fora de seu controle; por outro lado, alguns elementos, tais como os preços de venda de seus produtos, são determinados pela própria organização. O planejamento é essencial para todos os fatores que afetam a organização, a despeito de serem controláveis ou não controláveis.

> *Planejamento é a definição de um plano para ligar uma situação desejada com a situação atual.*

Conforme Russel Ackoff (1981), planejar eficientemente não é saber onde você quer estar no futuro e então traçar uma linha entre os pontos A e B para chegar até lá. Planejar é trabalhar a partir do ponto aonde você quer chegar (B) e fazer o caminho para trás para alcançar o lugar em que você está (A). Não no futuro, não no passado, mas no presente.

2.5.2 Planejamento estratégico

O planejamento estratégico é a etapa inicial do processo de gestão, onde a empresa formula ou reformula suas estratégias empresariais dentro de uma visão específica do futuro.

É fase de definição de políticas, diretrizes e objetivos estratégicos, e tem como produto final o equilíbrio dinâmico das interações da empresa com suas variáveis ambientais. Nesta etapa, realizam-se as leituras dos cenários do ambiente e da empresa, comumente confrontando as ameaças e oportunidades dos cenários vislumbrados, com os pontos fortes e fracos da empresa.

2.5.3 Planejamento operacional

É a etapa em que as diretrizes e os planos estratégicos passam a ser trabalhados, ou seja, quando as definições estratégicas são operacionalizadas.

Esta etapa define os planos, as políticas e os objetivos operacionais da empresa e tem como produto final o orçamento operacional. Realiza-se geralmente pelo processo de elaboração de planos alternativos de ação, capazes de implementar as políticas, as diretrizes e os objetivos do plano estratégico da empresa e do processo de avaliação e aprovação destes.

Exemplificando, se a empresa tomou uma diretriz estratégica de uma nova planta fabril ou uma nova linha de negócios, esta etapa compreende o processo de pôr em prática essas definições estratégicas.

O processo de planejamento operacional está totalmente ligado com a estrutura básica do balanço patrimonial nas suas duas grandes áreas: **ativo** e **passivo**.

No processo de planejamento operacional cabe à controladoria a criação de modelos de decisão, mensuração e informação ligados à determinação das estruturas de ativos e passivos das unidades de negócio e da empresa, bem como para as decisões posteriores de adaptação das estruturas determinadas, conforme pode ser observado na Figura 2.16 a seguir:

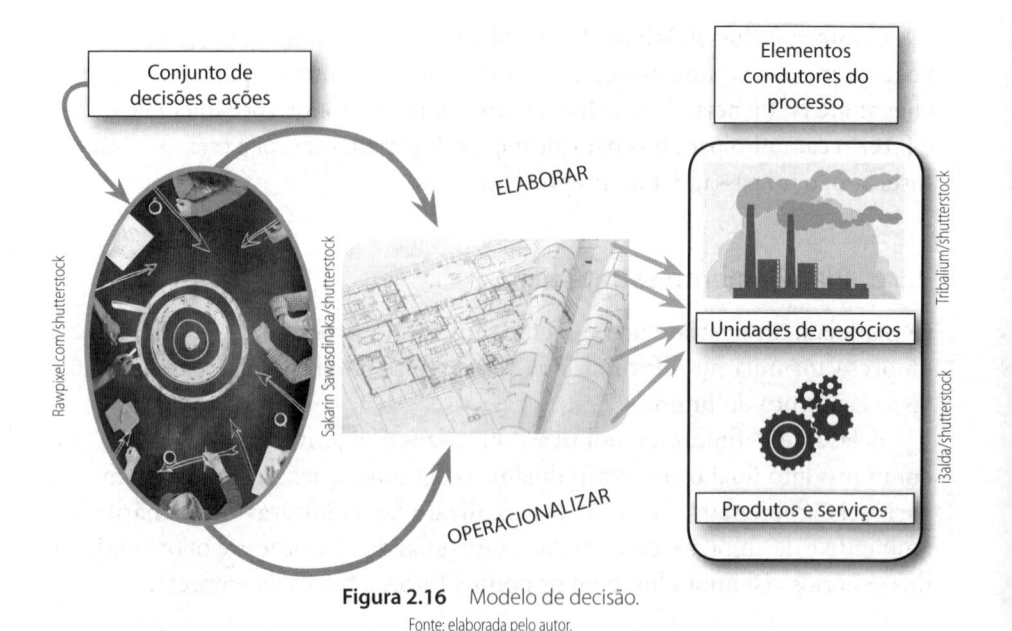

Figura 2.16 Modelo de decisão.
Fonte: elaborada pelo autor.

O assunto acerca do planejamento operacional será retomado no item 7.2.1.

2.5.4 Programação

É a fase do processo de gestão que mensura os planos de curto prazo, ou seja, o próximo ano. Compreende a programação das operações correntes para o próximo ano e os impactos esperados dos projetos em andamento decorrentes do plano operacional que vão se juntar ao resultado das operações correntes. É a concretização do planejamento orçamentário do próximo exercício (Figura 2.17).

2.5.5 Execução

É a etapa do processo de gestão onde as coisas acontecem. A execução deve estar em coerência com o planejado e programado.

2.5.6 Controle

O controle é um processo contínuo e recorrente que avalia o grau de aderência entre os planos e sua execução, compreendendo a análise dos desvios ocorridos, procurando identificar suas causas e direcionando ações corretivas. Além disso, deve observar a ocorrência de variáveis no cenário futuro, visando assegurar o alcance dos objetivos propostos. No enfoque sistêmico, o controle faz também o papel de *feedback* ou retroalimentação do sistema.

Quadro 2.1 Processo de gestão – visão resumida.

Fases do processo	Finalidade	Produto
Planejamento estratégico	Garantir a missão e continuidade da empresa	Diretrizes e políticas estratégicas
Planejamento operacional	Otimizar o resultado a médio prazo	Plano operacional
Programação	Otimizar o resultado a curto prazo	Programa operacional
Execução	Otimizar o resultado de cada transação	Transação
Controle	Corrigir e ajustar para garantir a otimização	Ações corretivas

Fonte: elaborada pelo autor.

2.5.7 A contabilidade no controle do processo de gestão

A contabilidade se caracteriza, essencialmente, por ser a ciência do controle. Contudo, é importante ressaltar que o conceito de controle contábil não é o conceito apenas de controle *a posteriori*. A função contábil na empresa e, consequentemente, sua grande importância, implica um processo de acompanhamento e controle que perpassa todas as fases do processo decisório e de gestão e, seguramente, as etapas do planejamento.

Jucius e Schlender (1990, p. 128) denominam essas atividades de controle ao longo do tempo em: controle preliminar, controle concorrente e pós--controle.

Essa abordagem implica que no próprio planejamento estratégico há uma função de controle, denominada antecedente ou preliminar. O termo controle normalmente se aplica ao processo de execução. Contudo, entendemos também que no processo de estabelecimento de diretrizes, construção de cenários, já há um processo de controle implícito, identificando e priorizando as variáveis em relação aos objetivos maiores do sistema empresa.

A título de exemplo de como a contabilidade está presente controlando e avaliando o processo de planejamento estratégico, são os subsistemas contábeis de informação das variáveis da conjuntura social, econômica, setorial e de mercado que devem ser acumulados e tratados de forma sistêmica e que são parte dos subsídios para o processo gestional da estratégia.

Em suma, a contabilidade está presente em todas as etapas do processo gestional, seja nas fases de planejamento, execução ou propriamente de controle.

2.5.8 O processo de gestão: visão analítica

A Figura 2.17 mostra com um grau maior de detalhe todo o processo de gestão empresarial.

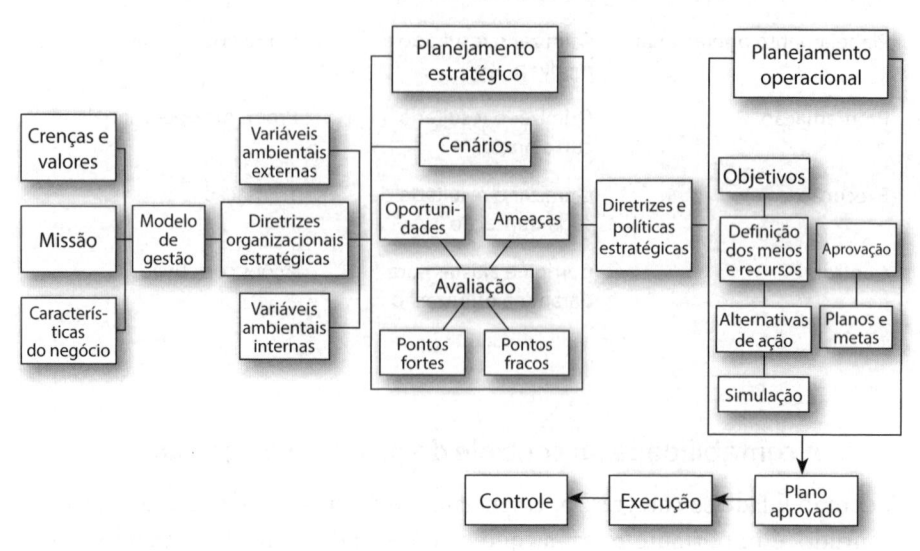

Figura 2.17 Processo de gestão: visão analítica.
Fonte: elaborada pelo autor.

2.5.9 O processo de tomada de decisão

Todo o processo de gestão é caracterizado pela necessidade de tomada de decisões. A tomada de decisão também é um processo, pois consiste numa série de procedimentos que culminam com a tomada de decisão.

Há necessidade de decisões em toda a fase do processo de gestão: decisões no planejamento estratégico, decisões no planejamento operacional, decisões na programação, decisões na execução e decisões no processo de controle.

Neste tópico, apresentaremos analiticamente o processo de tomada de decisão ou resolução de problemas, como também é chamado. Daremos a seguir algumas definições básicas para o processo de tomada de decisão (Lazatti, 1997):

- *objetivo:* resultado, atributo ou situação desejada, para os quais se pretende exercer alguma ação consequente;
- *problema*: lacuna entre uma situação atual ou projetada e um objetivo. Entende-se por situação projetada aquela que pode ocorrer, independentemente do objetivo;
- *resolução de problemas*: curso de ação que corrige a lacuna entre a situação atual ou projetada e o objetivo; aquilo que permite alcançar o objetivo;

- *decisão*: escolha de um curso determinado de ação entre vários cursos de ação alternativos. Entende-se que o curso de ação escolhido pode compreender um conjunto de vários cursos de ação.

Num sentido abrangente, os conceitos de "resolução de problemas" e "tomada de decisão" são sinônimos, uma vez que ambos representam um mesmo processo. De fato, a resolução de qualquer problema requer a tomada de decisão; e vice-versa, toda decisão implica necessariamente a existência prévia de um problema a resolver.

2.5.10 Elementos essenciais no processo de tomada de decisão

Em adição às definições básicas apresentadas anteriormente, coloca-se o ser humano, que representa o sujeito ou os sujeitos que enfocam o problema, que captam ou projetam a situação, que estabelecem os objetivos, concebem e avaliam os cursos de ação alternativos e que tomam a decisão (Figura 2.18).

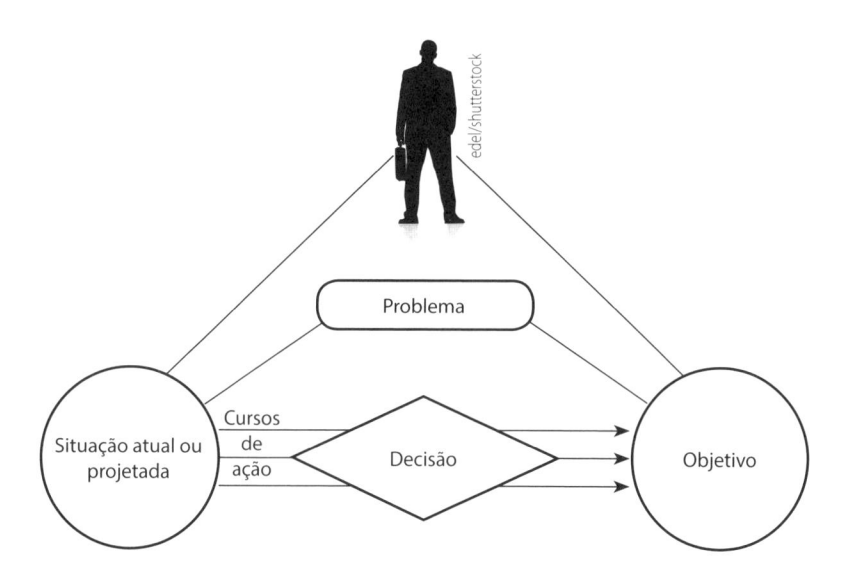

Figura 2.18 Elementos do processo de tomada de decisão.

Fonte: elaborada pelo autor.

2.5.11 Metodologia do processo de tomada de decisão

Consiste em três grandes etapas (Figura 2.19): o exame ou a análise do problema, o desenvolvimento ou desenho de cursos de ação e a implementação da decisão. Cada etapa pode compreender diversos passos.

```
┌─────────────┐      ┌──────────────────┐      ┌────────────────┐
│  Exame do   │ ───▶ │  Desenvolvimento │ ───▶ │  Implementação │
│  problema   │      │  de cursos de ação│      │                │
└─────────────┘      └──────────────────┘      └────────────────┘
```

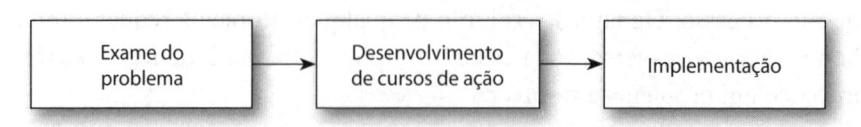

Figura 2.19 Metodologia do processo de tomada de decisão.
Fonte: elaborada pelo autor.

O *exame do problema* inclui a identificação do objetivo inicial e o diagnóstico da situação. O *desenvolvimento dos cursos de ação* compreende a concepção, a avaliação e escolha do curso ou cursos de ação a serem adotados. Os seguintes passos devem ser respeitados:

1. É necessário, em princípio, partir de um objetivo para iniciar o diagnóstico da situação.
2. A identificação do objetivo inicial e o diagnóstico da situação permitem especificar o problema a resolver, o qual é condição prévia para abordar os cursos de ação que levem à solução.
3. É conveniente encarar a concepção de cursos de ação antes de sua avaliação. Quanto mais cursos de ação se considerarem, maior será a probabilidade de se escolher o melhor.
4. É aconselhável avaliar devidamente os cursos de ação alternativos a fim de se optar por um deles (a decisão).
5. A decisão, finalmente, para ser efetiva, deve vir acompanhada de uma adequada implementação.

2.5.12 Tomada de decisão e o processo de gestão

Como vimos, o processo de tomada de decisão permeia todo o processo de gestão.

Na Figura 2.20, vemos que a análise de problemas específicos, tanto do planejamento estratégico quanto das outras etapas do planejamento, deve ser a metodologia de tomada de decisão.

Protótipo da problemática		Etapas		
		I	II	III
Problema		Análise do problema	Descrição da solução	Implementação da solução
Planificação	Estratégia	Análise estratégica	Formulação da estratégia	Implementação da estratégia
	Mudança organizacional	Diagnóstico da estratégia atual	Descrição da estratégia desejada	Implementação da mudança
	Outros tipos de planificação	...	...	...

Figura 2.20 Aplicação da metodologia da tomada de decisão no processo de gestão.
Fonte: elaborada pelo autor.

2.5.13 Tomada de decisão e modelo de decisão

Conforme Beuren (1998), um modelo representa ou descreve os elementos relevantes de um processo ou de uma situação e as interações existentes entre eles. Caracteriza-se como uma importante ferramenta para conceber algo e representar, simular ou idealizar essa realidade por meio de objetos, fluxos, ideias ou palavras, pois ele sumariza os efeitos e relacionamentos mais relevantes de determinada situação ou problema específico.

O *modelo de decisão* deve ser significativo para o tomador de decisão e atender ao seu processo lógico e específico para cada natureza do evento ou problema a ser resolvido. O modelo de decisão incorpora ainda dois outros modelos necessários para complementar o processo decisório: um modelo de informação e um modelo de mensuração.

O *modelo de informação* é estruturado por meio dos modelos de decisão e mensuração e tem como característica básica apresentar a resultante do processo decisório de forma compreensível para o decisor e os demais interessados na implementação do curso de ação escolhido.

O *modelo de mensuração* deve estar também coerente com o modelo de decisão e, portanto, do gestor. É o principal elemento que fundamenta a decisão da escolha de um curso de ação, após avaliação das diversas alternativas levantadas.

No âmbito da controladoria, o modelo de mensuração prima por ser um modelo de avaliação econômica, e, em nossas premissas, o modelo de mensuração deve ter como referência básica a avaliação em termos de resultados e valor da empresa.

Como exemplos de modelos de mensuração, informação e decisão mais comuns adotados pela contabilidade e controladoria, podemos citar:

- modelos de decisão de informações com grande agregação: balanço patrimonial, demonstração de resultados, fluxo de caixa e demonstração de origens e aplicações de recursos;
- modelos de decisão de resultados de eventos e áreas de resultado: modelo de margem de contribuição;
- modelos de decisão específicos para produtos: modelos de análise de rentabilidade de produtos, modelos de métodos de custeio;
- modelos de decisão para estudos detalhados e pontuais: modelos de comprar ou fabricar etc.

Na Figura 2.21, apresentamos a interação entre tomada de decisão e os modelos de informação, mensuração e decisão.

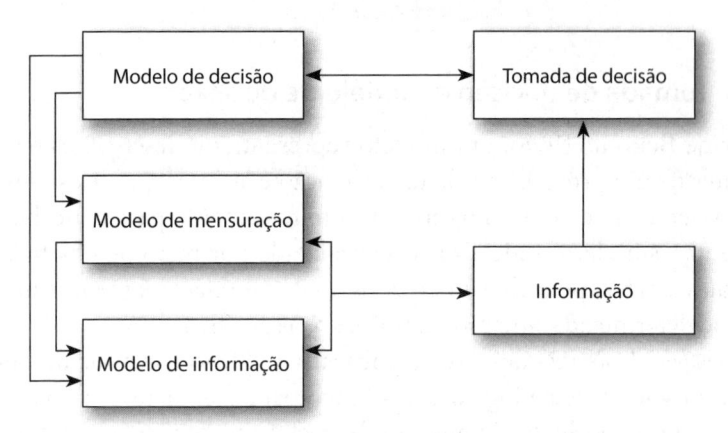

Figura 2.21 Interação entre tomada de decisão e modelos de decisão, mensuração e informação.

Fonte: Adaptado de Beuren (1998).

2.6 QUESTÕES E EXERCÍCIOS

1. Explique com suas palavras resumidamente cada um dos subsistemas do sistema empresa.

2. Tome como referência uma empresa que você conheça e identifique e descreva os principais componentes de cada subsistema dessa empresa.

3. Conceitue com suas palavras eficiência e eficácia e seu relacionamento no sistema empresa.

4. A classificação das variáveis e entidades que afetam o sistema empresa entre ambiente próximo e ambiente remoto não é a mesma para cada empresa. Tome como referência uma empresa de:
   a) rede de supermercado;
   b) usina de açúcar e álcool;
   c) usina siderúrgica;
   d) fabricação de computadores;
   e) rede de alimentação *fast-food*;
   f) serviços de consultoria empresarial.

   Pede-se: reclassifique as variáveis e entidades para cada tipo de empresa, se são de características mais próximas ou mais remotas em relação a cada uma delas.

5. Tomando como referência os mesmos tipos de empresa apresentados na questão anterior, analise e evidencie como as variáveis abaixo podem afetar cada uma delas:
   a) tecnologia;
   b) clima;
   c) recursos naturais;
   d) sindicatos;
   e) cultura;
   f) demografia;
   g) concorrentes;
   h) sociedade.

6. Tomando como exemplo as empresas listadas a seguir, descreva resumidamente como pode funcionar o subsistema físico-operacional de cada uma delas:
   a) fabricantes de televisores;
   b) montadoras de veículos;
   c) fabricantes de tintas industriais e para construção civil;
   d) fabricantes de cerveja.

7. Tome uma empresa qualquer como referência, ou uma empresa fictícia, onde você poderia determinar o modelo de gestão. Depois, responda:
   a) Quais as crenças e os valores que você procuraria introduzir nessa empresa?
   b) Que missão estabeleceria para ela?

8. Com os eventos econômicos listados a seguir, assuma valores e quantidades, e identifique os aspectos operacionais, econômicos, financeiros e patrimoniais de cada um deles:

a) compra a prazo de mercadoria para estoque;
b) venda a prazo;
c) contratação de funcionários;
d) compra financiada de ativo imobilizado;
e) pagamento de serviço de consultoria.

9. Dê um ou mais exemplos de atividades que se inserem em cada etapa do processo de gestão.

10. Damos a seguir várias situações que se pode encontrar para a tomada de decisão. Descreva resumidamente para cada uma delas: a) o exame do problema; b) os diversos cursos de ação possíveis que você consegue identificar; c) qual a implementação da solução escolhida a ser adotada.

a) implantação de um sistema de informação de logística.
b) aquisição de uma empresa concorrente.
c) compra à vista ou compra a prazo.
d) implantação de um sistema de remuneração variável.

capítulo 3

Planejamento estratégico

O planejamento implica avaliar o futuro e preparar-se para ele, ou ainda criá-lo. Tudo aquilo que a organização deseja alcançar ou que o administrador julgar importante realizar dependerá do estabelecimento de determinados objetivos e da formulação de planos que permitam alcançá-los (Caravantes; Panno; Kloeckner, 2005). Pode também ser definido como um futuro desejado e de meios eficazes para alcançá-lo (Ackoff, 1975).

A determinação das estratégias deve levar em conta o ambiente externo, refletir as ameaças e oportunidades, incluir vantagem competitiva, ser coerente com a visão e com os objetivos da empresa e ser passível de execução (Zaccarelli, 2013). Ao longo da história, acumulou-se grande quantidade de conhecimento sobre estratégia cuja evolução pode ser visualizada por meio da Figura 3.1.

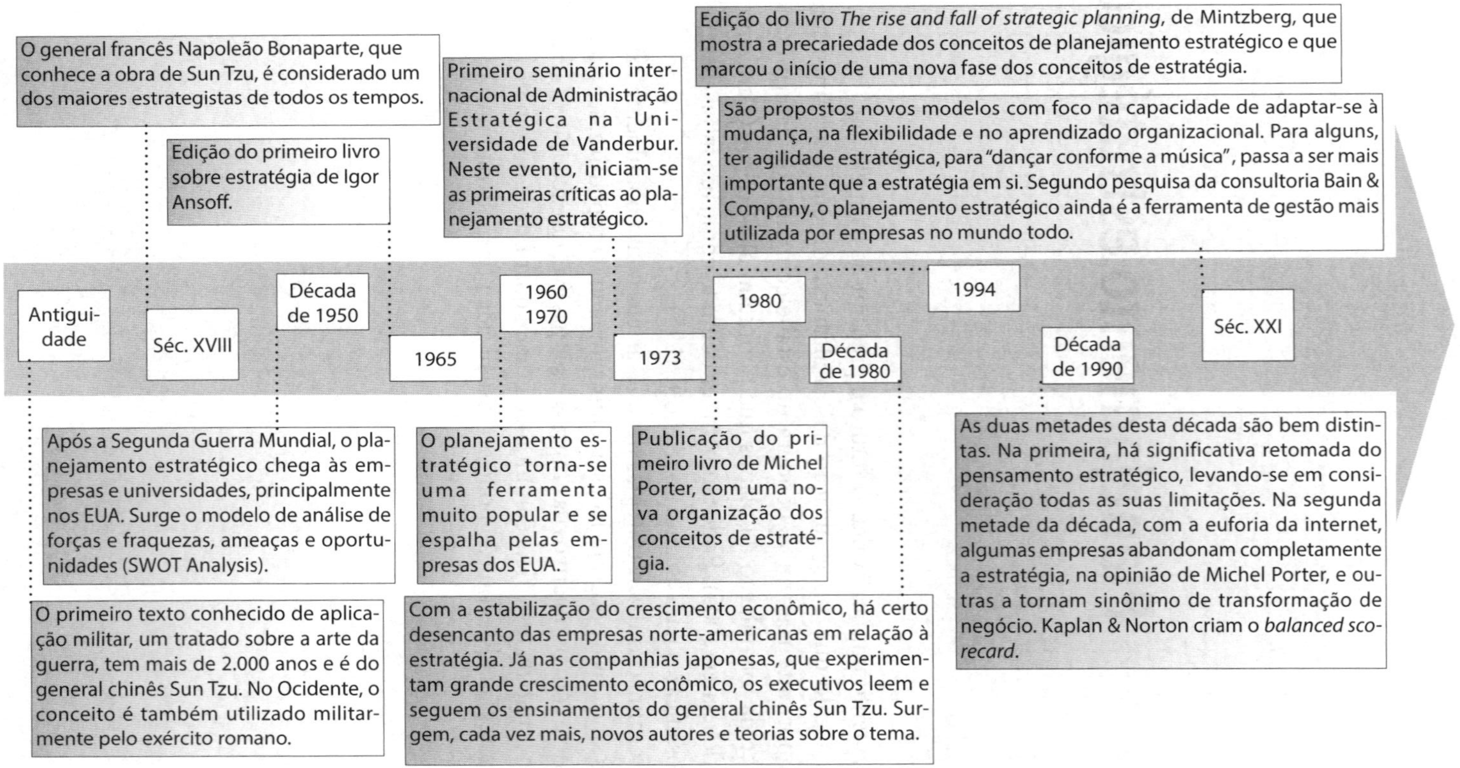

Figura 3.1 — Evolução histórica do conhecimento em estratégia

Antiguidade
O general francês Napoleão Bonaparte, que conhece a obra de Sun Tzu, é considerado um dos maiores estrategistas de todos os tempos.

Séc. XVIII
Edição do primeiro livro sobre estratégia de Igor Ansoff.

Década de 1950
Após a Segunda Guerra Mundial, o planejamento estratégico chega às empresas e universidades, principalmente nos EUA. Surge o modelo de análise de forças e fraquezas, ameaças e oportunidades (SWOT Analysis).

O primeiro texto conhecido de aplicação militar, um tratado sobre a arte da guerra, tem mais de 2.000 anos e é do general chinês Sun Tzu. No Ocidente, o conceito é também utilizado militarmente pelo exército romano.

1965
Primeiro seminário internacional de Administração Estratégica na Universidade de Vanderbur. Neste evento, iniciam-se as primeiras críticas ao planejamento estratégico.

1960–1970
O planejamento estratégico torna-se uma ferramenta muito popular e se espalha pelas empresas dos EUA.

1973
Publicação do primeiro livro de Michel Porter, com uma nova organização dos conceitos de estratégia.

1980
Com a estabilização do crescimento econômico, há certo desencanto das empresas norte-americanas em relação à estratégia. Já nas companhias japonesas, que experimentam grande crescimento econômico, os executivos leem e seguem os ensinamentos do general chinês Sun Tzu. Surgem, cada vez mais, novos autores e teorias sobre o tema.

Década de 1980
Edição do livro *The rise and fall of strategic planning*, de Mintzberg, que mostra a precariedade dos conceitos de planejamento estratégico e que marcou o início de uma nova fase dos conceitos de estratégia.

São propostos novos modelos com foco na capacidade de adaptar-se à mudança, na flexibilidade e no aprendizado organizacional. Para alguns, ter agilidade estratégica, para "dançar conforme a música", passa a ser mais importante que a estratégia em si. Segundo pesquisa da consultoria Bain & Company, o planejamento estratégico ainda é a ferramenta de gestão mais utilizada por empresas no mundo todo.

1994

Década de 1990

Séc. XXI
As duas metades desta década são bem distintas. Na primeira, há significativa retomada do pensamento estratégico, levando-se em consideração todas as suas limitações. Na segunda metade da década, com a euforia da internet, algumas empresas abandonam completamente a estratégia, na opinião de Michel Porter, e outras a tornam sinônimo de transformação de negócio. Kaplan & Norton criam o *balanced scorecard*.

Figura 3.1 Evolução histórica do conhecimento em estratégia.

Fonte: adaptado de Zaccarelli (2013, p. 32); Júlio e Salibi Neto (2002, p. 192).

Percebe-se que, com o passar do tempo, as exigências das empresas foram determinando as constantes atualizações sobre o tema.

Mintzberg; Ahlstrand; Lampel (2010) apresentam cinco dimensões do conceito de estratégia: a) como plano para atingir objetivos das organizações; b) padrão de comportamento ao longo do tempo; c) posição de mercado; d) perspectiva na qual se tem uma maneira fundamental de fazer as coisas e e) ação ou manobra para enganar a concorrência. Eles estudaram e desenvolveram o termo estratégia com uma visão gerencial e empreendedora e foram além dos seus processos formais de formulação. Apresentaram um estudo, com base na determinação de suas limitações e contribuições, afirmando que existem estratégias para melhor e para pior, em decorrência de suas associações ou dissociações ao sucesso empresarial. Relacionaram dez escolas do pensamento estratégico, conseguindo captar uma visão particular em cada uma. A Figura 3.2 evidencia cada uma delas:

Figura 3.2 Escolas do pensamento estratégico.

Fonte: Adaptado de Mintzberg; Ahlstrand, Lampel (2010)

Essas escolas são agrupadas em três grupos de acordo com a Tabela 3.1:

Tabela 3.1 Descrições e natureza das escolas do pensamento estratégico.

Escolas	Descrição	Natureza
Escola do design	Processo de concepção	
Escola do planejamento	Processo formal	Prescritiva
Escola do posicionamento	Processo analítico	
Escola empreendedora	Processo visionário	
Escola cognitiva	Processo mental	
Escola de aprendizagem	Processo emergente	
Escola do poder	Processo de negociação	Descritiva
Escola cultural	Processo coletivo	
Escola ambiental	Processo reativo	
Escola da configuração	Processo de transformação	Integração

Fonte: elaborada pelo autor com base em: Mintzberg; Ahlstrand; Lampel (2010).

As três primeiras são de natureza prescritiva, ou seja, são mais preocupadas em como as estratégias devem ser formuladas, possuindo uma visão e concepção analítica, formal e conceitual. As seis escolas seguintes, de natureza descritiva, consideram aspectos específicos do processo de formulação de estratégias e têm se preocupado com a descrição de como as estratégias são, de fato, formuladas. A última escola, a escola da configuração, busca a integração entre o processo de formulação de estratégias, o conteúdo, as estruturas organizacionais e seus contextos, ao longo do tempo, para descrever os ciclos de vida das organizações, incorporando enorme literatura sobre "mudanças estratégicas".

3.1 PLANEJAMENTO ESTRATÉGICO

Falar sobre controladoria pressupõe, de alguma maneira, que o profissional contábil possa exercer este papel com os demais principais gestores de uma entidade que tem esta responsabilidade. Qualquer funcionário de uma empresa é estratégico; nenhuma permitirá, de forma consciente, a presença de algum funcionário, ou mesmo outro recurso, sem que este esteja alinhado com a sua estratégia. Portanto, todos os recursos, humanos ou não, são estratégicos. No entanto, nem todas as pessoas que trabalham na empresa têm condições de participar da elaboração da estratégia da organização.

Sabemos que o processo da estratégia, o planejamento estratégico, é reservado a poucas pessoas na organização, normalmente àquelas que são responsáveis pelas funções de cúpula. Em síntese, a função estratégica é para os responsáveis pela alta administração da companhia.

Participar da estratégia empresarial pressupõe um conhecimento adicional para qualquer profissional. Além do conhecimento necessário para efetivar o exercício de sua função, ele deve ter conhecimentos profundos de todos os outros fatores que são necessários para entender e tomar decisões estratégicas.

Planejar é uma estratégia para aumentar as chances de sucesso de uma empresa em um mundo de negócios que muda constantemente. Planos estratégicos não são garantia de sucesso. O planejamento estratégico será tão eficaz quanto as premissas que foram nele incluídas. O foco da controladoria estratégica é o planejamento estratégico.

> *O planejamento estratégico é um processo que prepara a empresa para o que está por vir.*

Kotler (1992, p. 63) define o planejamento estratégico "como o processo gerencial de desenvolver e manter uma adequação razoável entre os objetivos e recursos da empresa e as mudanças e oportunidades de mercado". Desta maneira, pode-se dizer que o objetivo do planejamento estratégico é orientar e reorientar os negócios de modo que gerem lucro e crescimento satisfatórios. Já Drucker (1993) define planejamento estratégico como um processo contínuo, sistemático, organizado e capaz de prever o futuro, de maneira a tomar decisões que minimizem riscos.

Segundo Motta (1992),

> O planejamento estratégico volta-se para o alcance de resultados, através de um processo contínuo e sistemático de antecipação de mudanças futuras, tirando vantagem das oportunidades que surgem, examinando os pontos fortes e fracos da organização, estabelecendo e corrigindo os cursos de ação a longo prazo.

3.2 COMPETITIVIDADE

O atual momento empresarial caracteriza-se pela questão da competitividade. Não podemos deixar de colocar que essa questão não é específica do atual momento empresarial e que sempre esteve presente no mundo dos negócios, com maior ou menor evidência, dependendo do momento e da situação geográfica, política ou cultural em que se situa uma empresa.

Todavia, a globalização dos mercados colocou o enfoque da concorrência e da competitividade em um elevado grau de importância, impactando não só os empreendimentos negociais, mas também afetando intensamente as relações econômicas e políticas entre as nações.

Como conceito de competitividade, assumimos a colocação de um trabalho divulgado pelo Banco Nacional de Desenvolvimento Econômico e Social (BNDES), incluído no trabalho de Nakagawa (1993, p. 5-6), *Custos para a competitividade*. O relatório do BNDES diz:

> Competitividade de uma empresa pode ser definida, em sentido amplo, como sua capacidade de desenvolver e sustentar vantagens competitivas que lhe permitam enfrentar a concorrência. Esta capacidade competitiva empresarial é condicionada por um amplo conjunto de fatores internos e externos à empresa. Em nível interno, a competitividade empresarial resulta, em última instância, de decisões estratégicas, através das quais são definidas suas políticas de investimento, de marketing, tecnológica, de gestão da produção, financeira, de recursos humanos, etc. O objetivo de tais decisões deve ser atingir padrões de preço, qualidade e prazo de entrega competitivos com os padrões vigentes nos mercados atendidos pela empresa.

3.3 ESTRATÉGIA COMPETITIVA E VANTAGEM COMPETITIVA

A **estratégia competitiva** pode ser definida como cursos de ação específicos que são desenvolvidos para criar vantagens competitivas sustentáveis em produtos particulares ou mercados identificados na persecução de objetivos determinados. Consequentemente, as estratégias competitivas devem estar no mais preciso nível do planejamento estratégico, uma vez que elas se relacionam com as ações a respeito de produtos e mercados, que devem ser implementadas para encontrar os objetivos mais específicos (isto é, no menor nível) da organização.

A **vantagem competitiva** é distinta e idealmente sustentável sobre os competidores ou concorrentes. É mais do que a ideia de uma estratégia competitiva, que pode ou não ser distintamente comprovada. Porter diz que ela pode provir de:

- **liderança de custos**, quando a empresa consegue preços ao redor da média do mercado e lucros superiores, porque seus custos são menores do que aqueles dos seus rivais;
- **diferenciação**, quando o valor é adicionado nas áreas de significância real para os clientes que estarão, então, desejando pagar um preço

prêmio pela distinção ou diferenciação. Isto é possível por meio de uma faixa de produtos ou serviço diferenciados, cada qual desenhado para dar um apelo a um segmento diferente, assim como focar apenas num único segmento;
- **enfoque** é a terceira estratégica genérica de Porter e visa enfocar determinado seguimento de mercado ou produto ou grupo comprador, isto é, o objetivo desta estratégia é atender muito bem o alvo determinado. A empresa que opta pela estratégia do enfoque adquire retornos acima da média por meio da posição de baixo custo ou alta diferenciação ou ambas.

Com base no conceito de competitividade como o conceito central para análise do ambiente empresarial, faremos a seguir uma apresentação dos principais conceitos, teorias e técnicas que envolvem a participação da controladoria na estratégia.

3.4 ESTRATÉGIA ORGANIZACIONAL: NÍVEIS E OBJETIVOS

De acordo com Thompson (1995), estratégias são meios para fins, e esses fins relacionam-se com os propósitos e objetivos da organização. Elas são o que os negócios fazem e os caminhos que vêm a seguir; além das decisões que devem ser tomadas para alcançar determinados pontos e níveis de sucesso. Administração estratégica é um processo que necessita ser entendido, muito mais que uma disciplina a ser ensinada. É o processo pelo qual as organizações determinam seus objetivos e níveis desejados de consecução, decidem sobre ações para atendimento desses propósitos em uma escala de tempo apropriada e frequentemente em um ambiente de mudança, implementam as ações e asseguram progressos e resultados.

Os três elementos essenciais da administração estratégica são:

- percepção – conhecimento da situação estratégica;
- formulação – escolha das estratégias apropriadas;
- implementação – fazer acontecer a estratégia escolhida.

Para Thompson (1995), há três níveis de estratégias que são ligados e interdependentes:

- **Estratégia competitiva**: relacionada com a criação e manutenção de uma vantagem competitiva em cada uma das diversas áreas do negócio da empresa. Ela pode ser conseguida dentro de uma única função ou em uma combinação de várias funções.

- **Estratégia funcional**: para cada atividade funcional, tais como produção, marketing e recursos humanos. É essencial que essas estratégias funcionais sejam planejadas e administradas de um modo coordenado, uma vez que são inter-relacionadas com outras e, ao mesmo tempo, permitindo coletivamente que as estratégias competitivas sejam propriamente implementadas.
- **Estratégia corporativa:** relacionada com a decisão de quais negócios a organização deve participar e como o grupo de atividades pode ser estruturado e administrado. Uma organização pode escolher focar em um único produto ou serviço, concentrando-se em produtos e serviços que sejam relacionados – seja pela tecnologia, seja pelo marketing –, ou diversificar em negócios não relacionados.

Um dos pontos imprescindíveis da estratégia é que ela se relaciona com o objetivo do sistema empresa, o qual tem como ponto principal a sua continuidade no ambiente em que se insere. Nesse sentido, uma das estratégias permanentemente vinculadas à organização corporativa é a **estratégia de sobrevivência**. De acordo com Ansoff (1990, p. 22):

> [...] quando qualquer OSA (Organização a Serviço do Ambiente) se confronta com a perspectiva de extinção, concentra toda sua energia na busca de uma estratégia de sobrevivência.

No nosso entender, toda e qualquer organização, para sobreviver e ser aceita no ambiente em que se insere, deve ter como referencial básico a eficiência. Para tanto, a eficiência no uso dos recursos que extrai do ambiente é condição essencial.

3.5 FUNDAMENTOS PARA DESENVOLVER O PLANEJAMENTO ESTRATÉGICO

Objetivamente, os dois fundamentos para desenvolver o planejamento estratégico são: i) a definição dos negócios que a empresa atuará; e ii) como preparar a organização para isso, conforme observado na Figura 3.3:

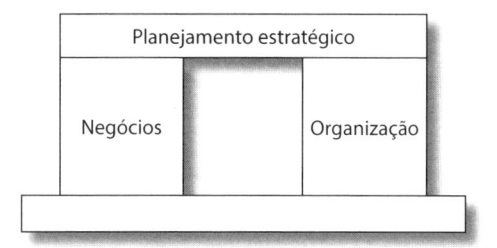

Figura 3.3 Pilares do desenvolvimento do planejamento estratégico.
Fonte: elaborada pelo autor.

Dessa forma, o plano estratégico é uma visão específica do futuro da empresa, que contém as seguintes descrições:

- como será o setor de atuação da empresa.
- quais os mercados em que ela vai competir.
- quais os competidores da empresa no mercado.
- quais produtos e serviços a empresa oferecerá.
- quem são e como são seus clientes.
- que valor a empresa oferecerá a seus clientes por meio de seus produtos e serviços.
- quais vantagens ela terá em longo prazo.
- qual será ou deverá ser o seu porte.
- qual será ou deverá ser a sua rentabilidade.
- quanto será agregado de valor aos acionistas.

3.5.1 Processo de planejamento estratégico

A estratégia da empresa decorre de seus objetivos corporativos, os quais, por sua vez, decorrem de suas metas, que estão em linha com a missão da corporação. Além disso, o planejamento estratégico deve englobar todos os objetivos funcionais e divisionais da empresa, em um processo integrado e interativo. A Figura 3.4 reflete essa integração.

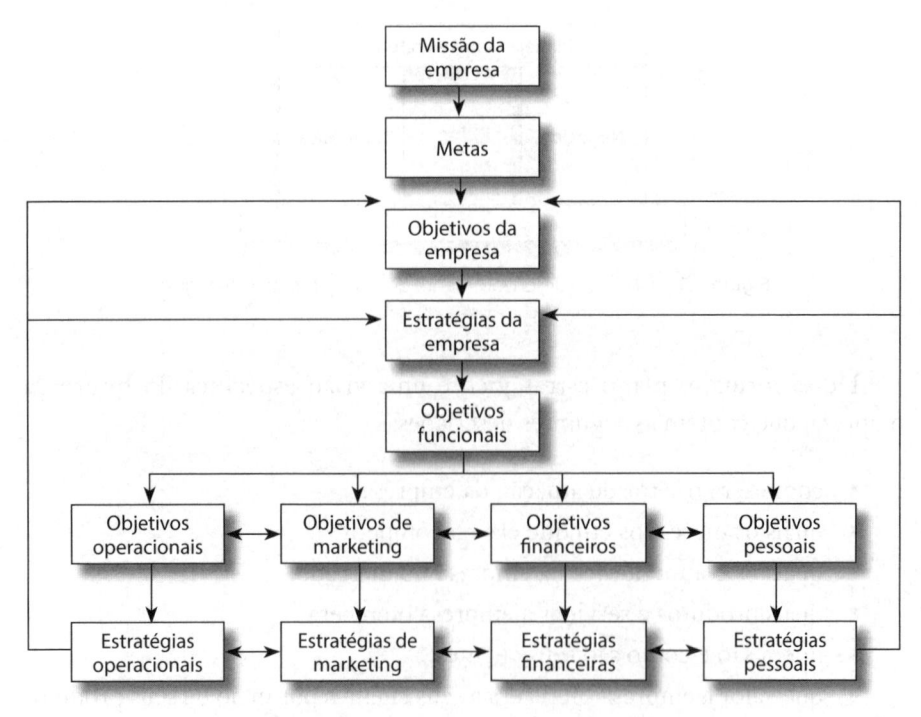

```
                    ┌─────────────┐
                    │  Missão da  │
                    │   empresa   │
                    └──────┬──────┘
                           ▼
                    ┌─────────────┐
                    │    Metas    │
                    └──────┬──────┘
                           ▼
                    ┌─────────────┐
                    │ Objetivos da│
                    │   empresa   │
                    └──────┬──────┘
                           ▼
                    ┌─────────────┐
                    │Estratégias da│
                    │   empresa   │
                    └──────┬──────┘
                           ▼
                    ┌─────────────┐
                    │  Objetivos  │
                    │ funcionais  │
                    └──────┬──────┘
```

Figura 3.4 Objetivos funcionais e estratégicos.
Fonte: Adaptado de: Tiffany; Peterson (1996).

Segundo Porter (2004), a estratégia de diferenciação consiste em diferenciar o produto ou serviço dos demais concorrentes, ou seja, criando algo único no mercado. Este tipo de estratégia traz altos retornos à empresa, contudo há um aumento dos custos, porém este aumento é menor que o aumento do retorno. O autor afirma que o aumento do retorno provoca uma defesa contra as Cinco Forças[1] devido à lealdade dos clientes com a marca, por exemplo.

Porter (2004) afirma ainda que nesta estratégia não há a possibilidade de obtenção de grande parte do mercado, pois requer o sentimento de exclusividade por parte do cliente. A estratégia de enfoque diz respeito a concentrar as forças em um determinado público-alvo, um mercado etc. Entretanto, esta estratégia circula entre as estratégias de diferenciação e a de liderança de custo total e vai depender do perfil do público-alvo escolhido. A Figura 3.5 mostra a composição das estratégias genéricas desenvolvidas pelo autor.

---

[1] As Cinco Forças de Porter são os concorrentes, entrantes em potenciais, compradores, fornecedores e os substitutos.

```
            Enfoque
Diferenciação | Liderança no
              | custo total
```

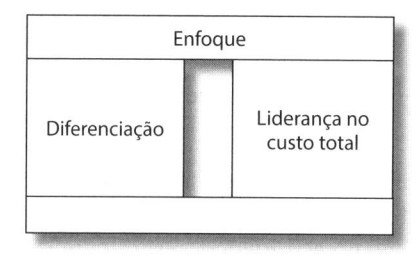

Figura 3.5 Estratégias genéricas.
Fonte: com base em Porter (2004, p. 53).

Porter (2004) faz uma ressalva afirmando que as empresas que optarem por ficar no "meio-termo" poderão ter de lidar com a diminuição da lucratividade devido a não conseguir estabelecer objetivos para atender os clientes de grande volume (que exigem baixos preços), para atender os clientes que exigem exclusividades (altas margens de lucratividade).

3.6 VISÃO GERAL DA ATUAÇÃO DA CONTROLADORIA NO PROCESSO DE GESTÃO

A Figura 3.7 mostra como o *controller* deve atuar por meio do sistema de informação em todas as etapas do processo de gestão.

```
Planejamento    | Planejamento  | Programação | Execução    | Controle
estratégico     | operacional   |             |             |

• Cenários      | • Determinação| • Plano     | • Modelos   | • Custos e PV
• Sistema de    |   da estrutura|   orçamentário| decisórios para| • Avaliação de
  informações   |   patrimonial |             |   eventos   |   resultados e
• BSC           |               |             |   econômicos|   desempenho
• Gestão de riscos|             |             |             |
```

Figura 3.6 Instrumentos de controladoria no processo de gestão – visão geral.
Fonte: elaborada pelo autor.

Verifica-se na Figura 3.6 que a controladoria tem todas as condições (e o dever) de participar de todas as etapas do processo de gestão. Para cada etapa do processo de gestão, a ciência da controladoria desenvolveu e continua desenvolvendo os instrumentos de gestão necessários para apoiar todos os responsáveis pelo processo decisório da empresa.

Os instrumentos de gestão de controladoria consagram-se por meio de sistemas ou subsistemas de informação, que devem conter todos os atributos das teorias contábeis da decisão, mensuração e informação, e, com isso, permitir a otimização dos resultados empresariais, alcançando a eficácia empresarial.

3.7 QUESTÕES E EXERCÍCIOS

1. Quais são os atributos que devem ser considerados na determinação das estratégias?

2. Proponha a abertura de uma empresa de capital aberto e escolha um setor econômico, subsetor e um segmento real listado na BM&FBOVESPA® para desenvolver o plano estratégico, respondendo às seguintes questões:
   a) Como será o setor de atuação da empresa?
   b) Quais os mercados em que ela vai competir?
   c) Quais os competidores no mercado?
   d) Quais produtos e serviços a empresa oferecerá?
   e) Quem são e como são seus clientes?
   f) Que valor oferecerá a seus clientes por meio de seus produtos e serviços?
   g) Quais vantagens ela terá em longo prazo?
   h) Qual será ou deverá ser o seu porte?
   i) Qual será ou deverá ser a sua rentabilidade?
   j) Quanto será agregado de valor aos acionistas?

capítulo 4

Controladoria estratégica

A participação da controladoria no planejamento estratégico da empresa é um dos temas que mais têm sido objeto de polêmica recentemente. Alguns autores até entendem que deva existir um tipo de controladoria específica, denominada controladoria estratégica.

Para nós, à controladoria cabe um papel importantíssimo na estratégia. contudo, não é ela responsável pela estratégia e pelo planejamento estratégico. essas funções dizem respeito ao mais alto nível da hierarquia da organização. porém, a participação do *controller* e da controladoria na estratégia é vital e deve ser estudada, e seu escopo, delineado.

Sob esse aspecto, o objetivo desta parte de nossa obra centra-se na apresentação dos fundamentos do planejamento estratégico para que possamos introduzir a controladoria nesta etapa do processo de gestão. Como painel introdutório, apresentaremos um capítulo contendo um amplo conjunto de conceitos iniciais que, no nosso entender, são necessários e já estão incorporados na vida das empresas.

4.1 CONTROLADORIA NA ESTRATÉGIA

De acordo com Ward (1996, p. 33):

> [...] a administração estratégica tem sido apresentada como um estilo de administração contínua, consistindo num processo interativo de análise, planejamento e controle. Ela também pressupõe que o processo de tomada de decisão estratégica requer o suporte de uma grande quantidade de informações variadas.

Ainda conforme Ward (1996, p. 33):

> [...] se a contabilidade gerencial deve ser de valor para esse processo da administração estratégica, ela deve ser capaz de fornecer as informações requeridas dentro de um tempo apropriado ao nível do tomador de decisão [...] o sistema de contabilidade gerencial estratégico deve ser estruturado para fornecer a apropriada informação financeira para suportar esses requerimentos específicos.

Podemos definir então controladoria estratégica como a atividade de controladoria que, por meio do sistema de informação contábil, abastece os responsáveis pelo planejamento estratégico da companhia com informações tanto financeiras quanto não financeiras para apoiar o processo de análise, planejamento, implementação e controle da estratégia organizacional.

Sob este enfoque, é **imperioso** que o *controller* faça parte da estratégia administrativa, uma vez que o seu sistema de informação deverá estar alinhado com as estratégias organizacionais e de negócios.

4.2 FOCO DE ATUAÇÃO DA CONTROLADORIA / CONTABILIDADE ESTRATÉGICA

Com base em Ward (1996), listamos os principais focos a serem trabalhados nos sistemas de informações contábeis gerenciais para atender aos vários tipos de estratégias.

Contabilidade para estratégia competitiva

- Rentabilidade por segmento (*business units*).
- Contabilidade de competidores.
- Contabilidade de rentabilidade de clientes.
- Contabilidade para análise de rentabilidade de produtos.

Contabilidade para estratégia corporativa

- Contabilidade para a estrutura organizacional (centros de custos, de lucros e contribuição de investimentos).
- Contabilidade de negócios com foco único.
- Contabilidade para estratégias de diversificação.
- Contabilidade de negócios integrados verticalmente.
- Contabilidade para conglomerados.
- Contabilidade para companhias multinacionais e globais.

Contabilidade para desenvolvimento de negócios (funcional)
- Contabilidade do ciclo de vida dos produtos.
- Estratégias de lançamento de novos produtos.
- Contabilidade para o crescimento dos negócios.
- Contabilidade para análise de risco dos negócios.

Sobre o mesmo tema (o foco da atuação da controladoria estratégica), Martins (1998) indica os seguintes pontos a serem abordados por esta área de atuação da contabilidade e controladoria.

Fundamentos
- Atenção a todos os *stakeholders*.
- Preocupação com o longo prazo.
- Inclusão dos indicadores de aderência ao planejamento estratégico.
- Uso de informações monetárias, físicas, de produtividade e de qualidade.
- Foco constante no ambiente externo à empresa.

Informações para a controladoria estratégica
- Custos dos competidores.
- Rentabilidade dos produtos dos competidores.
- Informações sobre o processo de gestão de preços de vendas dos competidores.
- Capacidade produtiva dos concorrentes.
- Satisfação dos clientes em relação à concorrência.
- Motivo dos negócios perdidos.
- Grau de satisfação dos empregados.
- Imagem da empresa perante os recrutadores e funcionários potenciais.
- Índice de absenteísmo.
- Indicadores de produtividade × produtividade esperada.
- Evolução da qualidade dos fornecedores.
- Capacidade produtiva e saúde financeira dos fornecedores.
- Grau de relacionamento e satisfação com os fornecedores.
- Imagem institucional.
- Impacto na empresa das conjunturas econômica, política e social.
- Indicadores do mercado externo, importações, câmbio etc.
- Satisfação dos acionistas.
- Valor da empresa etc.

4.3 O *CONTROLLER* COMO ESTRATEGISTA ORGANIZACIONAL

O papel do contador como estrategista organizacional fica evidente na estruturação da Contabilidade na organização. Dentro da área administrativa e financeira, ele é o responsável pelo processo de planejamento e controle dos resultados empresariais. A sua missão é assegurar o resultado planejado da empresa.

Para cumprir essa missão, ele tem como instrumento fundamental o sistema de informação contábil. Dentro de um sistema integrado de gestão empresarial, verificamos que o sistema contábil tem um papel primordial, por ser ao mesmo tempo a etapa final do fluxo de informações operacionais, mas também o sistema que direciona a parametrização da estrutura dos demais sistemas operacionais para, posteriormente, enviarem as informações necessárias ao planejamento e controle empresarial.

O sistema de informação contábil deve ser estruturado para atender às necessidades informacionais de todo o processo de gestão da empresa. Desde a etapa do planejamento estratégico até o processo final de controle, passando pela programação, o sistema contábil deve estar apto para municiar e receber informações operacionais e financeiras.

Como a continuidade da empresa é decorrente do acerto das decisões estratégicas, a contabilidade tem se desenvolvido continuadamente no sentido de estar em linha com as estratégias de negócios e da organização. Mostramos as diversas visões de contabilidade estratégica e apresentamos a nossa opção pela corrente que enfoca, fundamentalmente, o planejamento e controle com ênfase nos resultados. Nesse sentido, temos como premissa maior que o lucro é a melhor e mais consistente medida de eficácia do sistema empresa e deve ser o parâmetro para avaliação de desempenho das atividades empresariais e de seus gestores.

Desta maneira, a forma pela qual o contador explicita sua atuação estratégica está centrada:

- No processo de mensuração dos resultados corretos das atividades empresariais, permitindo à empresa a tomada de decisão adequada.
- No seu papel influenciador, pelo apoio que presta às demais atividades dentro da empresa, e na sua missão como assegurador da eficácia empresarial.
- Por ser o responsável pelos sistemas de informações abastecedores do planejamento estratégico e do controle das metas estratégicas.

4.4 SISTEMA DE INFORMAÇÃO DA CONTROLADORIA ESTRATÉGICA

A participação da controladoria no planejamento estratégico das corporações é considerada elemento fundamental do processo de gestão, subsidiando os gestores nas tomadas de decisões e suprindo o processo estratégico com sistemas de informações. A atuação da Controladoria estratégica influencia o processo decisório da corporação, fornecendo subsídios para as decisões estratégicas a serem tomadas.

Segundo Mosimann; Alves; Fisch (1993), para apoio à estratégia, a controladoria, como administradora do sistema de informações econômico-financeiras da organização, deve interpretar o impacto econômico de possíveis eventos de natureza empresarial. Tais eventos são extraídos de projeções de cenários nos quais a corporação está inserida, devendo considerar seus pontos fortes e fracos.

Nesse sentido, a controladoria estratégica deverá ter a capacidade de captação de informações provenientes do ambiente externo, para as quais será considerada em paralelo a análise dos pontos fortes e fracos da corporação, resultando em diretrizes estratégicas a serem traçadas.

A estruturação dos sistemas de informações da controladoria estratégica parte da necessidade de adicionar aos sistemas empresariais atuais informações de nível estritamente estratégico. Neste sentido, a controladoria estratégica centra-se na visão da organização como um sistema aberto, pois exerce sua função não somente na identificação dos pontos fortes e fracos da organização, mas também na identificação das ameaças e oportunidades nas quais está inserida.

A estruturação proposta é a integração de quatro subsistemas de informações estratégicas que, em conjunto com os sistemas ERP (*Enterprise Resources Planning*), BI (*Business Intelligence*), DW (*Data Warehouse*), formam os sistemas de informações da controladoria estratégica.

Esses subsistemas são:

a) informações para acompanhamento do negócio;
b) leitura do ambiente e cenários empresariais;
c) simulação no planejamento econômico;
d) indicadores de desempenho; e
e) gestão de riscos.

A identificação desses subsistemas é fruto de uma revisão bibliográfica e sua inserção como responsabilidade da Controladoria decorre da própria natureza desses subsistemas, que exigem uma forte necessidade de mensuração econômica.

A estruturação do modelo parte da premissa de que a organização assume a necessidade de um sistema integrado (ERP) que possua a característica de unir e integrar todos os subsistemas componentes dos sistemas operacionais e dos sistemas de apoio à gestão. A Figura 4.1 apresenta o modelo de estruturação dos sistemas de informações da controladoria estratégica.

De acordo com o modelo apresentado, o *Data Warehouse* tem como objetivo armazenar todos os dados que são de interesse da média administração, originários dos sistemas operacionais e de apoio à gestão, constantes do ERP, e mesmo de fontes externas à organização.

Após serem armazenados todos os dados pertinentes à organização, eles serão reorganizados no BI, que tem como objetivo oferecer as informações produzidas com o tratamento de grandes volumes de dados que se encontram no *Data Warehouse*. Os dados, assim que inseridos nos sistemas transacionais, subsidiarão os sistemas de apoio à decisão em informações nas mais diversas formas.

No ambiente estratégico, segundo o modelo proposto, o sistema de informação da controladoria estratégica é dividido em cinco subsistemas: subsistema de acompanhamento do negócio, análise do ambiente e cenários empresariais, simulação no planejamento econômico, indicadores de desempenho e *balanced scorecard* e gestão de riscos.

Esses subsistemas são responsáveis por todas as informações necessárias à alta administração, as quais podem ser originadas de subsistemas específicos de cada área e também do BI, por meio de informações de cunho preventivo à tomada de decisões, permitindo condições de identificar possíveis resultados com antecedência aos eventuais problemas levantados pela alta administração.

SISTEMA DE INFORMAÇÃO DA CONTROLADORIA ESTRATÉGICA

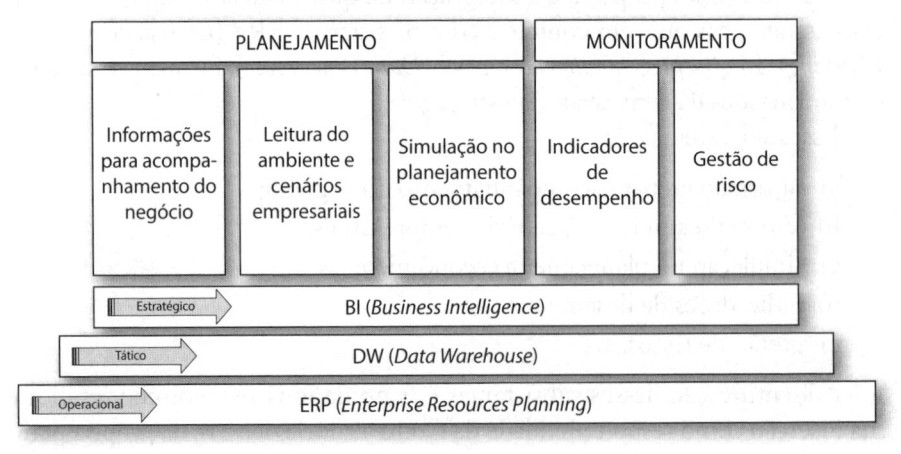

Figura 4.1 Estruturação dos sistemas de informações da controladoria estratégica.
Fonte: elaborada pelo autor.

Os subsistemas de acompanhamento do negócio; análise do ambiente e dos cenários empresariais; e simulação no planejamento econômico enquadram-se na etapa do planejamento. Os subsistemas de indicadores de desempenho; e gestão de riscos enquadram-se, basicamente, na etapa de monitoramento.

O subsistema de informações para acompanhamento do negócio tem por objetivo disponibilizar elementos aderentes ao planejamento estratégico.

O subsistema de leitura do ambiente e dos cenários empresariais tem por objetivo fazer a análise das variáveis e entidades que podem afetar os negócios da empresa, e é base para a estruturação do planejamento estratégico.

O subsistema de simulação no planejamento econômico tem por foco simular as diversas alternativas possíveis para o desempenho econômico futuro da organização.

O subsistema de indicadores de desempenho tem por finalidade monitorar os objetivos e as metas estratégicas.

O subsistema de gestão de riscos tem por objetivo avaliar e mensurar os riscos corporativos identificados para acompanhamento.

Esses subsistemas serão detalhados a seguir na Parte II.

4.5 QUESTÕES E EXERCÍCIOS

1. Defina controladoria estratégica.
2. A seguir são listados os principais focos a serem trabalhados nos sistemas de informações contábeis gerenciais para atender aos vários tipos de estratégias.
   (A) Contabilidade para estratégia competitiva.
   (B) Contabilidade para estratégia corporativa.
   (C) Contabilidade para desenvolvimento de negócios.

   Em cada parêntese preencha com a letra que relaciona ao item correspondente:

   ( ) Contabilidade para a estrutura organizacional.
   ( ) Contabilidade para análise de rentabilidade de produtos.
   ( ) Contabilidade do ciclo de vida dos produtos.
   ( ) Contabilidade de negócios integrados verticalmente.
   ( ) Contabilidade para análise do risco dos negócios.
   ( ) Contabilidade para companhias multinacionais e globais.
   ( ) Rentabilidade por segmento.
   ( ) Contabilidade para o crescimento dos negócios.
   ( ) Estratégias de lançamento de novos produtos.
   ( ) Contabilidade de negócios com foco único.
   ( ) Contabilidade de rentabilidade de clientes.

( ) Contabilidade para conglomerados.
( ) Contabilidade de competidores.
( ) Contabilidade para estratégias de diversificação.

parte II

SISTEMA DE INFORMAÇÃO DE CONTROLADORIA ESTRATÉGICA

O sistema de informação contábil aqui tratado como sistema de informação de controladoria estratégica é o meio que o contador geral, gerencial ou *controller* utiliza para efetivar a informação contábil dentro de uma organização para que a contabilidade seja utilizada em toda sua plenitude.

Nesta parte, apresentaremos ao leitor os subsistemas do sistema de informação da controladoria:

- Capítulo 5 – Subsistema de informações para acompanhamento do negócio.
- Capítulo 6 – Subsistema de leitura do ambiente e cenários empresariais.
- Capítulo 7 – Subsistema de simulação no planejamento econômico.
- Capítulo 8 – Subsistema de indicadores de desempenho.
- Capítulo 9 – Subsistema de gestão de riscos.

Podemos resumir os objetivos do sistema de informação contábil ou de controladoria apresentando a definição oficial dos órgãos de classe que sumariza adequadamente o tema aqui tratado:

> A contabilidade é objetivamente um sistema de informação e avaliação destinado a prover seus usuários com demonstrações e análises de natureza econômica, financeira, física e de produtividade, com relação à entidade objeto de contabilização. Os objetivos da contabilidade, pois, devem ser aderentes, de alguma forma implícita ou explícita àquilo que o usuário considera como elementos importantes para o processo decisório.
>
> CVM-Ibracon-Ipecafi (1986)

capítulo 5

Subsistema de informações para acompanhamento do negócio

Acompanhamento do negócio significa a necessidade que a empresa tem de acompanhar o mercado de seus produtos, bem como de se situar na conjuntura econômica do país e do exterior. O acompanhamento do negócio reúne informações para o planejamento estratégico da empresa, para análise das oportunidades e ameaças do ambiente, bem como para enfatizar os pontos fortes e fracos da companhia.

Dentro de um sistema integrado de gestão empresarial, informações para acompanhamento do negócio, geradas dentro da empresa, estão nos diversos módulos ou subsistemas. Essas informações têm o caráter estatístico e uma tendência de serem trabalhadas em sistemas especialistas, como os sistemas de suporte à decisão (DSS/EIS).

Contudo, para o acompanhamento do negócio, são necessárias outras informações de origem externa, tais como dados dos concorrentes, da conjuntura econômica etc. que, em nosso entendimento, devem fazer parte de um rol mínimo para essa finalidade. Tais informações devem ser inseridas de alguma forma nesse subsistema e, em conjunto com as informações internas geradas, permitirão dar uma visão de acompanhamento do negócio e seus mercados, de caráter contínuo e sistemático.

Em resumo, o sistema de informações para acompanhamento do negócio tem como objetivo disponibilizar informações e estatísticas para subsidiar os responsáveis pelo planejamento estratégico.

5.1 OBJETIVOS E FUNCIONAMENTO DO SUBSISTEMA DE ACOMPANHAMENTO DO NEGÓCIO

Os objetivos deste subsistema centram-se em coletar e armazenar informações que possibilitem visualizar a empresa no seu ramo de atuação na conjuntura econômica. Para tanto, o subsistema deve ter informações para:

- acompanhamento periódico da situação econômica geral do país e do mundo;
- acompanhamento periódico da situação econômica geral do setor de atuação da empresa;
- acompanhamento periódico do desempenho das vendas, clientes e mercados;
- acompanhamento periódico do desempenho das empresas concorrentes;
- acompanhamento periódico das importações dos produtos concorrentes e substitutos;
- acompanhamento periódico das exportações dos produtos concorrentes e substitutos;
- acompanhamento dos indicadores de evolução internos *versus* os externos (preços, crescimento das vendas, indicadores de produtividade etc.);
- avaliação do tamanho dos mercados em que a empresa atua (consumo aparente);
- informações para avaliação da participação da empresa no mercado (*market share*);
- informações sobre produtividade, qualidade, recursos humanos, satisfação dos clientes e etc.

5.1.1 Atributos e funções do gestor do subsistema de acompanhamento do negócio

As atribuições básicas do administrador deste subsistema são:

- definição de quais informações devem fazer parte do banco de dados do sistema;
- identificação das fontes das informações, bem como dos meios e processos de coleta;
- definição dos critérios de ajustes das informações externas que devem ser internalizados no sistema.

5.1.2 Operacionalidades do subsistema

Como já vimos, a estrutura deste sistema assemelha-se fortemente com sistemas de suporte à decisão. Desta maneira, a operacionalidade fundamental é a possibilidade de esse sistema coletar, de forma rápida, precisa e automática, as informações de todos os outros sistemas empresariais.

Por conseguinte, uma operacionalidade consequente é a necessidade de o sistema permitir o tratamento gráfico-estatístico das informações coletadas, que serão representadas, seguramente, em formato visual.

A outra operacionalidade necessária é que este sistema deve ser totalmente aberto para uso da tecnologia de EDI – Troca Eletrônica de Dados, uma vez que grande parte das informações é de origem externa.

5.1.3 Integrações com outros subsistemas

Na empresa, este sistema é abastecido, principalmente, pelo sistema de faturamento (vendas) associado ao sistema de cadastro de clientes para a análise das vendas.

Para análise dos concorrentes, são utilizados critérios do sistema de análise de balanço.

As informações de produtividade, evolução de preços etc. serão calculadas com base nos dados coletados de diversos sistemas operacionais da empresa, para serem comparadas com o setor. As demais informações serão obtidas de sistemas externos à empresa pela coleta EDI. Este sistema é o grande minuciador do planejamento estratégico, fornecendo, pois, informações para o sistema orçamentário, notadamente para o de vendas (Figura 5.1).

Figura 5.1 Integração do subsistema de acompanhamento do negócio e outros subsistemas.

* Dados de sistemas externos à empresa.

Fonte: elaborado pelo autor.

5.2 INFORMAÇÕES E RELATÓRIOS GERADOS

As principais informações e relatórios deste subsistema são:

- análise percentual e evolutiva dos dados da conjuntura econômica e do setor.
- análises comparativas e evolutivas entre a empresa e os dados de setor.
- análise de balanço dos concorrentes e fornecedores.
- estatística de vendas por regiões, clientes, produtos, mercados etc.
- estatísticas e gráficos para avaliação do consumo aparente (produção nacional, exportações, importações) etc.

5.3 OBTENÇÃO E EXEMPLOS PRÁTICOS DE INFORMAÇÕES NECESSÁRIAS PARA EMISSÃO DE RELATÓRIOS

A seguir, faremos uma apresentação exemplificativa das principais informações que devem constar desse sistema, que abastece especialmente o processo de planejamento estratégico, basicamente já em formato de relatório.

5.3.1 Acompanhamento da evolução dos cenários

Este relatório busca verificar a tendência das previsões de empresas especializadas em delinear cenários. Para tanto, há necessidade de um acompanhamento específico. É importante salientar que os dados que alimentam esse tipo de relatório deverão ser reais. Estimativas e projeções deverão ser simuladas vislumbrando cenários futuros. Essas informações podem ser obtidas mensamente no IBGE, no Banco Central, no *World Economic Outlook* – FMI, ou em revistas especializadas, como a *Conjuntura Econômica*, da Fundação Getúlio Vargas.

Nessas fontes de consulta, devemos identificar e analisar basicamente o PIB (também por setor), Selic, IPCA, Taxa de desemprego. Na evolução dos cenários é importante efetuar um comparativo do Brasil em relação às maiores economias mundiais, bem como analisar a taxa de juros, de câmbio e o desenvolvimento setorial.

O objetivo de analisar a evolução desses cenários está em identificar as inflexões com a finalidade de antever possíveis variações econômicas e seus reflexos.

5.3.1.1 Produto Interno Bruto – PIB

É a medida de valor utilizada para descrever os bens e serviços que o país produz num determinado período, na agropecuária, na indústria e nos serviços (Figura 5.2).

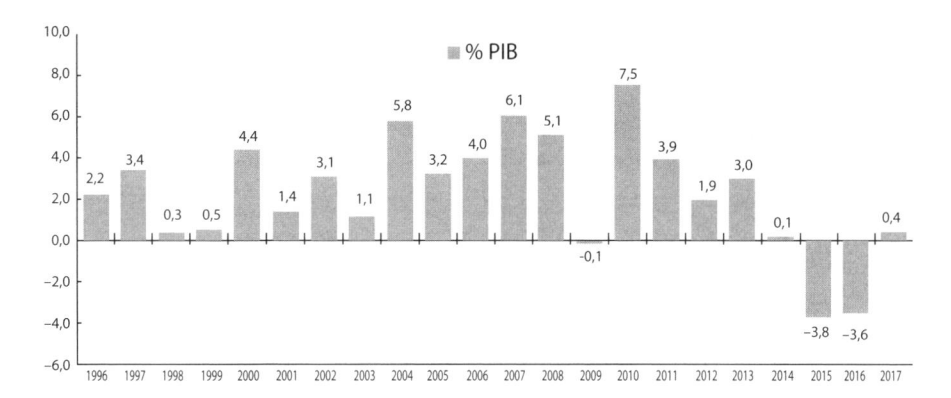

Figura 5.2 Evolução do PIB brasileiro – 1996-2017e.
Fonte: elaborado pelo autor.

Os dados de crescimento do PIB, tanto do país como de outras regiões do globo, são os dados primários para o planejamento estratégico.

Apresentamos a seguir, conforme recomendado no item 5.3.1, o acompanhamento do PIB e outros indicadores econômicos do Brasil e de diversos países do mundo, unidades da federação e grandes regiões, além do acompanhamento do seu crescimento e do setor de atuação da empresa (Tabelas 5.1, 5.2 e 5.3):

Tabela 5.1 Produto Interno Bruto – Brasil

Período	Preços correntes em R$	Em milhões de R$ do último ano	Variação percentual real	Preços correntes em milhões de US$	População em mil	Preços correntes R$	Per capita Em R$ do último ano	Variação percentual real	Preços correntes em US$
2000	1.202.377.215.770,00	3.546.144,86	4,4	657.504	173.448	6.932,19	20.444,96	...	3.790,78
2001	1.316.318.050.810,00	3.591.393,87	1,3	559.802	175.885	7.483,96	20.418,96	-0,1	3.182,77
2002	1.491.183.210.450,00	3.701.872,79	3,1	508.919	178.276	8.364,46	20.764,83	1,7	2.854,67
2003	1.720.069.281.000,00	3.747.165,46	1,2	560.155	180.619	9.523,19	20.746,23	-0,1	3.101,31
2004	1.958.705.300.290,00	3.959.246,92	5,7	669.666	182.911	10.708,49	21.645,70	4,3	3.661,15
2005	2.171.735.600.840,00	4.083.929,95	3,1	892.506	185.151	11.729,55	22.057,32	1,9	4.820,43
2006	2.409.802.753.950,00	4.247.298,93	4,0	1.107.293	187.335	12.863,59	22.672,20	2,8	5.910,76
2007	2.718.031.637.470,00	4.502.390,10	6,0	1.395.652	189.463	14.345,99	23.763,99	4,8	7.366,36
2008	3.107.530.777.000,00	4.728.319,78	5,0	1.691.910	191.532	16.224,57	24.686,78	3,9	8.833,54
2009	3.328.173.595.670,00	4.717.238,66	-0,2	1.670.183	193.544	17.195,96	24.372,96	-1,3	8.629,48
2010	3.886.835.000.000,00	5.074.363,77	7,6	2.210.313	195.498	19.881,73	25.956,12	6,5	11.306,08
2011	4.374.765.000.000,00	5.273.049,15	3,9	2.613.516	197.397	22.162,26	26.712,91	2,9	13.239,90
2012	4.713.095.979.500,00	5.366.041,81	1,8	2.411.531	199.242	23.655,08	26.932,22	0,8	12.103,50
2013	5.157.568.999.999,99	5.513.184,28	2,7	2.387.874	201.033	25.655,37	27.424,31	1,8	11.878,04
2014	5.521.256.074.049,36	5.521.256,07	0,1	2.345.379	202.769	27.229,35	27.229,35	-0,7	11.566,78

Fonte: IBGE. Instituto Brasileiro de Geografia e Estatística. Disponível em: <http://www.ibge.gov.br/home/>. Acesso em: 29 mar. 2015.

Tabela 5.2 PIB nominal – Diversos países [US$ bilhões]

País	2008	2009	2010	2011	2012	2013	2014	2015
África								
África do Sul	287,1	297,2	375,3	417,1	397,4	366,2	350,1	323,8
Ásia								
China	4.547,7	5.105,8	5.949,6	7.314,5	8.386,7	9.469,1	10.380,4	11.211,9
Coreia do Sul	1.002,2	901,9	1.094,5	1.202,5	1.222,8	1.304,5	1.416,9	1.435,1
Índia	1.224,1	1.365,4	1.708,5	1.843,0	1.835,8	1.875,2	2.049,5	2.308,0
Indonésia	558,6	577,5	755,3	892,6	919,0	912,5	888,6	895,7
Taiwan	417,0	392,1	446,1	485,7	495,9	511,3	529,6	527,8
Tailândia	272,6	263,7	318,9	345,7	366,0	387,3	373,8	386,3
Europa								
Polônia	530,2	436,8	476,5	524,1	496,7	526,0	546,6	491,2
Rússia	1.660,8	1.222,6	1.524,9	1.904,8	2.015,2	2.079,1	1.857,5	1.176,0
Turquia	730,6	614,4	731,5	774,7	788,6	821,9	806,1	752,5
América Latina								
Argentina	403,7	376,8	461,7	558,7	607,6	622,1	540,2	563,1
Brasil	1.694,6	1.666,8	2.209,3	2.613,1	2.412,0	2.391,0	2.353,0	1.903,9
Chile	179,6	172,1	217,3	250,7	265,1	276,6	258,0	250,5
México	1.101,3	895,0	1.051,1	1.171,2	1.186,7	1.262,3	1.282,7	1.232,0
Venezuela	291,6	235,1	272,0	297,6	298,4	218,4	205,8	169,7

Fonte: INTERNATIONAL MONETARY FUND (IMF). World economic outlook: a survey by the staff of the International Monetary Fund. Washington, DC: International Monetary Fund, 1980. Disponível em: < http://www.imf.org/external/pubs/ft/weo/2015/01/pdf/text.pdf>. Acesso em: 10 jan. 2016.

Tabela 5.3 Indicadores econômicos (EUA, Japão e Área do Euro)
[Variação %, exceto se indicado de outra forma]

Indicadores	2009	2010	2011	2012	2013	2014[1/]	2015[1/]	2016[1/]
1. Estados Unidos								
PIB real	-2,8	2,5	1,6	2,3	2,2	2,4	3,1	3,1
Taxa de inflação-preços ao consumidor	-0,3	1,6	3,1	2,1	1,5	1,6	0,1	1,5
Deflator do PIB	0,8	1,2	2,1	1,8	1,5	1,5	0,9	1,5
Resultado nominal e dívida do Governo Geral[2/]								
Saldo (% do PIB)	-13,5	-11,3	-9,9	-8,6	-5,8	-5,3	-4,2	-3,9
Dívida líquida (% do PIB)	62,1	69,5	76,1	79,2	79,5	79,7	80,4	80,7
Dívida bruta (% do PIB)	86,0	94,8	99,1	102,4	103,4	104,8	105,1	104,9
Conta-corrente (US$ bilhões)[3/]	-380,8	-443,9	-459,3	-460,8	-400,3	-410,6	-410,2	-454,6
Conta-corrente (% do PIB)[3/]	-2,6	-3,0	-3,0	-2,9	-2,4	-2,4	-2,3	-2,4
2. Japão								
PIB real	-5,5	4,7	-0,5	1,8	1,6	-0,1	1,0	1,2
Taxa de inflação-preços ao consumidor	-1,3	-0,7	-0,3	0,0	0,4	2,7	1,0	0,9
Deflator do PIB	-0,5	-2,2	-1,9	-0,9	-0,5	1,7	1,6	0,5
Resultado nominal e dívida do Governo Geral[2/]								
Saldo (% do PIB)	-10,4	-9,3	-9,8	-8,8	-8,5	-7,7	-6,2	-5,0
Dívida líquida (% do PIB)	106,2	113,1	127,3	129,1	122,9	127,3	129,6	131,9
Dívida bruta (% do PIB)	210,3	216,0	229,8	236,8	242,6	246,4	246,1	247,0
Conta-corrente (US$ bilhões)[3/]	145,3	217,6	126,5	58,7	33,6	24,3	81,6	85,2
Conta-corrente (% do PIB)[3/]	2,9	4,0	2,1	1,0	0,7	0,5	1,9	2,0
3. Área do Euro								
PIB real	-4,5	2,0	1,6	-0,8	-0,5	0,9	1,5	1,7
Taxa de inflação-preços ao consumidor	0,3	1,6	2,7	2,5	1,3	0,4	0,1	1,0
Deflator do PIB	1,0	0,7	1,1	1,3	1,3	0,9	1,0	0,9
Resultado nominal e dívida do Governo Geral[2/]								
Saldo (% do PIB)	-6,2	-6,1	-4,1	-3,6	-2,9	-2,7	-2,3	-1,7
Dívida líquida (% do PIB)	52,8	56,4	58,5	66,7	69,0	69,8	69,8	69,2
Dívida bruta (% do PIB)	78,4	83,9	86,5	91,1	93,4	94,0	93,5	92,4
Conta-corrente (US$ bilhões)[3/]	-30,3	-3,7	-9,6	194,2	284,3	313,0	388,3	371,1
Conta-corrente (% do PIB)[3/]	-0,2	0,0	-0,1	1,5	2,2	2,3	3,3	3,1

Fonte: INTERNATIONAL MONETARY FUND (IMF). World economic outlook: a survey by the staff of the International Monetary Fund. Washington, DC: International Monetary Fund, 1980. Disponível em: < http://www.imf.org/external/pubs/ft/weo/2015/01/pdf/text.pdf>. Acesso em: 10 jan. 2016.
1/ Estimativa/Previsão.
2/ Dados da dívida referem-se ao final do ano e nem sempre são comparáveis com os de outros países.
3/ Inclui transferências unilaterais.

5.3.1.2 Evolução do PIB e taxas de crescimento

Após a análise pormenorizada do PIB, é possível e necessário compará-lo com as taxas de crescimento do consumo comercial e residencial, produção etc., a fim de melhor interpretá-lo conforme suas peculiaridades (Figura 5.3).

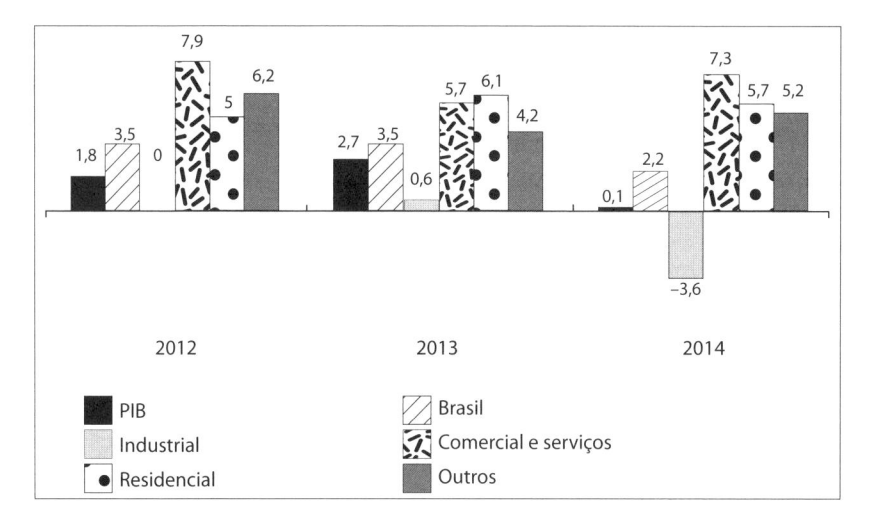

Figura 5.3 Taxas de crescimento do PIB e do consumo de energia elétrica no Brasil e por setor 2012-2014.

Fonte: Empresa de Pesquisa Energética (EPE); IBGE Elaboração: DIEESE. Subseção FNU.[1]

O consumo industrial de energia continuou em queda, principalmente em 2014, com -3,5% de declínio. No mesmo ano, a projeção de crescimento do PIB ficou 0,2%. A taxa de crescimento do consumo comercial foi a única que subiu comparada com o ano anterior, de 5,6% (2013) para 7,3% (2014). A taxa residencial, embora acima do PIB, caiu de 6,2% (2013) para 5,7% (2014).

O **PIB por setor específico da empresa** é uma informação extremamente necessária para o acompanhamento estratégico. O objetivo deste relatório é verificar se existe uma correlação entre a variável do nível de atividade da empresa, do setor e o crescimento do país (Tabela 5.4).

---

[1] Comportamento das tarifas de energia elétrica no Brasil. Disponível em: <http://www.dieese.org.br/notatecnica/2015/notaTec147eletricidade.pdf>. Acesso em: 5 de jul. de 2016.

Tabela 5.4 Evolução setorial do PIB 4º trim. 2015

PIB	Valor corrente (R$)	Variação trimestral	Variação anual	Variação acumulada
Brasil	1,532 trilhão	−1,4%	−5,9%	−3,8%
Agropecuária	49,245 bilhões	+2,9%	+0,6%	+1,8%
Indústria	295,173 bilhões	−1,4%	−8,0%	−6,2%
Serviços	969,220 bilhões	−1,4%	−4,4%	−2,7%
Famílias	976,767 bilhões	−1,3%	−6,8%	−4,0%
Governo	342,765 bilhões	−2,9%	−2,9%	−1,0%
Investimento	256,808 bilhões	−4,9%	−18,5%	−14,1%

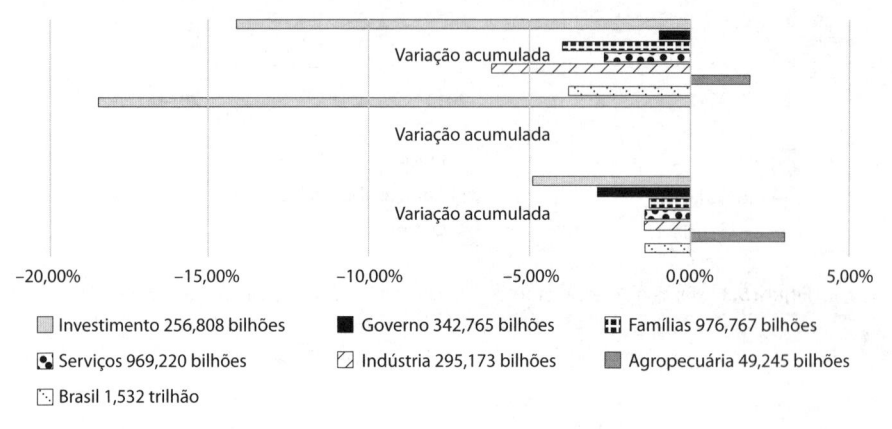

Fonte: elaborada pelo autor.

5.3.1.3 Índices de Preços

Em geral, essas informações fazem parte de um conjunto de relatórios que abastecem continuadamente a empresa sobre todos os principais indicadores de evolução de preços mais utilizados em toda a empresa. Obviamente, a disponibilização do relatório é para os usuários dentro da empresa.

O Banco Central define que os índices de preços são números que agregam e representam os preços de determinada cesta de produtos. Sua variação mede, portanto, a variação média dos preços dos produtos dessa cesta. Podem se referir, por exemplo, a preços ao consumidor, preços ao produtor, custos de produção ou preços de exportação e importação. Os índices mais difundidos são os índices de preços ao consumidor, que medem a variação do custo de vida de segmentos da população (a taxa de inflação ou de deflação). O Banco Central entende que os principais índices de preços são:

- **Índices de preços ao consumidor produzidos pelo IBGE**: IPCA e INPC (Índice Nacional de Preços ao Consumidor);
- **Índices gerais de preços produzidos pela FGV**: IGP – DI (Índice Geral de Preços – Disponibilidade Interna), IGP – M (Índice Geral de Preços – Mercado), além de seus componentes: o Índice de Preços ao Produtor Amplo (IPA), o Índice de Preços ao Consumidor (IPC) e o Índice Nacional de Custo da Construção (INCC);
- **Índice da Fipe é o Índice de Preços ao Consumidor em São Paulo** (IPC – Fipe).

Destaca ainda que há índices de preços que medem exatamente a mesma cesta de produtos e serviços, mas que diferem entre si pelo período de coleta. É o caso do IGP – 10, do IGP – M e do IGP – DI, que são construídos do mesmo modo, e também do IPCA e do IPCA – 15, conforme Tabela 5.5.

Tabela 5.5 Índices de preços – [Variações percentuais]

Período		INPC	IPCA	IPCA-15	IPCA-E	IGP-10	IGP-DI	IGP-M			IPC-Fipe				
								1º dec.	2º dec.	Mensal	1ª q.	2ª q.	3ª q.	Mensal	Média[1/]
2005		5,05	5,69	5,88	5,88	1,47	1,22	...	...	1,21	...	...	...	4,53	3,81
2006		2,81	3,14	2,96	2,96	4,05	3,79	...	...	3,83	...	...	...	2,54	3,16
2007		5,16	4,46	4,36	4,36	7,38	7,89	...	...	7,75	...	...	...	4,38	5,58
2008		6,48	5,90	6,10	6,10	10,27	9,10	...	...	9,81	...	...	...	6,16	7,06
2009		4,11	4,31	4,19	4,19	-1,68	-1,43	...	...	-1,72	...	...	...	3,65	2,18
2010		6,47	5,91	5,79	5,79	11,16	11,30	...	...	11,32	...	...	...	6,40	7,87
2011		6,08	6,50	6,56	6,56	5,33	5,00	...	...	5,10	...	...	...	5,81	5,77
2012		6,20	5,84	5,78	5,78	7,42	8,10	...	...	7,82	...	...	...	5,10	6,35
2013		5,56	5,91	5,85	5,85	5,39	5,52	...	...	5,51	...	...	...	3,88	5,10
2014	Jan.	0,63	0,55	0,67	0,67	0,58	0,40	0,37	0,46	0,48	0,74	0,83	0,86	0,94	0,63
	Fev.	0,64	0,69	0,70	0,70	0,30	0,85	0,22	0,24	0,38	0,86	0,73	0,58	0,52	0,69
	Mar.	0,82	0,92	0,73	0,73	1,29	1,48	1,16	1,41	1,67	0,57	0,68	0,76	0,74	1,05
	Abr.	0,78	0,67	0,78	0,78	1,19	0,45	0,72	0,83	0,78	0,73	0,63	0,57	0,53	0,55
	Maio	0,60	0,46	0,58	0,58	0,13	-0,45	0,06	-0,04	-0,13	0,45	0,42	0,36	0,25	0,09
	Jun.	0,26	0,40	0,47	0,47	-0,67	-0,63	-0,64	-0,64	-0,74	0,22	0,16	0,03	0,04	-0,06
	Jul.	0,13	0,01	0,17	0,17	-0,56	-0,55	-0,50	-0,51	-0,61	0,10	0,04	0,11	0,16	-0,13
	Ago.	0,18	0,25	0,14	0,14	-0,55	0,06	-0,31	-0,35	-0,27	0,21	0,34	0,43	0,34	0,22
	Set.	0,49	0,57	0,39	0,39	0,31	0,02	0,26	0,32	0,20	0,24	0,17	0,11	0,21	0,27
	Out.	0,38	0,42	0,48	0,48	0,02	0,59	0,30	0,40	0,28	0,32	0,34	0,37	0,37	0,46
	Nov.	0,53	0,51	0,38	0,38	0,82	1,14	0,51	0,72	0,98	0,40	0,53	0,58	0,69	0,78
	Dez.	0,62	0,78	0,79	0,79	0,98	0,38	0,63	0,65	0,62	0,64	0,51	0,42	0,30	0,49
2015	Jan.	1,48	1,24	0,89	0,89	0,42	0,67	0,29	0,55	0,76	0,49	0,87	1,27	1,62	1,18
	Fev.	1,16	1,22	1,33	1,33	0,43	0,53	0,09	0,16	0,27	1,78	1,57	1,40	1,22	0,99
	Mar.	1,51	1,32	1,24	1,24	0,83	1,21	0,74	0,84	0,98	1,03	0,96	0,78	0,70	1,08
	Abr.	0,71	0,71	1,07	1,07	1,27	0,92	1,03	1,16	1,17	0,68	0,88	1,07	1,10	0,91
	Maio	0,99	0,74	0,60	0,60	0,52	0,40	0,51	0,41	0,41	1,04	0,83	0,70	0,62	0,59
	Jun.	0,77	0,79	0,99	0,99	0,57	0,68	0,47	0,59	0,67	0,61	0,54	0,54	0,47	0,65
	Jul.	0,58	0,62	0,59	0,59	0,75	0,58	0,65	0,71	0,69	0,43	0,57	0,72	0,85	0,68
	Ago.	0,25	0,22	0,43	...	0,34	0,40	0,10	0,17	0,28	0,84	0,83	0,67	0,56	0,39
	Set.	0,51	0,54	0,39	0,39	0,61	1,42	0,56	0,65	0,95	0,50	0,47	0,57	0,66	0,87
Média mensal – últimos 12 meses		0,79	0,76	0,76	0,76	0,63	0,74	...	...	0,67	...	...	...	0,76	0,75

Fonte: IBGE. Instituto Brasileiro de Geografia e Estatística. Disponível em: <http://www.ibge.gov.br/home/> Acesso em: 19 mar. 2015. Fipe. Fundação Instituto de Pesquisas Econômicas. Disponível em: <http://www.fipe.org.br/pt-br/home>. Acesso em: 10 jan. 2016. FGV. Fundação Getulio Vargas. Disponível em: < http://portal.fgv.br/ >. Acesso em: 10 jan. 2016.

1/ Média dos índices IPCA, IGP-DI e IPC-Fipe.

5.3.1.4 IPCA

O Sistema Nacional de Índices de Preços ao Consumidor (SNIPC) efetua a produção contínua e sistemática de índices de preços ao consumidor, tendo como unidade de coleta estabelecimentos comerciais e de prestação de serviços, concessionárias de serviços públicos e domicílios (para levantamento de aluguel e condomínio etc.) (Tabelas 5.6, 5.7 e Figura 5.4).

Tabela 5.6 IPCA – Evolução dos preços dos produtos comercializáveis, não comercializáveis e monitorados
[Variações percentuais]

Período		Preços livres						Monitorados[3]	
		Geral (Peso: 76,23%)		Comercializáveis[1] (Peso: 34,94%)		Não comercializáveis[2] (Peso: 41,29%)		(Peso: 23,77%)	
		Mensal	12 meses	Mensal	12 meses	Mensal	12 meses	Mensal	12 meses
2014	Jan.	0,60	6,65	0,67	5,64	0,54	7,56	0,38	2,15
	Fev.	0,78	6,28	0,26	5,25	1,23	7,19	0,40	3,71
	Mar.	1,20	6,99	0,80	5,71	1,54	8,09	-0,02	3,42
	Abr.	0,64	7,04	0,67	6,16	0,62	7,79	0,77	3,79
	Maio	0,42	7,07	0,72	6,67	0,17	7,42	0,59	4,08
	Jun.	0,44	7,31	0,36	6,94	0,52	7,63	0,25	3,94
	Jul.	-0,10	7,07	0,27	7,11	-0,42	7,04	0,39	4,63
	Ago.	0,17	6,95	0,11	6,81	0,23	7,07	0,51	5,07
	Set.	0,62	7,17	0,66	6,86	0,59	7,46	0,40	5,32
	Out.	0,43	6,88	0,38	6,25	0,48	7,47	0,38	5,57
	Nov.	0,45	6,76	0,28	6,02	0,59	7,45	0,72	5,83
	Dez.	0,88	6,72	0,62	5,95	1,11	7,43	0,43	5,32
2015	Jan.	0,87	7,01	0,31	5,57	1,35	8,29	2,50	7,55
	Fev.	0,88	7,12	0,59	5,92	1,12	8,17	2,37	9,66
	Mar.	0,70	6,59	0,57	5,68	0,81	7,40	3,36	13,37
	Abr.	0,69	6,64	0,63	5,64	0,74	7,53	0,78	13,38
	Maio	0,59	6,82	0,79	5,71	0,42	7,79	1,22	14,09
	Jun.	0,69	7,09	0,68	6,05	0,69	7,98	1,12	15,08
	Jul.	0,45	7,67	0,50	6,29	0,40	8,86	1,17	15,97
	Ago.	0,19	7,70	0,42	6,62	-0,01	8,60	0,32	15,75
	Set.	0,42	7,48	0,46	6,41	0,38	8,38	0,92	16,35

Fonte: IBGE. Instituto Brasileiro de Geografia e Estatística. Disponível em: <http://www.ibge.gov.br/home/> Acesso em: 19 mar. 2015. (Elaborado pelo Depec/Coace. Pesos de janeiro de 2012.)
1/ Alimentos industrializados e semielaborados, artigos de limpeza, higiene e beleza, mobiliário, utensílios domésticos, equipamentos eletroeletrônicos, aquisição de veículos, álcool combustível, cama/mesa/banho, fumo e bebidas, vestuário e material escolar.
2/ Produtos in natura, alimentação fora do domicílio, aluguel, habitação – despesas operacionais, veículos – seguro/reparos/lavagem/estacionamento, recreação e cultura, matrícula e mensalidade escolar, livros didáticos, serviços médicos e serviços pessoais.
3/ Serviços públicos e residenciais, transporte público, gasolina e óleo diesel, plano de saúde, produtos farmacêuticos, pedágio, licenciamento.

Tabela 5.7 Índice Nacional de Preços ao Consumidor Amplo (IPCA)
[Variações percentuais mensais]

Período		Geral	Alimentação e bebidas	Habitação	Artigos de residência	Vestuário	Transporte	Saúde e cuidados pessoais	Despesas pessoais	Educação	Comunicação
2014	Jan.	0,55	0,84	0,55	0,49	-0,15	-0,03	0,48	1,72	0,57	0,03
	Fev.	0,69	0,56	0,77	1,07	-0,40	-0,05	0,74	0,69	5,97	0,14
	Mar.	0,92	1,92	0,33	0,38	0,31	1,38	0,43	0,79	0,53	-1,26
	Abr.	0,67	1,19	0,87	0,20	0,47	0,32	1,01	0,31	0,03	0,02
	Maio	0,46	0,58	0,61	1,03	0,84	-0,45	0,98	0,80	0,13	0,11
	Jun.	0,40	-0,11	0,55	0,38	0,49	0,37	0,60	1,57	0,02	-0,02
	Jul.	0,01	-0,15	1,20	0,86	-0,24	-0,98	0,50	0,12	0,04	-0,79
	Ago.	0,25	-0,15	0,94	0,47	-0,15	0,33	0,41	0,09	0,43	0,10
	Set.	0,57	0,78	0,77	0,34	0,57	0,63	0,33	0,39	0,18	0,13
	Out.	0,42	0,46	0,68	0,19	0,62	0,39	0,39	0,36	0,11	-0,05
	Nov.	0,51	0,77	0,69	-0,04	0,39	0,43	0,42	0,48	0,21	0,08
	Dez.	0,78	1,08	0,51	0,00	0,85	1,38	0,47	0,70	0,07	0,00
2015	Jan.	1,24	1,48	2,42	-0,28	-0,69	1,83	0,32	1,68	0,31	0,15
	Fev.	1,22	0,81	1,22	0,87	-0,60	2,20	0,60	0,86	5,88	-0,02
	Mar.	1,32	1,17	5,29	0,35	0,59	0,46	0,69	0,36	0,75	-1,16
	Abr.	0,71	0,97	0,93	0,66	0,91	0,11	1,32	0,51	0,21	0,31
	Maio	0,74	1,37	1,22	0,36	0,61	-0,29	1,10	0,74	0,06	0,17
	Jun.	0,79	0,63	0,86	0,72	0,58	0,70	0,91	1,63	0,20	0,34
	Jul.	0,62	0,65	1,52	0,86	-0,31	0,15	0,84	0,61	0,00	0,30
	Ago.	0,22	-0,01	0,29	0,37	0,20	-0,27	0,62	0,75	0,82	0,14
	Set.	0,54	0,24	1,30	0,19	0,50	0,71	0,55	0,33	0,25	0,01
Acumulado no ano		7,64	7,54	16,00	4,17	1,79	5,71	7,16	7,71	8,66	0,23

Fonte: IBGE. Instituto Brasileiro de Geografia e Estatística. Disponível em: <http://www.ibge.gov.br/home/> Acesso em: 19 mar. 2015.

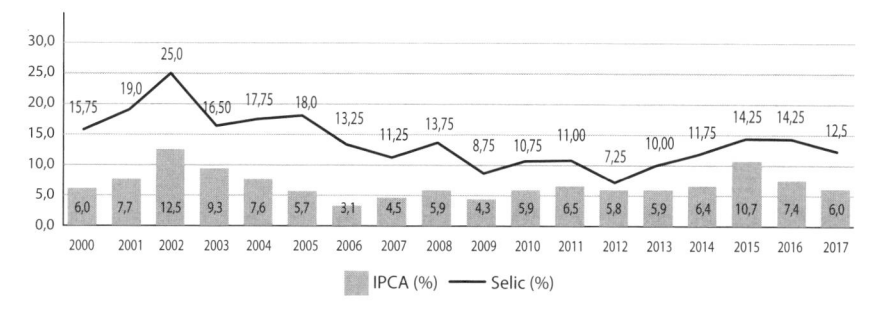

capítulo 5   Subsistema de informações para acompanhamento do negócio   ▶   **115**

Figura 5.4   Evolução anual do IPCA-Selic [2000 – 2017e].

Fonte: elaborado pelo autor.

5.3.1.5 Inflação

O relatório de inflação contempla o aumento dos preços dos bens e serviços, num determinado período de tempo. A tabela a seguir demonstra uma média da variação dos preços (Tabela 5.8).

Tabela 5.8   Variação de preço [Variações percentuais mensais]

	Out./15	Set./15	Acumulado em		
			2015*	2014	12 meses*
IPCA (IBGE)	–	0,54	7,64	6,41	9,49
INPC (IBGE)	–	0,51	8,24	6,23	9,90
IPCA-E (IBGE)	–	0,39	7,78	6,46	9,57
IGP-DI (FGV)	–	1,42	7,03	3,78	9,31
Núcleo do IPC-DI (FGV)	–	0,59	6,18	6,17	7,73
IPA-DI	–	2,02	6,86	2,15	9,52
IPC-DI	–	0,42	7,66	6,87	9,65
INCC-DI	–	0,22	6,63	6,95	7,37
IGP-M (FGV)	–	0,95	6,34	3,69	8,35
IPA-M	–	1,30	5,89	2,13	8,14
IPC-M	–	0,32	7,57	6,76	9,46
INCC-M	–	0,22	6,38	6,74	7,19
IGP-10 (FGV)	1,88	0,61	7,88	3,88	9,83
IPA-10	2,62	0,82	7,94	2,51	10,36
IPC-10	0,59	0,15	8,25	6,64	9,50
INCC-10	0,23	0,36	6,69	6,67	7,30
IPC (FIPE)	–	0,66	8,07	5,20	9,54
ICV (Dieese)	–	0,48	8,64	6,73	10,33

Obs.: IGP-M 1ª prévia de out./15 = 1,64% e IPC-FIPE 1ª quadrissemana out./15 = 0,79%
Fontes: FGV, IBGE, Fipe, Dieese. Elaboração: Valor Data. *Acumulado até o último mês indicado.
IBGE. Instituto Brasileiro de Geografia e Estatística. Disponível em: <http://www.ibge.gov.br/home/> Acesso em: 19 mar. 2015. Fipe. Fundação Instituto de Pesquisas Econômicas. Disponível em: <http://www.fipe.org.br/pt-br/home>. Acesso em: 10 jan. 2016. FGV. Fundação Getulio Vargas. Disponível em: <http://portal.fgv.br/>. Acesso em: 10 jan. 2016. Dieese. Departamento Intersindical de Estatística e Estudos Socioeconômicos. Disponível em: < http://www.dieese.org.br/>. Acesso em: 19 mar. 2015.

5.3.1.6 Taxa de desemprego

Representa a grandeza de pessoas em condição de exercer uma profissão, que procuram um emprego remunerado, mas não apresentam nenhum vínculo empregatício ou exercem trabalhos não remunerados, ou seja, corresponde ao número de trabalhadores desempregados dividido pela força de trabalho total. A taxa de desemprego pode ainda ser analisada por cidade, região ou país, em conformidade com o planejamento estratégico da empresa. Contribui para a análise da oportunidade de novos negócios, bem como da empregabilidade (Figura 5.5 e Tabela 5.9).

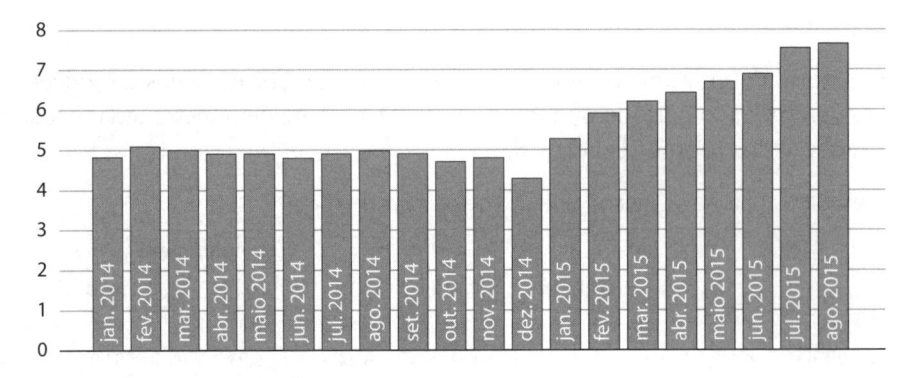

Figura 5.5 Taxa média de desemprego no Brasil.
Fonte: elaborado pelo autor.

Tabela 5.9 Taxa de desemprego (por região metropolitana)
[Variações percentuais mensais]

Período		Taxa média	Recife	Salvador	Belo Horizonte	Rio de Janeiro	São Paulo	Porto Alegre
2014	Jan.	4,8	7,4	8,0	3,8	3,6	5,0	2,8
	Fev.	5,1	6,4	9,0	3,9	3,9	5,5	3,3
	Mar.	5,0	5,5	9,2	3,6	3,5	5,7	3,2
	Abr.	4,9	6,3	9,1	3,6	3,5	5,2	3,2
	Maio	4,9	7,2	9,2	3,8	3,4	5,1	3,0
	Jun.	4,8	6,2	9,0	3,9	3,2	5,1	3,7
	Jul.	4,9	6,6	8,9	4,1	3,6	4,9	4,3
	Ago.	5,0	7,1	9,3	4,2	3,0	5,1	4,8

(Continuação)

Período		Taxa média	Recife	Região metropolitana				
				Salvador	Belo Horizonte	Rio de Janeiro	São Paulo	Porto Alegre
	Set.	4,9	6,7	10,3	3,8	3,4	4,5	4,9
	Out.	4,7	6,7	8,5	3,5	3,8	4,4	4,6
	Nov.	4,8	6,8	9,6	3,7	3,6	4,7	4,2
	Dez.	4,3	5,5	8,1	2,9	3,5	4,4	3,6
2015	Jan.	5,3	6,7	9,6	4,1	3,6	5,7	3,8
	Fev.	5,9	7,0	10,8	4,9	4,2	6,1	4,7
	Mar.	6,2	8,1	12,0	4,7	4,8	6,0	5,1
	Abr.	6,4	7,8	11,3	5,5	5,2	6,3	5,0
	Maio	6,7	8,5	11,3	5,7	5,0	6,9	5,6
	Jun.	6,9	8,8	11,4	5,6	5,2	7,2	5,8
	Jul.	7,5	9,2	12,3	6,0	5,7	7,9	5,9
	Ago.	7,6	9,8	12,4	6,7	5,1	8,1	6,0
% mês		0,76	6,64	0,72	12,34	−11,76	2,61	0,99
% mês ano ant.		50,71	37,76	32,88	61,80	68,63	57,98	25,12
% mês (−1) ano ant.		53,07	39,27	38,16	47,96	61,13	62,35	38,76
% mês (−2) ano ant.		43,54	42,35	27,21	43,78	61,81	41,45	59,81
% ano[1/]		32,84	25,29	27,22	39,90	40,40	30,05	49,09
% 12 meses		20,51	18,96	20,38	21,96	21,91	16,12	49,24

Fonte: IBGE. Instituto Brasileiro de Geografia e Estatística. Disponível em: <http://www.ibge.gov.br/home/> Acesso em: 19 mar. 2016.
1/ Refere-se à variação da média do indicador em relação a igual período do ano anterior.

5.3.1.7 Taxa de juros

A taxa de juros corresponde à relação entre os juros pagos (ou recebidos) no final de um determinado período e o capital inicialmente tomado (ou aplicado) (Tabela 5.10 e Quadro 5.1).

Tabela 5.10 Taxa de juros – [Variações percentuais anuais]

	Período	Prime Rate	Federal Funds	T. Bills (3 meses)	T. Bonds (30 anos)	Dólar norte-americano	Libor (6 meses) Iene	Euro	Libra esterlina
2002	Dez.	...	1,00	1,19	4,78	1,38	0,07	2,80	3,99
2003	Dez.	4,00	0,94	0,92	5,07	1,22	0,07	2,16	4,17
2004	Dez.	5,25	2,25	2,21	4,83	2,78	0,07	2,21	4,92
2005	Dez.	7,25	4,00	4,07	4,53	4,70	0,08	2,64	4,59
2006	Dez.	8,25	5,38	5,01	4,81	5,37	0,63	3,85	5,43
2007	Dez.	7,25	3,00	3,24	4,45	4,60	0,98	4,71	5,94
2008	Dez.	3,25	0,25	0,08	2,68	1,75	0,95	2,98	2,96
2009	Dez.	3,25	0,01	0,05	4,64	0,43	0,48	0,97	0,84
2010	Dez.	3,25	0,10	0,12	4,33	0,46	0,35	1,18	1,05
2011	Dez.	3,25	0,04	0,01	2,89	0,81	0,34	1,57	1,38
2012	Dez.	3,25	0,03	0,04	2,95	0,51	0,28	0,22	0,67
2013	Dez.	3,25	0,04	0,07	3,97	0,35	0,21	0,35	0,62
2014	Jan.	3,25	0,05	0,02	3,60	0,34	0,20	0,35	0,62
	Fev.	3,25	0,06	0,05	3,58	0,33	0,19	0,34	0,61
	Mar.	3,25	0,03	0,03	3,56	0,33	0,19	0,38	0,62
	Abr.	3,25	0,08	0,03	3,46	0,32	0,19	0,40	0,63
	Maio	3,25	0,06	0,03	3,33	0,32	0,18	0,36	0,64
	Jun.	3,25	0,03	0,02	3,36	0,33	0,18	0,27	0,70
	Jul.	3,25	0,06	0,02	3,32	0,33	0,18	0,27	0,71
	Ago.	3,25	0,05	0,02	3,08	0,33	0,18	0,22	0,71
	Set.	3,25	0,03	0,02	3,20	0,33	0,17	0,15	0,71
	Out.	3,25	0,05	0,01	3,07	0,33	0,16	0,15	0,69
	Nov.	3,25	0,10	0,01	2,89	0,33	0,15	0,15	0,68
	Dez.	3,25	0,03	0,04	2,75	0,36	0,14	0,15	0,69
2015	Jan.	3,25	0,05	0,00	2,22	0,36	0,14	0,09	0,68
	Fev.	3,25	0,07	0,01	2,59	0,38	0,14	0,08	0,68
	Mar.	3,25	0,05	0,02	2,54	0,40	0,14	0,07	0,68
	Abr.	3,25	0,06	0,00	2,74	0,41	0,14	0,06	0,70
	Maio	3,25	0,07	0,00	2,88	0,42	0,14	0,06	0,71
	Jun.	3,25	0,04	0,01	3,12	0,44	0,14	0,06	0,74
	Jul.	3,25	0,08	0,06	2,91	0,49	0,13	0,05	0,75
	Ago.	3,25	0,07	0,00	2,96	0,53	0,13	0,05	0,75
	Set.	3,25	0,05	-0,02	2,85	0,53	0,13	0,02	0,75
	Out.[1]	3,25	0,13	-0,01	2,83	0,53	0,12	0,02	0,75

Fonte: U.S. Department of the Treasury, 2015. Disponível em: <https://www.treasury.gov/services/Pages/Taxes.aspx> Acesso em: 15 fev. 2016.
1/ Cotação do dia.

Salienta-se que as taxas de juros praticadas no sistema financeiro nacional nas operações bancárias de crédito correspondem a médias aritméticas ponderadas pelos valores das operações contratadas nos cinco dias úteis referidos em cada tabela, de acordo com a modalidade de crédito contratado.

Quadro 5.1 Modalidades de crédito.

Pessoa física	Pessoa jurídica
Taxas pré-fixadas	**Taxas pré-fixadas**
Aquisição de outros bens	Antecipação de faturas de cartão de crédito
Aquisição de veículos	Capital de giro com prazo de até 365 dias
Cartão de crédito parcelado	Capital de giro com prazo superior a 365 dias
Cartão de crédito rotativo	Cheque especial
Cheque especial	Conta garantida
Crédito pessoal consignado INSS	Desconto de cheque
Crédito pessoal consignado privado	Desconto de duplicata
Crédito pessoal consignado público	Vendor
Crédito pessoal não consignado	
Desconto de cheques	**Taxas pós-fixadas referenciadas em juros flutuantes**
Financiamento imobiliário com taxas reguladas	Capital de giro com prazo de até 365 dias
Financiamento imobiliário com taxas de mercado	Capital de giro com prazo superior a 365 dias
Leasing de veículos	Conta garantida
Taxas pós-fixadas referenciadas em TR	**Taxas pós-fixadas referenciadas em moeda estrangeira**
Financiamento imobiliário com taxas reguladas	Adiantamento sobre contratos de câmbio
Financiamento imobiliário com taxas de mercado	

Fonte: BRASIL, BANCO CENTRAL DO BRASIL. Documento 3050: Modalidades de crédito. Brasília, 2015.

As taxas de juros praticadas por instituições financeiras nacionais, nas operações de crédito, variam de acordo com fatores diversos, tais como o valor e a qualidade das garantias apresentadas na operação, a proporção do pagamento de entrada da operação, o histórico e a situação cadastral de cada cliente, o prazo da operação, entre outros. Portanto, as organizações devem atentar-se à composição destas variáveis.

5.3.2 Expectativa de mercado

Diante dos dados reais do mercado, estimativas e projeções deverão ser analisadas para mitigar os riscos futuros. Essas informações podem ser obtidas periodicamente em *sites* oficiais como o do IBGE, do Banco Central, do *World Economic Outlook* (FMI), assim como em revistas especializadas, por exemplo, a *Conjuntura Econômica*, da Fundação Getúlio Vargas.

As estimativas deverão vislumbrar cenários futuros e podem ser projetadas para um mês, um trimestre, um ano ou até um quinquênio. O Relatório de Mercado Focus (Banco Central do Brasil) demonstra quinzenalmente estas projeções, como pode ser observado na Tabela 5.11:

Tabela 5.11 Expectativas de mercado

Mediana – agregado	2016				2017			
	Há 4 semanas	Há 1 semana	Hoje	Comportamento semanal*	Há 4 semanas	Há 1 semana	Hoje	Comportamento semanal*
IPCA (%)	7,28	6,98	6,94	▶ (8)	6,00	5,80	5,72	▶ (4)
IGP-DI (%)	7,41	7,19	7,12	▶ (8)	5,50	5,59	5,60	◀ (2)
IGP-M (%)	7,67	7,38	7,35	▶ (9)	5,66	5,60	5,62	◀ (2)
IPC-Fipe (%)	7,00	7,07	7,00	▶ (2)	5,70	5,40	5,40	= (2)
Taxa de câmbio – fim de período (R$/US$)	4,00	3,80	3,72	▶ (1)	4,10	4,00	3,91	▶ (1)
Taxa de câmbio – média do período (R$/US$)	3,83	3,68	3,66	▶ (10)	4,03	3,98	3,90	▶ (2)
Meta Taxa Selic – fim de período (% a.a.)	13,75	13,25	13,25	= (1)	12,50	12,00	11,75	▶ (2)
Meta Taxa Selic – média do período (% a.a.)	14,19	13,97	13,97	= (1)	12,75	12,13	12,04	▶ (9)
Dívida líquida do setor público (% do PIB)	41,10	41,80	41,40	▶ (1)	46,20	46,39	46,15	▶ (1)
PIB (% do crescimento)	-3,73	-3,88	-3,89	▶ (15)	0,30	0,30	0,40	◀ (2)
Produção industrial (% do crescimento)	-5,80	-5,80	-5,83	▶ (1)	0,69	0,54	0,50	▶ (2)
Conta corrente* (US$ bilhões)	-19,90	-20,00	-20,00	= (3)	-17,50	-17,50	-17,75	▶ (1)
Balança comercial (US$ bilhões)	44,80	48,00	48,00	= (1)	50,00	50,00	50,00	= (4)
Invest. direto no país* (US$ bilhões)	55,00	55,10	58,00	◀ (2)	54,00	60,00	60,00	= (1)
Preços administrados (%)	7,40	7,00	6,95	▶ (2)	5,50	5,80	5,73	▶ (1)

Fonte: Relatório de Mercado – Focus. Disponível em: <https://www3.bcb.gov.br>. Acesso em: 15 fev. 2016.
[*] comportamento dos indicadores desde o último Relatório de Mercado; os valores entre parênteses expressam o número de semanas em que vem ocorrendo o último comportamento.
(▲ aumento, ▼ diminuição ou = estabilidade)

Séries de estatísticas consolidadas e projeções podem ser facilmente obtidas por meio do *link* <https://www3.bcb.gov.br/expectativas/publico/?wicket:interface=:7:2:::>. Para a consulta a índices de preços, alguns indicadores poderão ser consultados conjuntamente, a saber: IPCA e INPC; IGP-DI e IPA-DI; IGP-M e IPA-M (Figura 5.6).

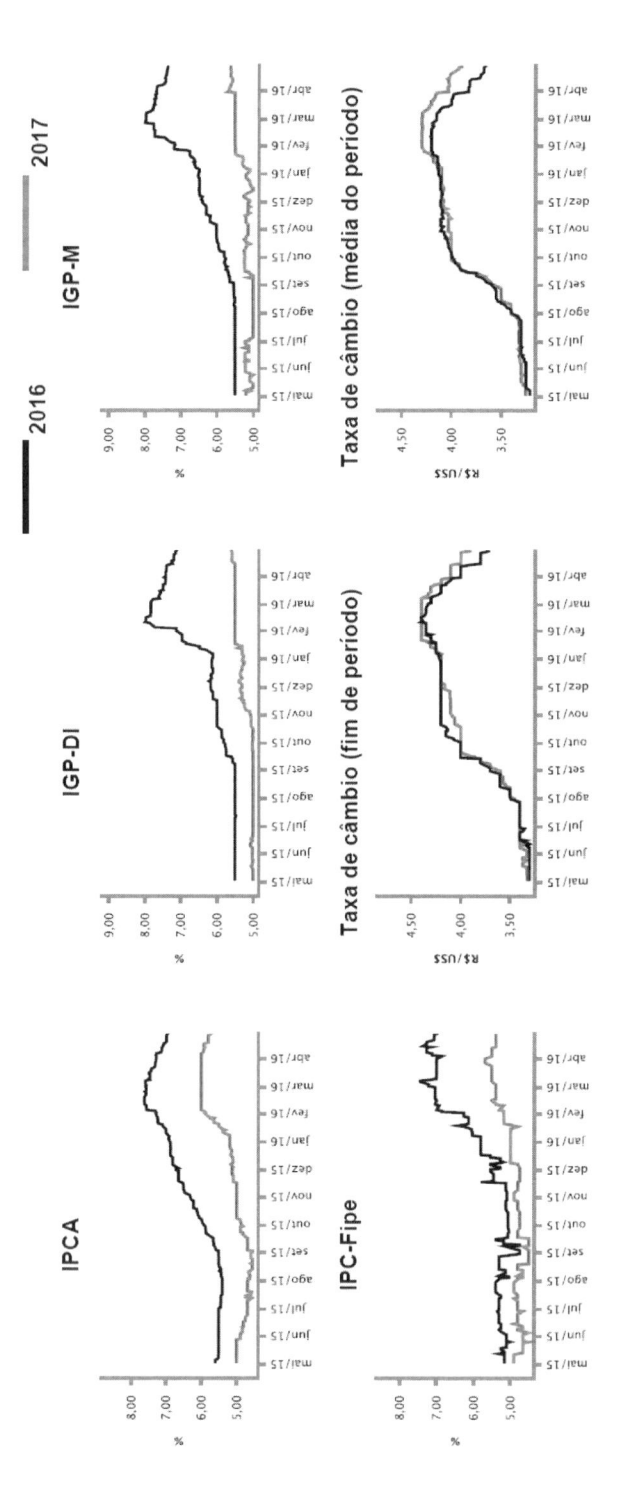

Figura 5.6 Conjunto de índices. *(continua)*

Fonte: Relatório de Mercado – Focus. Disponível em: <https://www3.bcb.gov.br>. Acesso em: 15 fev. 2016.

(Continuação)

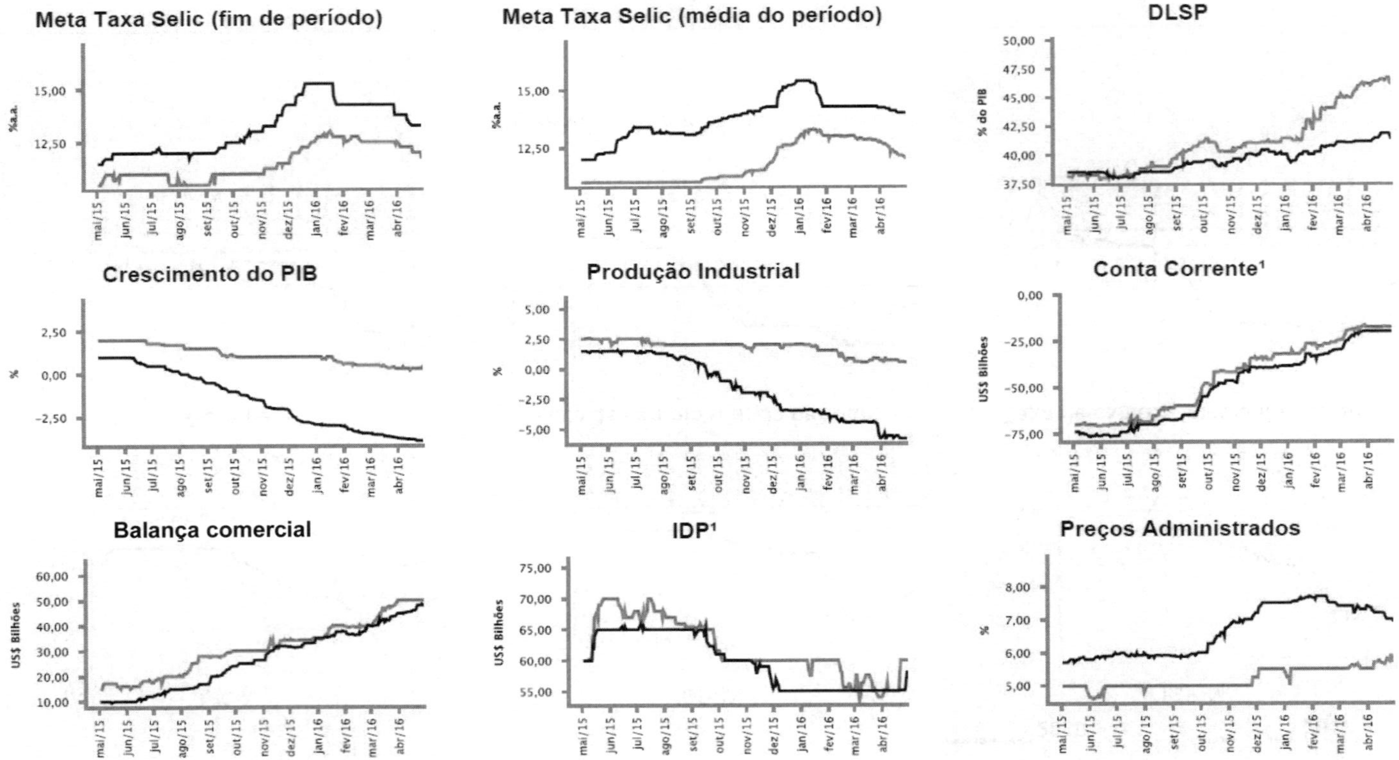

Figura 5.6 Conjunto de índices.

[1] Até 21/4/15, as expectativas de investimento estrangeiro direto (IED) e saldo em conta-corrente seguiam a metodologia da 5ª edição do Manual de Balanço de Pagamentos do FMI. Em 22/4/15, as instituições participantes foram orientadas a seguir a metodologia da 6ª edição, que considera investimento direto no país (IDP) no lugar de IED e altera o cálculo do saldo em conta-corrente.

Fonte: Banco Central do Brasil. Disponível em: <https://www3.bcb.gov.br>. Acesso em: 15 fev. 2016.

5.3.3 Análise de balanço dos concorrentes, fornecedores e distribuidores

Para avaliação contínua dos pontos de relacionamentos, a análise financeira ou de balanço é um instrumental mínimo necessário. Apesar de conter elementos estáticos e em um período de tempo às vezes demorado (um ano), a análise de balanço permite uma visão geral das companhias com as quais a empresa se relaciona.

A análise não deve se limitar aos concorrentes, mas sim aos fornecedores e distribuidores, já que é importante o conhecimento da saúde financeira e patrimonial das empresas com relacionamentos, pois toda a cadeia de suprimentos deve ser preservada e tem valor para a empresa, além de fornecer informações para obtenção e confirmação da avaliação do tamanho do mercado por meio da informação da receita de vendas.

Esses dados devem estar contidos num relatório de, no máximo, uma página, sobre os relacionamentos mais importantes. Além da tradicional avaliação de balanço, informações sobre clientes, produtos, fornecedores, número de funcionários, composição acionária etc. são fundamentais e devem ser incorporadas no relatório de análise de balanço. É necessário que esse tipo de informação tenha um caráter periódico e contínuo.

As informações sobre fornecedores e distribuidores são mais fáceis de obter, dado que o relacionamento é de parceria. Com relação aos concorrentes, isto pode ser feito por meio dos balanços publicados trimestral e anualmente na CVM e nas bolsas de valores (se os concorrentes forem sociedades anônimas de capital aberto), pelos balanços publicados anualmente no *Diário Oficial*, ou de institutos particulares de informações cadastrais e avaliação de crédito, como SCI e Serasa, Dun & Bradstreet etc.

Na Tabela 5.12, apresentamos um exemplo de análise de balanço dos fornecedores, clientes, bem como concorrentes, em um formato sintético, mas suficientemente elucidativo. Para demonstrar a aplicabilidade, a necessidade e a realidade deste relatório, demonstraremos o Balanço da Petrobras, disponível pela própria empresa, no seu *site*, em relação com os investidores:

Tabela 5.12 Exemplo de análise de balanço

Empresa: Petróleo Brasileiro S.A. (Petrobras) Balanço Patrimonial	2T13	2T14	2T15
Ativo total (milhões de R$)	749.028	800.370	859.299
Ativo circulante (milhões de R$)	144.710	144.270	160.380
Caixa e equivalentes de caixa (milhões de R$)	51.250	58.140	81.166
Contas a receber (milhões de R$)	22.130	23.412	20.050
Estoques (milhões de R$)	31.097	37.408	33.771
Títulos e valores mobiliários (milhões de R$)	21.782	8.236	10.478
Impostos e taxas a recuperar (milhões de R$)	13.482	8.344	9.927
Ativos não correntes para venda (milhões de R$)	-	4.223	281
Outros (milhões de R$)	4.969	4.507	4.707
Não circulante (milhões de R$)	604.318	656.100	698.919
Realizável a longo prazo (milhões de R$)	58.361	45.138	56.231
Contas petróleo e álcool (milhões de R$)	-	-	-
Títulos e valores mobiliários (milhões de R$)	337	299	298
Impostos e contrib. sociais diferidos (milhões de R$)	20.471	-	2.888
Imposto de renda e contribuição social diferidos (milhões de R$)	20.471	2.377	-
Impostos e contribuições (milhões de R$)	11.248	11.450	10.332
Despesas antecipadas (milhões de R$)	7.434	-	-
Contas a receber (milhões de R$)	9.084	12.660	16.219
Depósitos judiciais e p/ recursos (milhões de R$)	5.905	6.395	9.094
Adiantamento a fornecedores (milhões de R$)	-	6.992	6.743
Outros (milhões de R$)	15.130	4.965	10.657
Investimentos (milhões de R$)	14.610	15.669	15.587
Imobilizado (milhões de R$)	451.353	559.335	615.096
Intangível (milhões de R$)	79.994	35.958	12.005
Diferido (milhões de R$)	-	-	-
Passivo total e patrimônio líquido (milhões de R$)	749.028	800.370	859.299
Passivo circulante (milhões de R$)	68.165	75.256	100.596
Financiamentos (milhões de R$)	18.199	23.535	44.655
Fornecedores (milhões de R$)	25.267	27.551	24.581
Impostos e contribuições sociais (milhões de R$)	10.357	11.059	17.226
Projetos estruturados (milhões de R$)	-	-	-

(Continuação)

Empresa: Petróleo Brasileiro S.A. (Petrobras) Balanço Patrimonial	2T13	2T14	2T15
Plano de pensão e saúde (milhões de R$)	1.587	1.909	2.109
Passivo sobre ativos não concorrentes para venda (milhões de R$)	-	588	193
Dividendos (milhões de R$)	2.899	-	-
Salários, encargos e férias (milhões de R$)	4.864	5.709	5.472
Outros (milhões de R$)	4.992	4.905	6.360
Passivo não circulante (milhões de R$)	**340.838**	**362.874**	**449.300**
Financiamentos (milhões de R$)	230.842	284.177	370.894
Plano de pensão (milhões de R$)	42.069	28.864	46.074
Plano de saúde (milhões de R$)	-	-	-
Impostos e contr. sociais diferidos (milhões de R$)	43.316	28.054	4.927
Provisão para desmantelamento de áreas (milhões de R$)	19.012	16.176	20.575
Provisão para processos judiciais (milhões de R$)	-	3.327	4.446
Receita diferida (milhões de R$)	-	-	-
Outros (milhões de R$)	5.599	2.276	2.384
Patrimônio líquido (milhões de R$)	**340.025**	**362.240**	**309.403**
Capital realizado (milhões de R$)	205.411	205.432	205.432
Reservas /lucro do período (milhões de R$)	132.854	155.268	101.788
Participação dos acionistas não controladores (milhões de R$)	**1.760**	**1.540**	**2.183**

Dados dos demonstrativos de resultados

Últimos 12 meses		Últimos 3 meses	
Receita líquida	327.713.000.000	Receita líquida	79.943.000.000
EBIT*	62.296.200.000	EBIT	18.912.000.000
Lucro líquido	-26.077.900.000	Lucro líquido	531.000.000

*Earnings Before Interest and Taxes – Lucro antes dos impostos e juros: uma aproximação do lucro operacional da empresa.

Fonte: elaborada pelo autor.

5.3.3.1 Indicadores fundamentalistas

O *site* Fundamentus (www.fundamentus.com.br) disponibiliza gráficos e análises de indicadores fundamentalistas.

Muito utilizado por investidores no mercado de ações, os indicadores fundamentalistas são parâmetros que contribuem para detectar se a ação de uma empresa está cara ou barata no mercado em relação às demais. Ressalta-se que para saber se um indicador está bom ou ruim é interessante analisar seu comportamento histórico e, preferencialmente, compará-lo aos resultados dos concorrentes do mesmo segmento e no mesmo período (Tabela 5.13).

Tabela 5.13 Indicadores fundamentalistas

Giro Ativos	0,38	Receita líquida dividida pelos ativos totais. Indica a eficiência com a qual a empresa utiliza seus ativos para gerar vendas
Cres. rec. (5a)	10,0%	Indica o crescimento da receita nos últimos cinco anos
LPA	-2,00	Lucro por ação
VPA	23,55	Valor patrimonial por ação
Marg. bruta	27,4%	Lucro bruto dividido pela receita líquida. Indica a porcentagem de cada R$1,00 de venda que sobrou após o custo do produto e serviços
Marg. líquida	-8,4%	Lucro líquido dividido pela receita líquida
ROE	-8,5%	Indica o retorno sobre o capital investido: calculado dividindo-se o EBIT por (Ativos – Fornecedores – Caixa). Informa o retorno que a empresa consegue sobre o capital total aplicado
Liquidez corr.	1,59	Retorno sobre o patrimônio líquido: lucro líquido dividido pelo patrimônio líquido
Div. br./patrim.	1,35	Dívida bruta total dividida pelo patrimônio líquido

Fonte: elaborada pelo autor.

O *site* ainda disponibiliza o histórico da evolução patrimonial das empresas de capital aberto e negociação na Bolsa.

5.3.4 Competitividade cambial

Atenção especial deve ser dada à evolução das taxas de câmbio das principais moedas que envolvem as transações da empresa. As moedas selecionadas devem ser as moedas dos principais países para os quais a empresa exporta e dos países dos principais fornecedores externos da empresa.

Por meio da definição de algumas datas-base, pode-se extrair informações que indiquem o posicionamento atual da competitividade cambial dos produtos da empresa, para o qual deve ser construído outro relatório.

	Paridade em reais		
Moeda	Momento 1	Momento 2	Momento 3
US$	2,00	2,37	1,75
Euro	2,77	3,13	2,20
Iene	0,0222	0,0239	0,0185
Iuan	0,32	0,39	0,29
PREÇO NO MERCADO INTERNACIONAL – PRODUTO X		10.000,00	Dólares
Preço desejado – moeda local			
Exportador brasileiro		20.000,00	reais
Exportador europeu		8.293,02	euros
Exportador japonês		878.661,09	ienes
Exportador chinês		49.779,29	iuans
COMPETITIVIDADE CAMBIAL MOMENTÂNEA	Momento 1		
Exportador brasileiro	20.000,00	0%	
Exportador europeu	7.211,32	-13%	
Exportador japonês	811.335,11	-8%	
Exportador chinês	62.009,42	25%	
COMPETITIVIDADE CAMBIAL MOMENTÂNEA	Momento 2		
Exportador brasileiro	23.700,00	19%	
Exportador europeu	7.571,88	-9%	
Exportador japonês	991.631,80	13%	
Exportador chinês	60.769,23	22%	
COMPETITIVIDADE CAMBIAL MOMENTÂNEA	Momento 3		
Exportador brasileiro	17.500,00	-13%	
Exportador europeu	7.970,41	-4%	
Exportador japonês	849.970,11	-3%	
Exportador chinês	60.769,23	22%	

Figura 5.7 Competitividade cambial.
Fonte: elaborada pelo autor.

5.3.5 Importações e exportações

Após a avaliação dos principais indicadores externos que relacionamos com a economia em geral do país e do mundo, é necessário um conjunto de informações para acompanhamento dos principais produtos e mercados da empresa à luz da concorrência nacional e internacional.

Um primeiro passo é acompanhar a movimentação do comércio internacional dos produtos e serviços da empresa, por meio das informações de exportações e importações, obtidas junto aos órgãos oficiais ou entidades de classe. Apresentamos na Figura 5.8 um exemplo de acompanhamento das importações, com dados obtidos junto aos órgãos governamentais do comércio exterior.

	ANO	Jan.	Fev.	Mar.	Abr.	Maio	Jun.	Jul.	Ago.	Set.	Out.	Nov.	Dez.
Produto 1	Ano 1	1.249	1.944	2.381	2.664	3.027	3.302	3.794	4.005	4.803	5.304	5.362	5.631
	Ano 2	228	274	2.102	2.647	2.834	2.948	3.617	3.763	3.805	3.815	4.075	4.097
	Ano 3	2.493	2.775	3.141	3.629	3.675	4.258	5.251	6.034	6.195	7.120	7.207	7.349
	Ano 4	955	1.197	1.453	1.613	2.033	2.302	2.573	3.013	3.108	3.272	3.411	3.503

	ANO	Jan.	Fev.	Mar.	Abr.	Maio	Jun.	Jul.	Ago.	Set.	Out.	Nov.	Dez.
Produto 2	Ano 1	4.268	6.835	9.384	14.195	18.917	21.887	28.580	31.204	34.957	37.746	41.461	45.793
	Ano 2	2.766	9.405	13.272	17.034	21.290	30.780	35.701	38.990	39.715	42.430	44.773	50.267
	Ano 3	5.611	7.456	8.575	13.744	15.496	16.263	18.136	19.476	23.558	24.649	28.960	32.769
	Ano 4	3.626	6.247	10.505	11.816	16.220	20.746	27.003	28.509	31.001	32.755	35.829	37.763

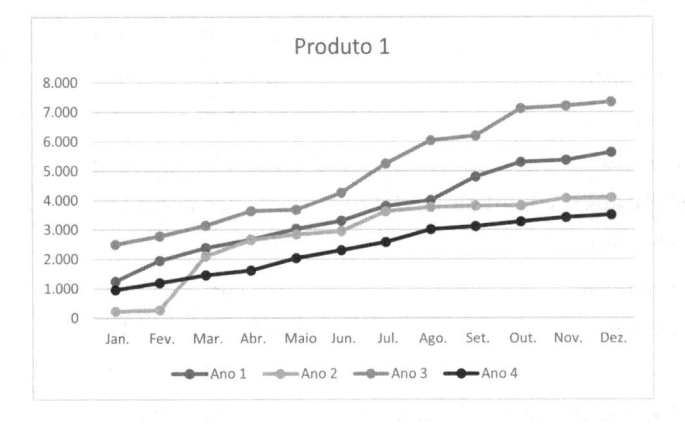

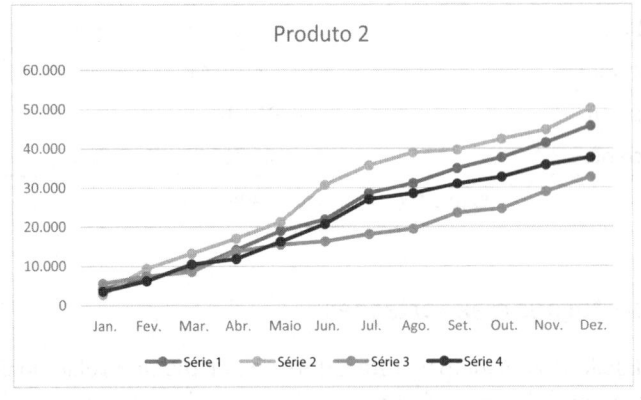

Figura 5.8 Evolução das importações.

Fonte: elaborada pelo autor.

5.3.6 Consumo aparente e participação no mercado

Talvez esta seja uma das informações mais importantes para acompanhamento do negócio. A determinação da participação que a empresa tem no mercado de consumo de seus produtos e serviços é fundamental para o planejamento estratégico da companhia.

Dependendo do setor de atuação da empresa, de seus produtos e serviços, essas informações podem ser obtidas com certa facilidade. Se o setor é concentrado, com poucas empresas competidoras, provavelmente as informações do mercado e da produção e vendas dos concorrentes sejam facilmente obtidas, tais como no setor de cervejaria, montadoras etc.

Quando o setor é muito pulverizado (confecções, por exemplo), as informações provavelmente só serão obtidas por meio de associações patronais de classe. De qualquer forma, é imprescindível a mensuração mais acurada possível do tamanho do mercado – o consumo aparente – e a participação da empresa neste mercado.

A Figura 5.9 a seguir apresenta uma sugestão de um relatório sobre o tema e o gráfico tradicional de participação de mercado (*market share*).

Concorrentes principais	Renda líquida	Produtos concorrenciais		Mercados			
				Externo		Interno	
Concorrentes Ltda.	100.000	80%	80.000	30%	24.000	70%	56.000
Competidor S.A.	50.000	100%	50.000	12%	6.000	88%	44.000
Mercado & Cia.	50.000	60%	30.000	0%		100%	30.000
Outros concorrentes	70.000		70.000				70.000
Som	270.000		230.000		30.000		200.000
A EMPRESA	150.000		150.000	20%	30.000		120.000
TOTAL GERAL	420.000		380.000		60.000		320.000

CONSUMO APARENTE		
Produção do país	380.000	65%
Exportações	(60.000)	–10%
Importações	260.000	45%
Consumo aparente	580.000	100%

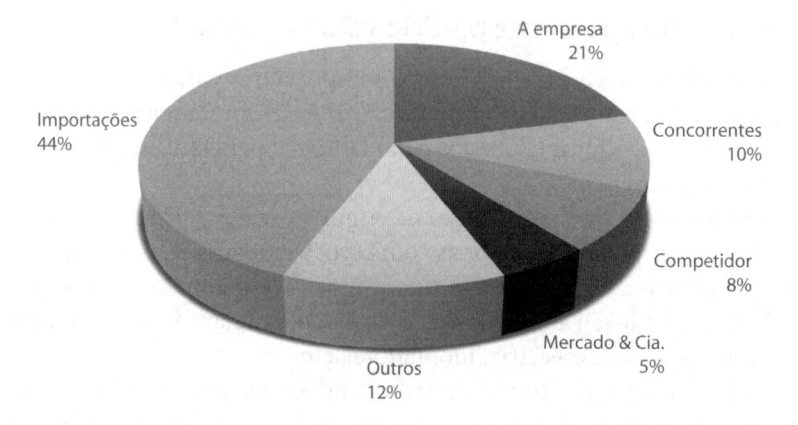

Figura 5.9 Tamanho de mercado/*market share*/consumo aparente.
Fonte: elaborada pelo autor.

5.3.7 Análise das vendas

Este segmento do sistema de informações de acompanhamento do negócio objetiva elaborar relatórios e gráficos que permitam a maior visibilidade do mercado consumidor dos produtos e serviços da empresa. Compreende basicamente toda a tabulação estatística das vendas da empresa, dos clientes e setor que as consumiram, mercados e regiões, classificando-as de todas as formas possíveis. Como exemplo, teríamos relatórios e gráficos evidenciando as vendas:

- por região × produtos;
- por filial × produtos;
- por produto × atividade do cliente;
- por produto × setor do cliente;
- por mercado (interno × externo; varejistas × atacadistas etc.);
- por canais de distribuição;
- por linha de negócios;
- por tipo de compra (à vista, a prazo);
- por tipo de financiamento;
- PIB × vendas (conforme Figura 5.10) etc.

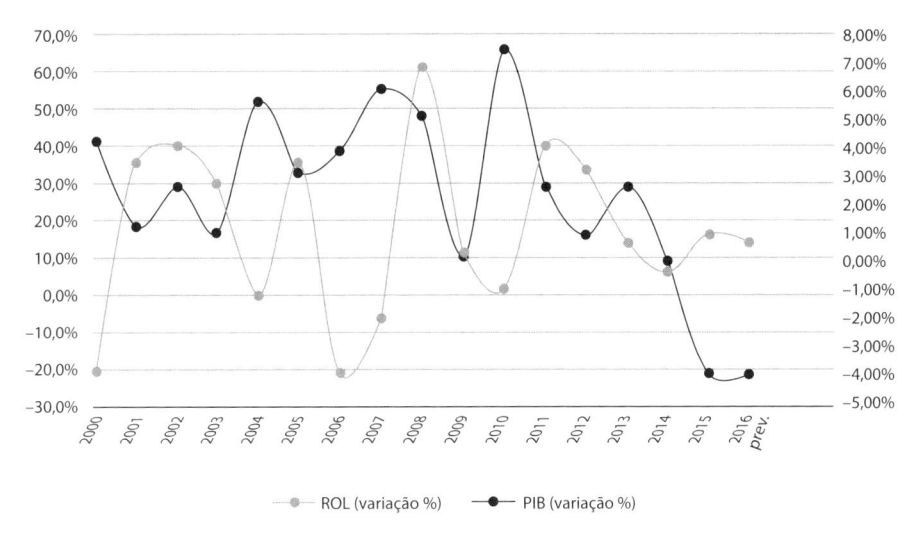

Figura 5.10 Comparação PIB × vendas.
Fonte: elaborada pelo autor.

Basicamente, os bancos de dados para este segmento das informações são:

- cadastro de clientes;
- notas fiscais emitidas/faturamento.

O banco de dados do cadastro de clientes deve ser estruturado para apoiar todas as estratégias de marketing, e deve ter, além dos dados institucionais dos clientes passados, atuais e potenciais, todas as informações específicas e necessárias para permitir a adequada gestão de marketing da empresa.

O banco de dados de notas fiscais emitidas, também denominado banco de dados de transações, contém, além de todas as informações da nota fiscal, também informações dos pedidos dos clientes, que não são necessariamente transcritos na fatura ou no documentário fiscal.

A integração desses dois bancos de dados dá um grande painel de informações estratégicas sobre os clientes, seus potenciais, principais mercados, regiões etc., e se transformam num terceiro grande banco de dados específicos para análise das vendas e do mercado em que a empresa atua.

Em linhas gerais, a responsabilidade por este tipo de informações é do setor de marketing ou comercialização. Caso, porém, essas informações não estejam disponibilizadas adequadamente na empresa, cabe à controladoria sua obtenção, geração e monitoramento. Um aspecto importante é o cadastro de clientes. A estruturação dos registros que devem fazer parte deste banco de dados deve passar sob o crivo da controladoria, sob pena de se construir cadastros de clientes incompletos ou com informações até conflitantes, prejudicando a análise estratégica das vendas.

5.3.8 Valor da empresa

Entendemos como estratégico um processo rotineiro de mensuração do valor da empresa. Além do valor contábil, obtido diretamente na contabilidade, deve ser feito um processo rotineiro de avaliação econômica, pelo fluxo futuro de lucros ou caixa. Além disso, caso a empresa tenha ações cotadas no mercado, o valor da empresa será dado pelo valor de mercado das ações multiplicado pela quantidade das ações subscritas.

Assim, temos pelo menos três variantes de valor da empresa, que devem ser monitoradas pelo sistema de informação de acompanhamento do negócio:

- valor patrimonial, dado pelo valor do patrimônio líquido contábil.
- valor econômico, dado pelo fluxo futuro descontado de lucros ou caixa.
- valor de mercado, dado pelo mercado acionário.

O relatório que apresentamos na Figura 5.11 é um exemplo de acompanhamento do valor da empresa.

Em US$

Ano	Ações				Valor da empresa		
	Quantidade		Cotação		Valor de mercado	Valor econômico	Valor patrimonial
	Ordinárias	Preferenciais	Ordinárias	Preferenciais			
2005	2.900.000	3.800.000	0,60	0,76	4.628.000	5.700.000	7.000.000
2006	2.900.000	3.800.000	0,50	0,55	3.540.000	5.000.000	6.800.000
2007	3.000.000	4.000.000	0,45	0,50	3.350.000	6.500.000	6.000.000
2008	3.000.000	4.000.000	0,52	0,58	3.880.000	6.750.000	6.200.000
2009	3.000.000	4.000.000	0,70	0,80	5.300.000	5.700.000	6.600.000
2010	3.000.000	4.000.000	0,77	0,90	5.910.000	6.500.000	7.000.000
2011	3.000.000	4.000.000	0,90	1,02	6.780.000	7.000.000	7.500.000
2012	3.200.000	4.000.000	0,65	0,66	4.720.000	9.000.000	8.000.000
2013	3.200.000	4.000.000	0,70	0,78	5.360.000	4.500.000	7.750.000
2014	3.200.000	4.500.000	0,90	1,09	7.785.000	8.300.000	7.400.000
2015	3.200.000	4.500.000	1,05	1,30	9.210.000	10.700.000	8.100.000
2016 (junho)	3.200.000	4.500.000	1,25	1,45	10.525.000	9.000.000	8.850.000

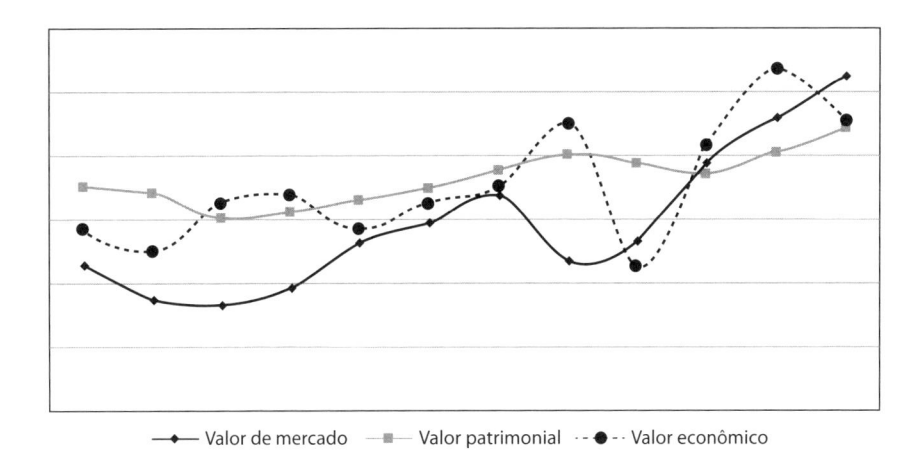

Figura 5.11 Evolução comparativa do valor da empresa – mercado x patrimonial.
Fonte: elaborada pelo autor.

5.4 QUESTÕES E EXERCÍCIOS

1. Pesquise e identifique os dados da variação do PIB do Brasil desde 2005. Com o faturamento anual de uma empresa escolhida nesse mesmo período, elabore uma tabela contendo as variações entre um ano e outro, a variação acumulada em todos os anos e uma análise gráfica comparativa.

2. Faça uma análise da evolução mensal da taxa do dólar dos últimos três anos, comparando-a com a evolução mensal do IGP-M nesse período. Procure extrair algumas observações para inferir um futuro próximo.

3. Faça uma pesquisa em *sites*, jornais e revistas especializadas e procure identificar o tamanho do mercado brasileiro, para um ano de consumo, para os seguintes setores:
   a) Produção de aço.
   b) Cerveja.
   c) Veículos de passeio.
   d) Produção de televisores.
   e) Telefonia móvel (celulares).

4. Faça uma pesquisa e identifique o valor de mercado e o valor patrimonial de pelo menos cinco empresas sociedades anônimas de capital aberto, com ações cotadas em Bolsa, nos últimos três anos. Faça um quadro e gráficos comparativos.

capítulo 6

Subsistema de leitura do ambiente e cenários empresariais

A premissa do subsistema de leitura do ambiente e cenários empresariais é a necessidade de avaliar as variáveis e entidades que afetam o sistema empresa, na busca de oportunidades para o planejamento estratégico empresarial. Na última década, aumentou sobremaneira o ritmo das mudanças políticas, econômicas, sociais e tecnológicas no mundo, tendo, como consequência, frequentes rupturas de tendências, que aumentam (Marcial e Grumbach, 2008) a incerteza com relação ao futuro das organizações, seja qual for a área na qual atuam. Cenários é o conjunto formado pela descrição coerente de uma situação futura e pelo encaminhamento dos acontecimentos que permitem passar da situação de origem à situação futura.

Considerada uma das atividades essenciais de controladoria estratégica, o desenvolvimento e o acompanhamento dos cenários têm como objetivo verificar a tendência das previsões de organizações especializadas em descrever sucintamente os cenários em que estão inseridas. A construção de cenários empresariais parte da premissa de que os dados não são reais, e sim estimados, assim, torna-se possível prever cenários identificando possíveis tendências. A construção de cenários (Rattner, 1979) visa um procedimento sistemático para detectar as tendências prováveis de evolução, numa sequência de intervalos temporais, e procura identificar o começo da tensão social nos quais as forças sociais poderiam alterar essas tendências.

6.1 ANÁLISE DO AMBIENTE

Bourgeois (1980) afirma que as teorias sobre estratégia não tratam o ambiente de forma adequada, ou seja, o autor entende a relação entre a estratégia e o ambiente sob duas perspectivas: a primeira perspectiva diz respeito à separação entre a análise administrativa e o ambiente onde a empresa se encontra; e a segunda perspectiva diz respeito ao tratamento do ambiente de forma agregada. Na primeira perspectiva, a alta administração deve ver o ambiente como fonte para obter oportunidades ou para perceber ameaças à organização e assim tentar criar modelos estratégicos baseados em tendências. Nessa primeira perspectiva, não há uma leitura do conteúdo do ambiente (Bataglia et al., 2006).

A segunda perspectiva inclui as teorias de M. Porter sobre as Cinco Forças e a matriz BCG e diz respeito à parte estrutural do mercado, como, por exemplo, o número de concorrentes, inovações, compradores e fornecedores, diversificação etc. Analisa, ainda, como as organizações se comportam dentro do setor e como o setor se comporta pautado em termos de desempenho. Neste contexto, as teorias ambientais tentam analisar a relação entre as decisões dos gestores e os movimentos empresariais no ambiente. Entretanto, são várias as abordagens sobre as teorias ambientais. A Figura 6.1 evidencia as teorias com a natureza do ambiente e com o efeito que causa no mesmo. A Figura 6.1 demonstra que a objetividade do ambiente é pressuposto das perspectivas clássica e harmoniosa. Os efeitos congregante e construtivista pressupõem a subjetividade do ambiente.

Teoria	Natureza do ambiente	Principais ideias sobre a natureza do ambiente	Efeito do ambiente
Contingência estrutural	Objetivo	O ambiente é composto por fatores objetivos, como: complexidade e instabilidade tecnológica, instabilidade de vendas, diversidade de mercado, grau de disponibilidade e competição por recursos, concentração de fornecedores.	Clássica
Neoclássica			Clássica
Configurações estruturais			Harmoniosa
Ecologia organizacional	Objetivo	O foco recai sobre as taxas de fundação e fracasso de organizações, e de criação e morte de populações.	Clássica
Dependência de recursos	Subjetivo	O ambiente é concebido como uma rede interorganizacional de dependência de recursos econômicos, e, portanto, como uma rede de influências de poder.	Construtivista
Custos de transação	Objetivo	O foco é colocado nos custos para renegociar, realizar, controlar e monitorar as trocas vinculadas a cada contrato.	Harmoniosa
Institucional	Subjetivo	O ambiente é concebido como uma matriz institucional, ou seja, uma rede interorganizacional de influência, regulada pela coalizão dominante.	Congregante
Neoinstitucional	Subjetivo	O ambiente é concebido como uma rede interorganizacional de dependência de recursos simbólicos e, portanto, como uma rede de influências, de poder.	Construtivista
Organizações em rede	Subjetivo	O ambiente é visto como um conjunto de arranjos interorganizacionais de empresas distintas que operam de forma coordenada e que, usualmente, possuem interesses econômicos comuns. Os arranjos são socialmente construídos por meio de acordos, vínculos e contatos.	Construtivista

Figura 6.1 Teorias ambientais × natureza × efeito no ambiente.

Fonte: Adaptado de Bataglia et al. (2006).

A perspectiva congregante está associada à teoria institucional e entende que as coalizões dominantes de rede institucional são determinantes para estabelecer regras de funcionamento do mercado, ou seja, são absorvidos devido à influência das empresas dominantes. Esta perspectiva entende que o ambiente é subjetivo e ao mesmo tempo determinístico, isto é, o ambiente prevalece à forma de atuação das organizações. Por sua vez, perspectiva construtivista está associada às teorias da dependência de recursos, neoinstitucional e das organizações em rede e entende que os espaços externos e internos das organizações passam por uma negociação entre os agentes ambientais e assim estabelecem-se as regras do jogo, como, por exemplo: definição de estratégias, ações políticas etc.

6.2 ELABORAÇÃO DE CENÁRIOS

A consolidação do conceito de elaboração de cenários é situada a partir da Segunda Guerra Mundial por meio de técnicas de planejamento militar. Precursora nessa época, a Força Aérea norte-americana criou estratégias orientadas às várias possibilidades de atuação de seus opositores. Já na década de 1940, Herman Kahn, um influente estrategista da empresa norte-americana Rand Corporation, deu início à criação de distintas histórias, com base na teoria das probabilidades (como a análise de impactos cruzados), para descrever as maneiras pelas quais a tecnologia nuclear poderia ser utilizada por nações hostis. Sugeriu-se, assim, o nome "cenários" para o exercício desenvolvido (Schwartz, 2006).

Marcial e Grumbach (2008, p. 49) acreditam que

> os cenários propiciam um ambiente que enriquece o debate sobre questões críticas relacionadas com o futuro da organização e permitem que os dirigentes da empresa tomem decisões de risco com mais transparência. Permitem ainda a identificação de oportunidades e de ameaças ao negócio, promovem o desenvolvimento e a análise de novas opções de futuro frente a mudanças no ambiente externo, e propiciam uma visão de futuro que pode ser compartilhada pelos membros da organização.

A elaboração e o gerenciamento de cenários são métodos importantes e amplamente utilizados no acompanhamento de processos de planejamento e, com base em suas projeções, são efetuados ajustes e correções nesses processos com o intuito de alcançar metas e traçar objetivos de maneira satisfatória. Cenários não são previsões de futuro; são a articulação de possibilidades futuras para o ambiente de negócios que sejam críveis e internamente consistentes, contra as quais os planos estratégicos têm de ter a sua robustez e adequação testadas (Tadeu e Silva, 2015).

Na prática, cenários são ferramentas de trabalho para orientar empresas e governos, como um referencial para exame de alternativas e tomada de decisão, rumo a um objetivo estratégico. Embora possam se valer de diferentes escopos e horizontes futuros, os cenários são utilizados, normalmente, para a formulação de opções de longo prazo, de modo a contribuir para a formação de uma visão compartilhada de negócios e objetivos a serem realizados, levando em consideração as dificuldades conjunturais e as restrições de uma visão de curto prazo (Schwartz, 2006).

Além dessas características, destacam os seguintes pontos (Ribeiro, 2006):

a) identificar possíveis oportunidades de negócios;
b) testar a estratégia em múltiplos cenários;
c) monitorar a execução da estratégia;
d) pesquisar mudanças no ambiente para determinar as estratégias que deverão ser adaptadas/alteradas para a sobrevivência dos negócios;
e) reduzir as incertezas em relação à capacidade da liderança de promoção de ajustes;
f) promover a percepção e a geração de novas oportunidades;
g) incrementar a qualidade do pensamento estratégico (reduzir a prática de um comportamento muito rotineiro, operacional ou burocrático).

Conforme se pode verificar na Figura 6.2 existem os cenários possíveis (tudo o que pode ser imaginado), os cenários realizáveis (tudo o que se mantém possível) e os cenários desejáveis (os que atendem aos interesses e valores considerados possíveis, mas que podem não ser realizáveis) (Ribeiro, 2006).

Figura 6.2 Tipos de cenários.

Fonte: elaborada pelo autor.

A construção de cenários (Heyden, 2004) melhora a percepção em relação ao processo de mudança e transformação do ambiente externo das organizações, o que torna o risco na tomada de decisão mais claro. Por isso, podem ser usados para antecipação (alertas), aprendizagem organizacional e no planejamento estratégico.

Alguns pontos-chave devem ser observados na construção de cenários (Schwartz, 2006):

> [...] tais quais a criação de três a quatro cenários – não mais do que isso para não se perderem as diferenças; a evasão da atribuição de probabilidade aos cenários para que as pessoas não escolham apenas porque é "mais provável"; atenção ao nomear um cenário – deve ser um título curto que revele suas principais implicações; o apoio e a participação da alta administração; e, finalmente, a geração de cenários plausíveis e surpreendentes, que quebrem paradigmas e provoquem mudanças de visão.

Outra técnica muito utilizada é traduzir as variáveis macroeconômicas em dois ou três cenários mais prováveis (otimista, provável, pessimista, por exemplo), incorporando as probabilidades de ocorrência de cada um. Em princípio, o cenário com maior grau de probabilidade de ocorrência deverá ser utilizado para a sequência dos processos de planejamento operacionais e orçamentários.

6.3 METODOLOGIA DE ANÁLISE DO AMBIENTE

É fundamental que a leitura e a análise do ambiente sigam metodologias que permitam sistematizar esse processo, encaminhando-o para estruturação de sistemas de informações. No nosso entender, as metodologias de análise SWOT e a de Porter – Cinco Forças – representam estruturas adequadas para este processo.

6.3.1 Análise SWOT

A análise SWOT verifica a posição da organização em seu ambiente e, combinando os fatores internos e externos dentro dos conceitos de oportunidades e riscos envolvidos, deve criar condições para construir estratégias com uma boa avaliação de projetos e alternativas de operação de negócios, por meio da sinergia entre os seus setores. Significado da sigla:

STRENGTHS	–	FORÇAS
WEAKNESSES	–	FRAQUEZAS
OPPORTUNITIES	–	OPORTUNIDADES
THREATS	–	AMEAÇAS

Não se pode gerenciar uma organização sem a devida análise do ambiente em que ela está inserida para que possam ser direcionados os esforços para o objetivo de cumprir a sua missão (Zaccarelli, 2004). Uma análise ambiente da situação da organização fornece as informações onde oportunidades e ameaças podem ser identificadas. A análise da situação fornece as informações necessárias para a análise SWOT. Ela pode ser usada de, pelo menos, três maneiras nas decisões de escolha da estratégia (Calcagnotto, 1995):

a) fornece uma estrutura diretriz para discussões sistemáticas da situação e das estratégias alternativas do negócio e, finalmente, para a escolha de uma estratégia;
b) como uma ferramenta de análise de mercado: as principais oportunidades e ameaças externas são sistematicamente comparadas aos pontos fortes e pontos fracos em uma abordagem estruturada; e
c) ajuda a resolver uma preocupação fundamental na seleção de uma estratégia, tirando vantagem de uma posição forte ou superando uma fraca (Figura 6.3).

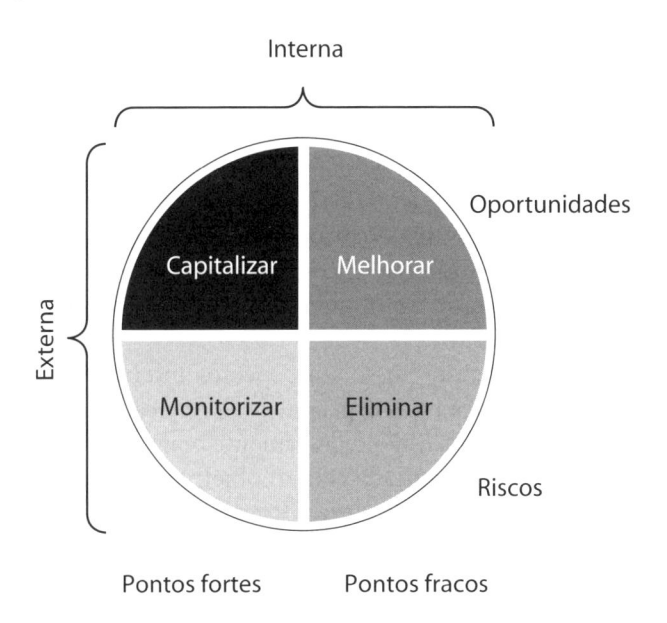

Figura 6.3 Análise SWOT.
Fonte: Adaptado de Ward (1996) e Tiffany e Peterson (1999).

A análise SWOT (Lobato et al., 2007) permite detectar as potencialidades, ou os pontos fortes mais importantes para aproveitamento das oportunidades e os impeditivos, ou os pontos fracos que mais interferem no aproveitamento das oportunidades. Além de encontrar as vulnerabilidades, que representam os pontos fracos que submetidos às ameaças podem debilitar os esforços empreendidos.

Ainda, a análise SWOT (Tarapanoff, 2001) é usada como ferramenta no planejamento estratégico para avaliação do posicionamento da empresa e de sua condição de competitividade, e relata que essas técnicas dos ambientes do interno e do externo são métodos utilizados apresentando um conjunto de informações para a tomada de decisão.

Na análise SWOT, é necessário monitorar o mundo exterior à organização, do ponto de vista econômico, social, político, legal, tecnológico, fiscal etc., em relação ao comportamento dos consumidores, dos concorrentes e do setor. Mediante a análise externa, avaliam-se as ameaças e as oportunidades (Cardoso, 2006). O objetivo "é identificar os pontos-chave, facilitando a tomada de decisão com base na definição de um propósito ou missão definidos pela análise do ambiente da organização" (Antônio, 2006).

O sucesso da organização (Wright; Kroll; Parnell, 2000) está vinculado ao elo com o seu ambiente externo, compreendido pelo macroambiente das forças que atuam em constantes mudanças na economia, como: a inflação, o resultado de eleições, as inovações científicas, as mudanças sociais, as novas tecnologias, entre outras.

O componente "risco" da Figura 6.3 merece uma análise mais aprofundada e, como foi dito inicialmente na introdução, há relação da oportunidade com a avaliação de risco. A criação de valor (Chartterjee, 2006) é sempre arriscada devido aos modelos de negócios direcionarem valor ao cliente e, também, ao acionista. Existe uma ressalva quanto a variável tecnologia, pois quando está disponível a todas as empresas, ela deixa de ser uma vantagem competitiva. Contudo, saber utilizá-la no mundo complexo das empresas é a chave para diferenciar-se das outras.

As forças e fraquezas referem-se aos aspectos internos da organização comparados com a competição e as expectativas do mercado, isto é, se comparativamente os negócios atuais estão relativamente bons ou não.

Essa análise deve ser confrontada com os objetivos da empresa, que indicarão quais áreas de forças ou fraquezas provavelmente serão importantes no futuro.

As ameaças e oportunidades dizem respeito ao ambiente externo e devem identificar potenciais problemas que os fatores ambientais poderão trazer no futuro para a empresa, bem como as oportunidades podem revelar áreas a serem trabalhadas, que podem, inclusive, mudar os objetivos da empresa.

Os principais fatores do ambiente externo são: concorrentes, fornecedores, clientes, mercados, ambientes econômicos, social e político, fatores legais e regulatórios, demografia, clima e desenvolvimento tecnológico.

Podemos identificar fundamentalmente três tipos de riscos que podem impactar na estratégia da empresa. Tais riscos estão descritos no Quadro 6.1:

Quadro 6.1 Tipos de risco.

Tipos de riscos	Descrição
Risco de demanda	Implica que a demanda pode não aceitar os preços praticados pela empresa e assim rejeitar os produtos, fazendo que os concorrentes possam tomar o mercado deixado pela empresa inicial.
Risco competitivo	Está relacionado com a falha da empresa em lidar com a demanda extra no que se refere ao atendimento e assim deixar outras concorrentes atenderem.
Risco de competência	Significa que o preço praticado pelas empresas não é o mesmo que os clientes aceitam pagar.

Fonte: elaborado pelo autor com base em Chartterjee (2006).

As empresas sempre vão incorrer nos riscos de demanda e competitivo, porém elas optam qual será o primeiro para desenvolver uma estratégia. Contudo, a organização terá de lidar sempre com o risco de competência no nível tático ou operacional (Chartterjee, 2006).

6.3.2 Cinco Forças de Porter

Em conjunto com a análise SWOT, a arquitetura proposta por Porter é uma metodologia que deve ser utilizada como base para a leitura do ambiente.

Tanto a análise SWOT como as Cinco Forças de Porter se traduzem em: Leitura – Análise – Julgamento das variáveis e entidades que devem ser consideradas na elaboração do planejamento estratégico.

De forma resumida, as cinco forças competitivas do modelo de Porter (1986) compreendem a identificação de diversas variáveis estratégicas de atuação:

1) rivalidade entre os concorrentes: o número de concorrentes, o ritmo de crescimento da indústria, a sazonalidade, os custos fixos, as barreiras à saída elevadas, o crescimento da indústria, os custos irreversíveis, a diferenciação do produto, os interesses estratégicos e a ausência de diferenciação;
2) poder de negociação dos fornecedores: a ameaça de integração vertical, os custos de ligação ao fornecedor, o volume de compras, a importância dos *inputs* e a concentração de fornecedores;
3) poder de negociação dos clientes: o peso do produto nos custos do cliente, os produtos não diferenciados e a rentabilidade do cliente;
4) ameaça de entrada de novos concorrentes: a integração vertical, a diferenciação do produto, as economias de escala, a necessidade de capital, os custos de mudança, a política governamental, o acesso a canais de

distribuição, a necessidade de capital, o preço de entrada no mercado e as desvantagens de custo independentes da escala;

5) ameaça de produtos substitutos: a relação qualidade – preço dos produtos ou serviços substitutos, o grau de obsolescência tecnológica, a rentabilidade da indústria substituta e as preferências habituais dos consumidores.

As cinco forças apresentadas por Porter podem ser observadas por meio da Figura 6.4:

Figura 6.4   Cinco Forças de Porter.
Fonte: Adaptado de Porter, 2004.

6.3.3 Elaboração da estratégia: o plano estratégico

Depois da interpretação do ambiente em que a empresa está e a consciência de todos os aspectos em que ela está envolvida, faz-se mister elaborar a estratégia e traduzi-la num plano formal. A estratégia a ser adotada deve estar em consonância com a missão da empresa, suas metas e objetivos. Basicamente, a estratégia é uma visão de longo prazo, que pode ser até configurada em número de anos.

Não existe um horizonte temporal definido para o planejamento estratégico, mas pensar no mínimo para os próximos dois anos até um horizonte de cinco a oito anos é razoável. No nosso exemplo, estamos imaginando visualizar a empresa para os próximos cinco anos e o que devemos fazer agora para que o vislumbrado possa ocorrer.

O plano estratégico deve conter claramente as intenções que a empresa tem e o que e como ela deve proceder, com o máximo possível de dados quantitativos das metas incorporadas no plano estratégico (Figura 6.5).

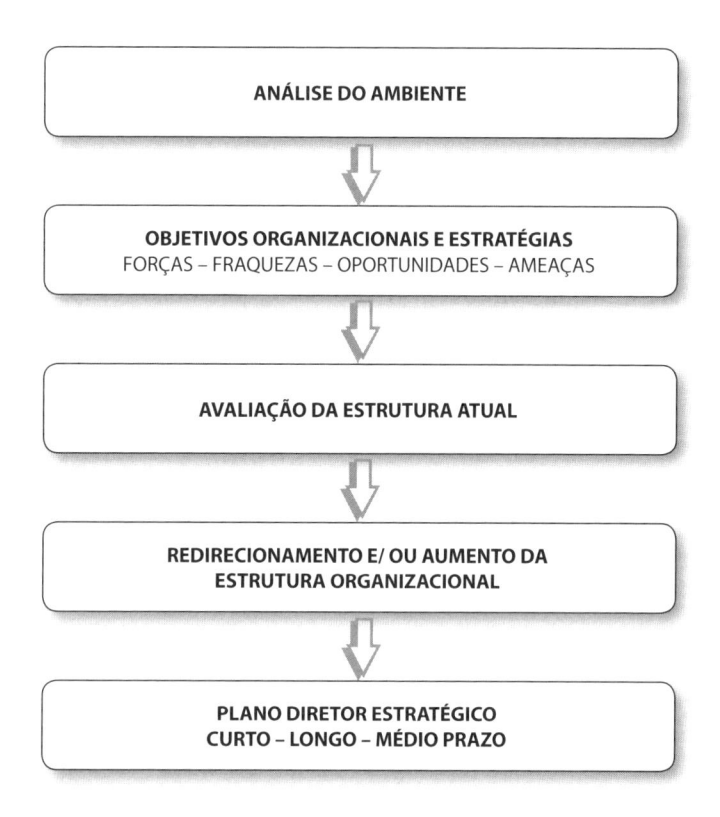

```
┌─────────────────────────────────┐
│      ANÁLISE DO AMBIENTE        │
└─────────────────────────────────┘
                ⇩
┌─────────────────────────────────────────┐
│  OBJETIVOS ORGANIZACIONAIS E ESTRATÉGIAS │
│ FORÇAS – FRAQUEZAS – OPORTUNIDADES – AMEAÇAS │
└─────────────────────────────────────────┘
                ⇩
┌─────────────────────────────────┐
│  AVALIAÇÃO DA ESTRUTURA ATUAL   │
└─────────────────────────────────┘
                ⇩
┌─────────────────────────────────┐
│  REDIRECIONAMENTO E/ OU AUMENTO DA │
│    ESTRUTURA ORGANIZACIONAL     │
└─────────────────────────────────┘
                ⇩
┌─────────────────────────────────┐
│    PLANO DIRETOR ESTRATÉGICO    │
│   CURTO – LONGO – MÉDIO PRAZO   │
└─────────────────────────────────┘
```

Figura 6.5   Etapas para a análise do ambiente.
Fonte: elaborada pelo autor.

6.4 SUBSISTEMA DE INFORMAÇÃO DE LEITURA DO AMBIENTE

A leitura do ambiente compreende, como já vimos, a análise dos ambientes internos e externos, baseada na análise SWOT, pontos fortes e pontos fracos, oportunidades e ameaças, em conjunto com a análise das Cinco Forças de Porter.

A leitura ou análise do ambiente, objetivamente, é um julgamento dos impactos que a evolução de quaisquer variáveis ou entidades, do ambiente interno ou externo, possa afetar os negócios futuros da empresa. Cada componente da leitura deve ser mensurado, salvo se for explicitamente qualitativo ou interpretativo, quando se deve colocar pelo menos uma indicação de tendência ou aceitação.

Temos visto que a maioria das empresas, ao fazer a análise e leitura do ambiente, não registra o resultado dessa análise e seu julgamento de forma sistemática. De um modo geral, após uma leitura empírica, as empresas decidem sua estratégia, sem o registro dos fatos que levaram a essa estratégia.

Esta não sistematização, *por não ser transformada em um subsistema de informação*, impede que a empresa aproveite o potencial educacional e de aprendizado dos julgamentos efetuados. Caso a empresa registre seus julgamentos da leitura e análise do ambiente, ela poderá, nos próximos anos, verificar o acerto ou não desses julgamentos, melhorando permanentemente seu processo de preparação para o planejamento estratégico.[1]

Conforme Kahneman (2015):

> uma firma não faz uma tentativa sistemática de manter registros e de aprender com as experiências. Então, na prática, duas coisas acontecem: por um lado, ela não aprende o suficiente com as experiências, mas por outro lado, aprende demais com certas experiências em particular [...] em geral, é verdade que as empresas não mantêm registros de suas deliberações. Não mantêm registros especialmente das opções que consideraram e rejeitaram ao fazer escolhas [ou julgamentos], o que torna mais difícil avaliar quão bem as decisões [ou leituras julgadas] foram tomadas no passado. É de fato, uma questão de documentar as decisões de um modo que torne fácil entender, *depois*, exatamente como elas foram tomadas [ou julgadas]. (inserções nossas)

Nossa proposta é a da sistematização dos julgamentos da leitura e análise do ambiente, qual seja, o registro da interpretação das variáveis e entidades que

---
[1] É o que se chama de "a organização que aprende a aprender", definida por Senge (1990).

possam vir a afetar o futuro da empresa e que devem ser consideradas no planejamento estratégico.

O quadro de análise do ambiente da empresa deve ser julgado ou interpretado pelos responsáveis pelo planejamento estratégico por meio de um relatório que deixe bem claro como a empresa tem consciência de todos os aspectos que interferem nas suas operações atuais e poderão interferir no futuro, e como, onde e por que poderão interferir.

Esta proposta está exemplificada no Quadro 6.2.

Adotamos como referência para os julgamentos os elementos da análise SWOT, nas colunas, e as Cinco Forças de Porter, no geral, nas linhas.

Na coluna *variáveis e entidades*, são elencados todos os aspectos que devem ser observados e que podem afetar o futuro da empresa. É necessário um agrupamento por similaridade, conforme sugerido, para evitar a dispersão dos julgamentos.

Na coluna *dado*, o modelo sugere colocar dados numéricos quando o item analisado é passível de mensuração ou estimativa.

As colunas S, W, O, T correspondem ao julgamento da análise SWOT, no qual o responsável deve marcar o julgamento que foi feito.

As colunas OK e Não OK são para reforçar o julgamento final da variável ou entidade analisada de acordo com o critério do avaliador.

Quadro 6.2 Roteiro para a análise do ambiente. *(continua)*

Agrupamento de variáveis e entidades	Análise do ambiente						
	Dado	S	W	O	T	OK	Não OK
Economia mundial							
PIB mundial – crescimento médio próximos 5 anos	1,50%			X			
Inflação mundial – média próximos 5 anos	3,00%			X			
Taxas de juros – média próximos 5 anos	4,50%				X		
Moedas – paridades médias próximos 5 anos							
• Dólar americano	1,9			X			
• Euro	1,9			X			
• Yen	1,7				X		
Risco Brasil					X		X
Situação geral países compradores				X		X	
Situação geral países vendedores				X			X

(continua)

Quadro 6.2 Roteiro para a análise do ambiente. *(Continuação)*

Agrupamento de variáveis e entidades	Análise do ambiente						
	Dado	S	W	O	T	OK	Não OK
Tecnologia							
Geral dos produtos – evolução					X	Acelerada	
Exclusividade					X	Difícil acesso	
Dos concorrentes estrangeiros					X	Acelerada	
Concorrentes nacionais			X				Fraca
Da empresa	X			X		Em dia	
Conjuntura geral nacional							
Sistema político nacional				X		Definido	
Firmeza das instituições				X		X	
Necessidades prementes do país							
• Política fiscal					X		X
• Política cambial				X		X	
• Política monetária				X		X	
• Política tributária					X		X
Forças/movimentos sociais							
• Sindicatos					X		Fortes
• Educação					X		X
• Convênios com universidades				X		X	
• Reforma do judiciário						X	
• MST					X		X
Conjuntura econômica nacional							
Tendência geral				X		Boa	
Nível de atividade – próximos 5 anos	.			X		Crescente	
PIB – Crescimento médio próximos 5 anos	3,50%			X			
Índice de desemprego – média próximos 5 anos	10,00%						
Inflação – média próximos 5 anos	4,00%					X	
Taxas de juros – média próximos 5 anos	10,00%						
Variação cambial – média próximos 5 anos	5,00%						
Balança comercial – média próximos 5 anos	+US$ 5 bi					X	
Outras variáveis*							
Demografia				X		Crescente	
Recursos naturais				X		Abundantes	

(continua)

Quadro 6.2 Roteiro para a análise do ambiente. *(Continuação)*

Agrupamento de variáveis e entidades	Análise do ambiente Dado	S	W	O	T	OK	Não OK
Clima					X		Aquecimento global
* Relacionadas com empresas/produtos/mercados							
Mercado do setor de atuação							
Concorrentes							
• Quantidade	5		X				
• Situação geral							Fraca
Importação – média últimos 2 anos	US$ 200 mi	X			X		
Barreiras alfandegárias nacionais					X		X
Exportação – média últimos 2 anos	US$ 50 mi			X			
Barreiras alfandegárias estrangeiras					X		X
Tamanho do mercado – média últimos 2 anos	US$ 500 mi			X			
Participação da empresa no mercado	30%	X					
Tamanho do mercado – tendência	5%					Crescimento	
Produtos substitutos					X		Crescentes
Estrutura organizacional							
Capacidade produtiva	5.000 unid.	X				X	
Possibilidade de expansão	6.000 unid.	X				Poucos custos	
Meios de produção			X				Depreciados
Ganhos médios de produtividade – últimos 2 anos	1,50%	X				X	
Capacidade de vendas	4.000 unid.		X				No limite
Meios de comercialização			X			Atuais	
Canais de distribuição			X			Adequados	
Logística geral atual				X			Razoável
Estrutura administrativa		X				X	
Competência administrativa		X				X	
Marketing							
Conhecimento dos produtos		X				X	
Conhecimento da empresa		X				X	
Veículos promocionais			X				Razoáveis
Financiamento das vendas			X				Não existe
Relacionamentos							
Clientes		X				X	
Fornecedores		X				X	

(continua)

Quadro 6.2 Roteiro para a análise do ambiente. *(Continuação)*

Agrupamento de variáveis e entidades	Análise do ambiente						
	Dado	S	W	O	T	OK	Não OK
Distribuidores		X				X	
Bancos		X				X	
Acionistas		X				X	
Finanças							
Margens de lucros s/ vendas				X			Fraca
Rentabilidade para acionistas				X			Fraca
Tendências de custos			X			Melhorar	
Acesso a créditos			X			X	
Estrutura de capital/grau de endividamento				X		Alto	
Valor da empresa				X		Potencial	

Fonte: elaborada pelo autor.

Para ilustração da metodologia de julgamento, vamos tomar como referência o agrupamento tecnologia. No exemplo, arbitrário, o entendimento seria o seguinte:

a) é importante questionar sobre a evolução geral da tecnologia dos produtos da empresa em relação aos seus concorrentes;
b) há o entendimento de que a evolução é acelerada e representa uma ameaça para a empresa (T);
c) é importante verificar a facilidade ou não de obtenção da inovação da tecnologia. O julgamento da variável mostra que é de difícil acesso, tornando-a praticamente exclusiva para determinados concorrentes, evidenciando uma ameaça;
d) analisando os concorrentes estrangeiros, o julgamento diz que eles têm acesso à tecnologia, mesmo acelerada, e também é considerada uma ameaça;
e) em relação aos concorrentes nacionais, a empresa julga que o estágio da tecnologia deles é fraco, e pode vir a ser uma oportunidade para a empresa em questão;
f) fazendo a relação concorrencial só com os concorrentes nacionais, o julgamento mostra que a tecnologia dos produtos da empresa é uma força, porque está em dia, sendo uma oportunidade de mercados em relação aos concorrentes nacionais;
g) o resumo dessa leitura e julgamentos mostra que a empresa deve concentrar suas forças de competição no mercado nacional.

No exemplo da Figura 6.7, verifica-se que há necessidade de análise de um sem-número de variáveis e entidades que são relevantes para o planejamento estratégico. Apesar de não ser exaustiva, as sugestões da figura representam um leque mínimo a ser entendido, interpretado e julgado. Cada organização deve estruturar este subsistema de acordo com seu porte, abrangência atual etc.

6.5 ADOÇÃO DE CENÁRIOS

A leitura do ambiente é a base para o planejamento estratégico. Definida a estratégia, há a necessidade de elencar e adotar os cenários que serão utilizados nas etapas seguintes do processo de gestão, o planejamento operacional e a programação.

Fundamentalmente, o cenário é caracterizado pela assunção de variáveis macroeconômicas que deverão ou poderão afetar o resultado econômico futuro da organização. Esses dados serão a base para a mensuração econômica e viabilidade dos projetos de investimento decorrentes das diretrizes estratégicas e para estruturar as premissas orçamentárias do plano orçamentário.

As variáveis macroeconômicas dos cenários futuros têm forte influência do julgamento do cenário político atual e suas possíveis evoluções futuras. O Quadro 6.3 mostra um exemplo de cenário adotado.

A obtenção dos dados dos cenários pode ser obtida em mídia especializada, portais governamentais (*Boletim Focus*, por exemplo), instituições financeiras nacionais e internacionais, em empresas especializadas que produzem tais informações etc.

É importante que as variáveis macroeconômicas que serão assumidas já estejam sendo contempladas, quando possível, no subsistema de informações de acompanhamento do negócio, em um horizonte temporal, o mais longo possível, com dados atuais e passados que possam ajudar na adoção final para o cenário a ser utilizado, conforme apresentado no Capítulo 5.

Uma das mais relevantes variáveis do cenário é a estimativa do crescimento do setor onde a empresa atua. Em conjunto com as demais variáveis, ela é ponto-chave para a estimativa do crescimento da empresa no futuro e de suas unidades de negócio.

A estimativa do crescimento da empresa converge, em termos operacionais, para a previsão de vendas para o próximo ou próximos anos. Desta maneira, é fundamental que a controladoria estratégica tenha instrumentos de mensuração dessa previsão com as ferramentas quantitativas adequadas, conforme será mostrado no Capítulo 7.

Quadro 6.3 Exemplo de cenário adotado.

Cenários	
Político	**Julgamento**
Estabilidade das instituições	sim
Integração entre os poderes públicos	não
Momento atual – Poder Legislativo	sim
Momento atual – Poder Executivo	não
Momento atual – Poder Judiciário	sim
Próxima eleição para Presidente	favorável
Próxima eleição para Governador	desfavorável
Próxima eleição para Prefeito	favorável
Variáveis macroeconômicas	**Dado**
PIB – Mundial – Variação	3,30%
PIB – EUA – Variação	2,50%
PIB – Zona do Euro – Variação	2,20%
PIB – China – Variação	8,00%
PIB – Emergentes – Variação	4,50%
PIB – Brasil – Variação	3,00%
Dívida externa – Variação	-2,00%
Reservas internacionais – US$ bilhões	US$ 250
Déficit público – % do PIB	4,00%
Balanço de pagamentos – US$ bilhões	US$ -25
Juros nominais – Selic – Fim do ano	14,25%
Taxa de câmbio – Variação	7,50%
Taxas de câmbio – Fim do ano	R$ 4,00
Inflação anual – IPCA %	10,68%
Inflação anual – IGPM %	10,54%
População brasileira – Pessoas – dez./15	205,1 milhões
População brasileira – Crescimento esperado	1,10%
Renda *per capita* anual – R$ – 2015	R$ 27.230
Crescimento geral do crédito	15,00%
Crescimento do setor – nominal	12,00%
Crescimento da empresa – nominal	14,00%
Crescimento da unidade de negócio 1	16,00%
Crescimento da unidade de negócio 2	13,00%

Fonte: elaborada pelo autor.

6.6 QUESTÕES E EXERCÍCIOS

1. Dos três cenários possíveis, defina o ponto no qual há intersecção entre todos.

2. Apresente pontos de reflexão acerca dos seguintes elementos da análise SWOT:

a) forças e fraquezas;
   b) ameaças e oportunidades.

3. Escolha um determinado ramo e, neste ramo, escolha um produto. Em seguida, apresente os atributos definidos por Porter com as Cinco Forças:
   a) rivalidade entre os concorrentes;
   b) poder de negociação dos fornecedores;
   c) poder de negociação dos clientes;
   d) ameaça de entrada de novos concorrentes;
   e) ameaça de produtos substitutos.

capítulo 7

Subsistema de simulação no planejamento econômico

É natural no ambiente empresarial a intensificação da complexidade dos negócios, que cada vez mais passam a necessitar de instrumentos gerenciais para ancorar o processo decisório, considerando informações pertinentes originadas tanto no âmbito interno quanto externo. O gestor, com o apoio de instrumentos gerenciais, que permitem abarcar o máximo possível dessa complexidade, passa a ter melhores condições de conduzir e gerenciar a organização.

Com a evolução da competitividade dos mercados, cada vez mais, as organizações buscam novas tecnologias que permitam à administração vislumbrar perspectivas futuras para as organizações. Os conceitos de planejamento econômico e planejamento estratégico estão definitivamente incorporados na gestão das organizações.

A formulação de estratégias engloba um conjunto de critérios que permitem avaliar projetos de investimentos dentro das oportunidades e restrições de cada organização. Para tanto, os gestores necessitam de informações de nível estratégico e gerencial que possam demonstrar a dinâmica do negócio em seu contexto tanto micro quanto macroeconômico, como os riscos envolvidos, a concorrência e as mudanças de mercado.

O planejamento estratégico é o ponto de partida e a etapa mais importante do processo de gestão empresarial. O processo de gestão estratégica compreende o planejamento, a execução e o controle. As etapas do processo de gestão, contudo, não são estanques, separadas. Há um *feedback* ininterrupto entre elas. Quando se inicia o planejado, automaticamente, já se vislumbra o controle.

O controle é a etapa final do processo de gestão, processo este que se caracteriza pelo ciclo de planejamento, execução e controle. O processo de controle aplica-se nas etapas de execução e confronta com o que foi planejado.

O processo decisório está vinculado na análise de muitas alternativas, onde constantemente são necessários acessos em diversas bases de dados, exigindo dos gestores o uso do raciocínio lógico, interpretação dos fatos, construção de cenários e correlações de variáveis de mercado com os resultados obtidos pela organização entre todas as informações necessárias para as suas tomadas de decisões (Driver e Mock, 1977).

De acordo com Guerreiro (1989, p. 24), apesar de as empresas possuírem dados ou informações frequentemente abundantes, eles nem sempre são suficientes ou estão estruturados de forma a subsidiar a formulação de planos, avaliação de alternativas, execução das operações e medição de resultados. A contabilidade, além de suas funções específicas, tem o seu aspecto gerencial, fornecendo informações para os gestores que são responsáveis pela direção e controle de suas operações.

A controladoria, responsável pela gestão econômica da empresa, tem um papel decisivo na elaboração de modelos e sistemas de informação econômicos/financeiros de apoio aos gestores na tomada de decisões, por meio da indicação de alternativas, com base em avaliações quantitativas necessárias na formulação de diretrizes táticas para o planejamento estratégico da organização.

Todos os instrumentos de gestão à disposição dos gestores podem e devem ser constantemente aprimorados. Nesse processo de aprimoramento, por que não dizer refinamento, o uso de ferramental estatístico e matemático é absolutamente valioso. Nos instrumentos de gestão de controladoria, a empresa poderá se valer de instrumental matemático-estatístico.

A utilização de modelos contábeis baseados em métodos quantitativos tem se tornado cada vez mais frequente em decorrência do rápido desenvolvimento da tecnologia da informação e da utilização dos microcomputadores. E é tarefa dos contadores transformar dados em informações capazes de influenciar decisões e a contabilometria ajuda a identificar e compreender várias relações possíveis entre os elementos de realidade das empresas (Figueiredo e Moura, 2001).

A utilização de métodos quantitativos e controladoria denomina-se contabilometria.

As empresas, de modo geral, precisam desenvolver e utilizar ferramentas que lhes capacitem maximizar seus resultados, e, desta maneira, o desenvolvimento de um modelo de aplicação integrada de contabilometria (métodos quantitativos) no planejamento econômico é fundamental para que os gestores possam dispor de uma metodologia para um melhor gerenciamento de suas organizações.

O subsistema de simulação no planejamento econômico consiste, basicamente, em aplicar o conjunto de contabilometria às principais decisões do planejamento econômico, que necessitam de avaliação de suas alternativas.

O planejamento econômico compreende as etapas do planejamento operacional e da programação do processo de gestão.

Dentre as diversas técnicas de métodos quantitativos, a simulação, em conjunto com o atual artefato da tecnologia de informação disponível (TI), tem se mostrado extremamente útil para a avaliação de alternativas no processo decisório, uma vez que sua dinâmica é aderente à atual dinâmica do mundo dos negócios.

7.1 SIMULAÇÃO

A definição de Shannon (1975, p. 2) para a simulação é:

> o processo de planejamento de um modelo de um sistema real, e condução de experimentos com esse modelo com o objetivo tanto de entendimento do comportamento do sistema ou de avaliação das várias estratégias (dentro dos limites impostos por um critério ou um conjunto de critérios) para a operação do sistema. Assim, se entende que o processo de simulação inclui tanto a construção do modelo e o uso analítico do modelo para estudo de um problema.

Outra definição de simulação é dada por Watson e Blackstone Jr. (1989, p. 2):

> simulação é um modelo matemático que descreve o comportamento de um sistema ao longo do tempo [...] Pela observação do comportamento do modelo durante os experimentos, o analista é capaz de fazer inferências sobre o possível comportamento do sistema no mundo real.

Podemos definir, então, simulação como técnica matemática (computacional) para imitar um processo ou uma operação do mundo real por meio de um modelo. Após criado o modelo, pode-se simular mais de uma alternativa.

Conforme Shannon (1975, p. 2), a modelagem de simulação é uma metodologia experimental e aplicada que procura:

1 – descrever o comportamento dos sistemas;
2 – construir teorias ou hipóteses que explicam o comportamento observado;
3 – usar essas teorias para prever o comportamento futuro, isto é, os efeitos que serão produzidos pelas mudanças no sistema ou nos seus métodos de operação.

Com relação à técnica de simulação por computador, Naylor (1971, p. 2) assim a define:

simulação computacional é uma técnica numérica para conduzir experimentos com certos tipos de modelos matemáticos que descrevem o comportamento de um sistema num computador digital sobre um período de tempo.

Segundo Naylor (1971), um modelo que leva a ser analisado pela simulação é caracterizado pelo seguinte:

1 – muitas variáveis X e suas funções;
2 – variáveis randômicas e suas distribuições;
3 – muitos parâmetros;
4 – muitas ligações entre os elementos do modelo;
5 – não linearidade;
6 – restrições combinadas;
7 – uma resposta (ou respostas) que podem ou não ter um caminho no tempo.

Neste capítulo, falamos de simulação como uma técnica de previsão, mas basicamente centrada no conceito de simulação computacional, ou seja, a utilização de ferramental informático para a introdução e o desenvolvimento de modelos matemáticos que representem sistemas e possamos utilizar o conceito de simulação.

7.2 PLANEJAMENTO ECONÔMICO

O planejamento econômico compreende o planejamento operacional e o planejamento orçamentário.

É a mensuração econômica e financeira dos planejamentos operacional e orçamentário.

7.2.1 Planejamento operacional

É a etapa onde as diretrizes e os planos estratégicos passam a ser trabalhados, ou seja, quando as definições estratégicas são operacionalizadas. Nesta etapa, elaboram-se os planos alternativos de ação para os projetos determinados no planejamento estratégico. Exemplificando, se a empresa tomou uma diretriz estratégica de uma nova planta fabril ou uma nova linha de negócios, esta etapa compreende o processo de pôr em prática essas definições estratégicas.

Portanto, é no planejamento operacional que ocorre a operacionalização das estratégias definidas. Os objetivos traçados pelo plano estratégico da empresa são implementados por meio do planejamento operacional, com a definição de planos e objetivos operacionais visando as melhores maneiras e alternativas para a sua realização.

Planejamento operacional é uma fase do processo de gestão que consiste na identificação, integração e avaliação de alternativas de ação e deve acontecer com a participação dos gestores das diversas áreas da empresa e corresponde à fase em que os recursos são consumidos e os produtos são gerados (Catelli, 2015).

O planejamento operacional é um processo de curto, médio e longo prazos, pois, por meio do planejamento estratégico, elaboram-se as premissas para serem implementadas no sistema físico-operacional das organizações na execução das atividades, viabilização dos projetos e serviços planejados. Desta maneira, o planejamento operacional está ligado diretamente à execução e ao controle das metas definidas pelo planejamento estratégico, bem como à estrutura básica do balanço patrimonial das organizações, ou seja, o ativo e o passivo, caracterizando-se pela determinação da estrutura do ativo desejada e, em seguida, pela determinação da estrutura do passivo necessária para financiar e viabilizar o investimento do ativo para cada projeto.

7.2.2 Plano orçamentário

No processo de planejamento, temos a etapa do planejamento orçamentário, que consiste na elaboração de planos operacionais de produção e vendas com as suas devidas mensurações econômico-financeiras, para que o processo de viabilidade de cada projeto elaborado pela organização possa ser analisado de maneira que somente os que obtenham retornos acima dos custos de capital sejam realmente implementados.

O planejamento orçamentário consiste em colocar em prática a etapa do processo de gestão denominada programação. O plano orçamentário consiste em mensurar quantitativa e monetariamente os planos operacionais previstos para o próximo exercício. Contempla as operações correntes planejadas para o próximo ano e o impacto dos projetos do planejamento operacional que afetarão as finanças do próximo exercício.

Um orçamento pode ser definido como (Stedry, 1999, p. 22):

> A expressão quantitativa de um plano de ação e uma ajuda à coordenação e implementação de um plano.

Outra conceituação sobre orçamento é deixar claro sua integração absoluta com o sistema de informação contábil. Assim, podemos dizer que o orçamento implica processar os dados constantes do sistema de informação contábil atual, introduzindo os dados previstos e considerando as alterações já definidas para o próximo exercício.

Para que o sistema orçamentário seja caracterizado objetivamente como tal, implica as seguintes características fundamentais e indispensáveis:

a) Deve ser formal, pois tem que atingir todos os responsáveis reconhecidos na hierarquia da empresa, que têm responsabilidade e um grau de autoridade;
b) É objetivamente um plano de curto prazo, pois seu foco é o planejamento em detalhes para o próximo exercício contábil;
c) Deve utilizar as operações da estrutura empresarial existente em conjunto com as alterações estruturais já planejadas para o próximo exercício;
d) Deve obedecer rigidamente a estrutura informacional contábil de contas e centros de custos;
e) As peças orçamentárias devem descer ao menor nível de decisão da empresa onde há custos ou receitas controláveis.

Os objetivos da organização devem estar alinhados com os objetivos de todas as suas áreas e departamentos. Desta maneira, o processo orçamentário deve ser realizado com a participação de toda a estrutura hierárquica com poderes para a sua idealização, em que também deverá sempre prevalecer os critérios e considerações da organização em caso de dúvidas.

Com base na Figura 7.1, pode-se visualizar um resumo do esquema geral de um plano orçamentário. As premissas determinadas pelo planejamento e suas diretrizes direcionam os gestores a perceber as limitações da estrutura patrimonial das organizações, justificando e exigindo uma análise crítica dos cenários construídos para, então, poderem estudar e implementar modificações, caso julguem necessário.

O plano orçamentário mensura os planos operacionais da organização por meio da simulação das demonstrações financeiras, permitindo um controle antecipado de todas as atividades envolvidas no processo decisório.

Na prática, o trabalho de coordenação e de manipulação dos dados para as projeções das demonstrações contábeis restringe-se em levantar os dados do balanço patrimonial e da demonstração do resultado iniciais, determinação do balanço patrimonial final em relação aos resultados obtidos com base na projeção estimada e, finalmente, os efeitos provocados no fluxo de caixa da organização.

A principal variável que vincula o planejamento estratégico ao planejamento operacional é a previsão das receitas de vendas e prestação de serviços para os próximos anos. Desta maneira, o processo de simulação no planeja-

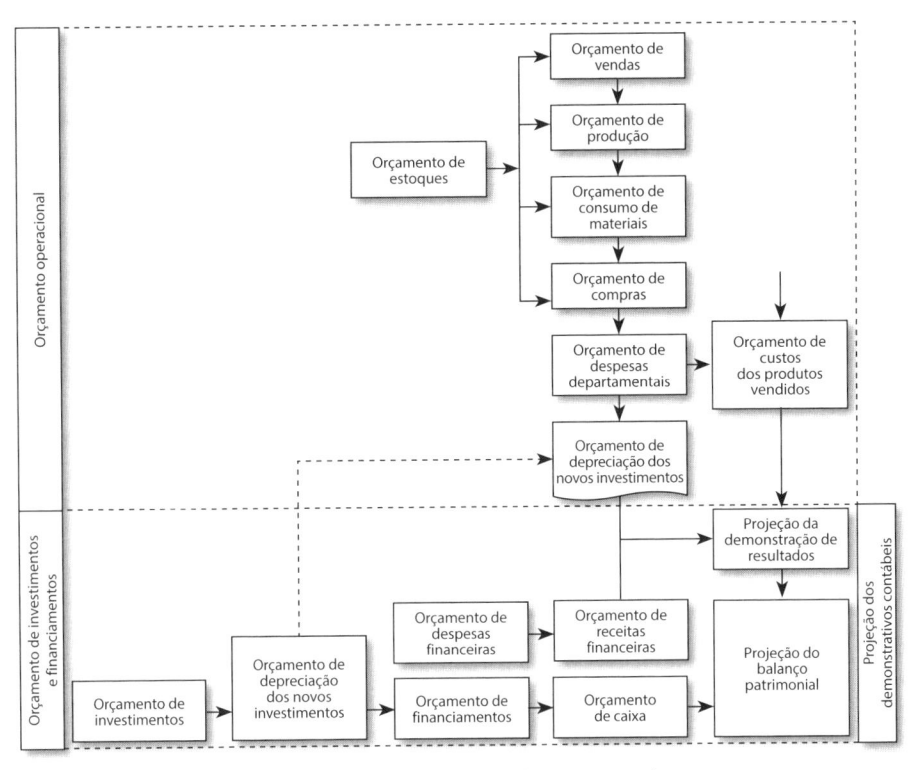

Figura 7.1 Esquema geral do plano orçamentário.
Fonte: elaborada pelo autor.

mento econômico tem como referência básica a estimativa da previsão de vendas e receita operacional para os próximos exercícios.

7.3 SIMULAÇÃO NO PLANEJAMENTO ECONÔMICO[1]

O modelo de simulação na controladoria deve contemplar variáveis macroeconômicas contidas também no planejamento estratégico; para tanto a estrutura organizacional e de negócios da empresa deve estar alinhada aos objetivos – metas – estratégias, a fim de potencializar o poder decisório da informação contábil. Sabendo que os ciclos de uma empresa podem ser classificados em operacional, econômico e financeiro, a estrutura de planejamento deverá ser tratada na mesma óptica respeitando os aspectos temporais imbuídos na informação contábil. Logo, o planejamento deverá ser dividido em econômico (item 7.2), operacional (item 7.4) e orçamentário (item 7.5).

---
[1] Baseado em Francischetti (2015).

A estimativa das vendas para os próximos períodos terá sempre como referência as diretrizes do planejamento estratégico, diretrizes essas que são determinadas por meio da leitura do ambiente e dos cenários, em conjunto com os objetivos estratégicos da companhia. Deste conjunto de variáveis assumidas, a empresa estrutura as premissas orçamentárias para os próximos períodos, das quais, a previsão das vendas é a primeira a ser determinada, uma vez que, por meio da previsão de vendas, é que as outras peças orçamentárias podem ser projetadas. Esta visão de integração pode ser vista na Figura 7.2.

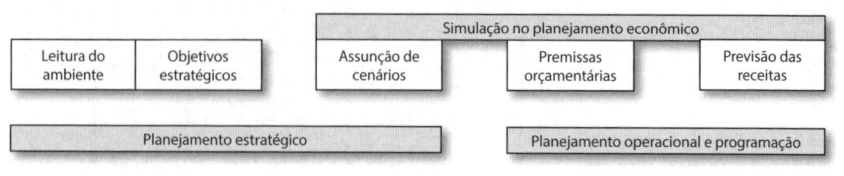

Figura 7.2 Simulação no planejamento econômico – ligação da estratégia ao planejamento operacional.
Fonte: elaborada pelo autor.

A assunção de cenários significa assumir as variáveis macroeconômicas que a empresa julga que prevalecerão para os próximos períodos e que têm correlação direta ou indireta com o desempenho futuro das vendas da companhia. As variáveis macroeconômicas mais importantes normalmente são:

- expectativa de crescimento ou redução do PIB dos mercados onde a empresa atua;
- expectativa dos principais índices de inflação que podem afetar as transações da empresa (IPCA, IGPM etc.);
- expectativa das taxas de juros primárias, secundárias e terciárias (Selic, CDI, Poupança, TJLP, Libor, *Prime Rate*, Euribor[2] etc.);
- expectativa das variações das taxas de câmbio das principais moedas estrangeiras;
- expectativa da variação das taxas de desemprego;
- expectativa de crescimento ou redução do nível de atividade do setor de atuação da empresa etc.

Caracterizamos como um sistema de informação de controladoria estratégica a realização sistemática de um processo de aplicação de métodos quantita-

---

[2] Selic é a taxa básica de juros determinada pelo Banco Central do Brasil; CDI é a taxa interbancária dos bancos mais importantes brasileiros; TJLP é a taxa básica de juros do BNDES; Libor – London Interbank Offered Rate é a taxa básica de juros da Grã-Bretanha; *Prime Rate* é a taxa básica de juros dos principais bancos norte-americanos; Euribor é a taxa básica de juros do Banco Central Europeu.

tivos (contabilometria) que possa identificar as possíveis correlações entre as variáveis macroeconômicas e o desempenho futuro da empresa em termos de vendas e receitas. A este sistema estruturado denominamos de simulação no planejamento econômico.

A simulação no planejamento econômico significa a aplicação de métodos quantitativos (pesquisa operacional, simulação de Monte Carlo, regressão linear simples e múltipla etc.) numa análise histórica com dados de longo prazo (dez, vinte anos), correlacionando as variáveis macroeconômicas que a empresa entende que são as relevantes para o seu negócio, com o desempenho de suas receitas.

Por meio da identificação de correlações estatísticas positivas, a empresa tem condições de simular várias alternativas de crescimento, baseadas em dados estratégicos, fazendo a integração entre o planejamento estratégico e o planejamento operacional e programação.

7.4 APLICAÇÃO DE MÉTODOS QUANTITATIVOS

O método quantitativo baseia-se no emprego da quantificação, tanto nas modalidades de coleta de informações quanto no tratamento delas por meio de técnicas estatísticas. Representa, em princípio, a intenção de garantir a precisão dos resultados, evitar distorções de análise e interpretação, possibilitando, consequentemente, uma margem de segurança quanto às inferências. É frequentemente aplicado nos estudos descritivos, naqueles que procuram descobrir e classificar a relação entre variáveis, bem como nos que investigam a relação entre fenômenos (Richardson, 2008).

Várias são as ferramentas no estudo dos métodos quantitativos que estão à disposição para geração de informações úteis ao processo decisório. Dentre elas, estão os conhecimentos contidos na matemática, na estatística, na física, na pesquisa operacional etc., além do acompanhamento e desenvolvimento de modelos e simulações computacionais cada vez mais complexos.

A pesquisa operacional é a busca da melhor utilização de recursos e processos por meio de métodos científicos, possibilitando avaliar linhas de ação alternativas e encontrar as soluções que melhor servem aos objetivos dos indivíduos e/ou organizações (Sobrapo, 2015).

Conforme Lanchtermacher (2004) e Belfiore e Fávero (2012), a pesquisa operacional é uma ferramenta que oferece aos gestores, por meio do uso dos métodos quantitativos, modelos matemáticos, estatísticos e algoritmos computacionais, condições para a criação de simulações e avaliações de alternativas de investimentos com base nas condições e restrições existentes no momento e que ofereçam as melhores vantagens competitivas envolvidas nas atividades de negócios.

Eom e Kim (2006) apresentam uma classificação das ferramentas utilizadas pela pesquisa operacional, divididas em três grupos:
a) modelos determinísticos: programação linear, programação em redes, programação binária e inteira, programação não linear, programação por metas ou multiobjetivo e programação dinâmica determinística.
b) modelos estocásticos: teoria das filas, modelos de simulação, programação dinâmica estocástia (cadeias de Markov) e teoria dos jogos.
c) outras técnicas: metodologia multicritério de apoio a decisão (AHP), análise envoltória de dados (DEA), inteligência artificial, inteligência computacional, heurísticas e meta-heurísticas.

Entende-se por modelos determinísticos aqueles resolvidos por métodos analíticos ou sistema de equações, uma vez que, na sua formulação, têm-se conhecimento de todas as variáveis envolvidas. Os modelos estocásticos utilizam variáveis aleatórias e funções de probabilidade. Podem gerar mais de uma solução e buscam analisar diferentes cenários. Esses modelos são geralmente resolvidos por programas de computador, uma vez que deverá realizar todas as simulações determinadas pelo modelo. Já as outras técnicas estão sendo adicionadas à pesquisa operacional devido ao desenvolvimento computacional, pois, com uma maior capacidade de processamento e de armazenamento de dados, pode-se executar operações de simulação envolvendo interações cada vez mais complexas.

A utilização dos métodos quantitativos na geração de informações para tomada de decisão constitui ferramenta importante na gestão das organizações. A principal estrutura informacional para tomada de decisões financeiras nas organizações é dada pelo sistema de informação contábil.

O uso de métodos quantitativos na contabilidade é de grande relevância para a criação de cenários e modelos contábeis que possam auxiliar os gestores em suas tomadas de decisões.

Pode-se dizer que o uso da tecnologia ou dos métodos computacionais nos métodos quantitativos e em suas aplicações em modelos de simulação e otimização enfatiza claramente uma crescente dependência entre eles, uma vez que, quanto mais informatizado, mais complexo e detalhado poderá ser o modelo. Suas principais vantagens são:
a) poder realizar um grande número de experimentos e previsões;
b) permitir uma inter-relação entre as operações e o subsistema da organização, onde para cada alteração de parâmetros é possível verificar sua influência nas simulações futuras; e
c) facilitar o acompanhamento e a participação de toda a gestão das organizações no processo de tomada de decisão.

No desenvolvimento e aplicação de modelos de simulação, pode-se utilizar uma grande variedade de *softwares*, como: Xpress-MP (Dash Associates), LINDO (LINDO Systems), MINOS (Stanford Business Systems), MatLab, Minitab, Crystal Ball (Oracle), SisVar, Greatl etc., ou simplesmente uma planilha eletrônica. O Microsoft Excel possui um suplemento denominado Solver, que possibilita a solução de problemas de programação linear e não linear, sendo capaz de resolver problemas com até 200 variáveis de decisão e 100 restrições, para a determinação da solução ótima de um modelo.

7.5 MODELO DE SIMULAÇÃO NO PLANEJAMENTO ECONÔMICO

Os modelos de simulação representam uma ferramenta para avaliação e verificação da consistência dos objetivos em relação às ameaças e às oportunidades do mercado, pois simulam todas as situações possíveis, tanto no presente quanto no futuro, correlacionando seu desempenho com os resultados esperados ou projetados.

Para uma aplicação de simulação que integre o planejamento estratégico, o planejamento operacional e o planejamento orçamentário, para oferecer um plano que permita disponibilizar ao mesmo tempo as principais políticas de tomadas de decisão e determinação do planejamento econômico e empresarial das organizações, seguem-se os seguintes passos conforme representação da Figura 7.3:

```
        INÍCIO                                    ( 1 )
           │                                        │
           ▼                                        ▼
   Escolha empresa                        Elaboração do modelo
   (objeto de estudo)                        de simulação
           │                                        │
           ▼                                        ▼
   Coleta de dados das                  Determinação das distribuições de
   demonstrações contábeis              probabilidades das variáveis
           │                                        │
           ▼                                        ▼
   Determinação da variável dependente:    Aplicação do método
   receita operacional líquida              de Monte Carlo
           │                                        │
           ▼                                        ▼
   Coleta das variáveis macroeconômicas:   Objetivos e metas:
   variáveis independentes                 planejamento estratégico
           │                                        │
           ▼                                        ▼
   Descrição, relações e conversões      Análise e determinação das
   de unidades das variáveis             premissas orçamentárias
           │                                        │
           ▼                                        ▼
   Aplicação do método dos mínimos quadrados e   Projeção orçamentária
   determinação do modelo de regressão
           │                                        │
           ▼                                        ▼
   Teste do modelo                        Projeção DRE:
   de regressão                           lucro operacional
           │                                        │
           ▼                                        ▼
   Validação do                          Conclusão do planejamento
   modelo                                econômico
   de regressão                                    │
           │                                        ▼
           ▼                                      FIM
         ( 1 )
```

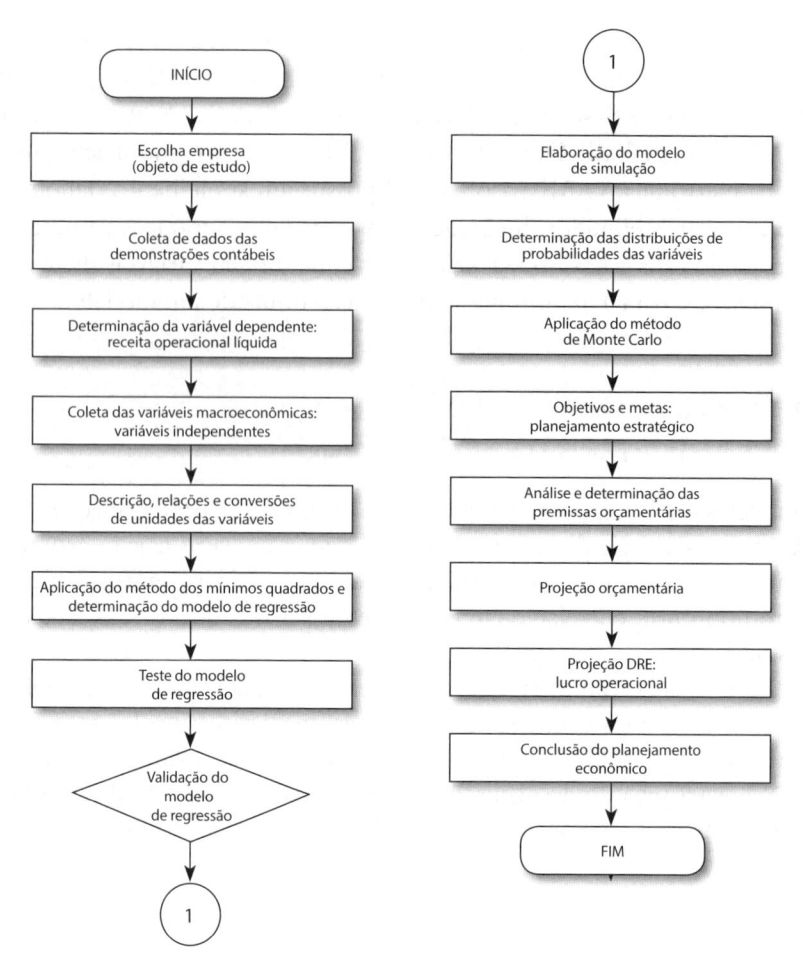

Figura 7.3 Fluxograma do modelo de simulação no planejamento econômico (Francischetti, 2015, p. 101).

Com base na Figura 7.3, o fluxograma do modelo de simulação do planejamento econômico, evidenciam-se:

a) escolha e determinação da organização que será objeto de estudo;
b) coleta das demonstrações contábeis da organização;
c) determinação das vendas ou receita operacional líquida da organização como variável dependente;
d) coleta e levantamento pelos órgãos competentes das variáveis macroeconômicas para as variáveis independentes;
e) descrição, relações, cálculos e conversões de unidades das variáveis dependente e independentes;

f) aplicação do método dos mínimos quadrados, para determinar a relação matemática entre as variáveis, por meio de uma equação de regressão múltipla;
g) estudo e avaliação dos coeficientes de correlação, teste de hipóteses, análise de variância e análise da regressão, para validar o modelo representado pela equação da regressão múltipla;
h) teste da regressão e comparação dos resultados com as variações reais para validar o modelo representado pela equação da regressão múltipla. Caso seja necessário, voltar ao item e;
i) elaboração do modelo matemático de simulação entre a variável dependente e as variáveis independentes;
j) determinação e verificação da distribuição de probabilidade para cada variável independente em relação à variável dependente;
k) aplicação do modelo de simulação no método de Monte Carlo;
l) determinação das metas e objetivos para o planejamento estratégico;
m) determinação e análise das premissas apontadas pelo modelo de simulação para a variável dependente;
n) realização da projeção orçamentária com base nas premissas determinadas pelo modelo de simulação;
o) apuração da projeção da demonstração do resultado do exercício (DRE) e do lucro operacional;
p) conclusão e finalização do planejamento econômico.

Em decorrência das constantes mutações econômicas e variações dos mercados, necessita-se gerar uma grande quantidade de cenários para compor os resultados do modelo e, consequentemente, oferecer uma visão mais detalhada da realidade.

7.6 MÉTODO DE SIMULAÇÃO DE MONTE CARLO

O método de simulação de Monte Carlo, atualmente, vem sendo uma importante ferramenta para a construção de modelos de simulação, pois com base em premissas estocásticas ou aleatórias podem ser gerados cenários que imitam situações reais de mercado e permitem que as decisões possam ser tomadas com maior precisão. A simulação de Monte Carlo é um processo de amostragem, cujo objetivo é permitir a observação dos resultados de uma variável em relação ao comportamento de outras variáveis que possuem elementos de incerteza para a sua determinação. Embora seja um conceito simples, a operacionalização desse processo requer o auxílio de modelos e métodos matemáticos, e a base para o processo de amostragem é a geração de números aleatórios, em que são produzidas as distribuições da variável dependente, tomando por base as premissas e as distribuições vinculadas às variáveis independentes de entrada e suas inter-relações.

As premissas determinadas pelo modelo de simulação com base no modelo de Monte Carlo, devem ser o mais próximo da realidade econômica e política do mercado para então determinar, com base nos resultados obtidos, a sua rentabilidade ao longo do período ou períodos em análise. Desta maneira, apresenta-se, a seguir, a descrição das variáveis coletadas no mercado para a formulação da aplicação proposta.

7.7 *CASE* DE APLICAÇÃO DE SIMULAÇÃO NO PLANEJAMENTO ECONÔMICO

Uma preocupação dentro da gestão das organizações está em mensurar a quantidade de produtos e serviços que serão demandados pelo mercado, de maneira que se possa conhecer, com certa precisão, quais os ganhos e as necessidades de investimentos necessários para atender às demandas do mercado.

Em uma aplicação de simulação no processo de planejamento econômico, planejamentos operacional e orçamentário, deve-se utilizar o método dos mínimos quadrados para a construção de uma regressão linear múltipla e a análise estatística multivariada de dados para validar as correlações entre as variáveis independentes com a variável dependente do modelo. Dentro da gestão das organizações, existe sempre a preocupação em saber quantificar a quantidade de produtos e serviços demandados pelo mercado. O planejamento orçamentário geralmente se inicia pelo orçamento das vendas, com a determinação das quantidades orçadas para o próximo período. Já o planejamento operacional é decorrente justamente da percepção da demanda do mercado e, desta maneira, verifica-se a interdependência entre o planejamento operacional e o orçamentário conectados pela previsão das vendas, para então gerar as projeções de investimentos necessários para maximizar os resultados das organizações, de acordo com os estudos oriundos das necessidades do mercado contrabalanceadas pelas restrições de recursos decorrentes das suas estruturas patrimoniais e de resultados, no planejamento estratégico.

Para o nosso exemplo, utilizaram-se os valores da receita operacional líquida (vendas) anuais, de 1996 até 2014, de uma organização que atua no ramo de varejo.

O pressuposto básico desta simulação é que a evolução prospectiva da receita operacional líquida de uma empresa seja decorrente ou contenha estreita relação com as principais variáveis macroeconômicas consideradas relevantes no mercado (PIB, IPCA, taxa Selic, taxa da caderneta de poupança, taxa de desemprego e taxa de câmbio).

A receita operacional líquida da organização deve ser corrigida pelo Índice Nacional de Preços ao Consumidor Amplo (IPCA), que é obtido dividindo-se o valor original pelo fator de correção acumulado do período anterior. As taxas do IPCA são taxas compostas, pois medem a inflação mensal do período e, desta forma, aplica-se:

$$\text{Valor Futuro}_t = \text{Valor Atual}_{t-1}\,(1 + \text{IPCA}) \quad (1)$$

As variações anuais do Produto Interno Bruto (PIB), da taxa Selic, do IPCA, da taxa da caderneta de poupança, da taxa de desemprego e da taxa de câmbio serão correlacionadas em uma regressão múltipla para a aplicação do modelo de simulação com o planejamento estratégico e econômico da empresa, usando a simulação de Monte Carlo e, desta maneira, verificar o impacto das oscilações das variáveis macroeconômicas sobre as vendas do período analisado para gerar parâmetros de comparação com o intuito de maximizar o resultado econômico da empresa.

7.7.1 Determinação da equação do modelo de regressão

Para a aplicação integrada de contabilometria no planejamento estratégico, operacional e orçamentário proposto, necessita-se de um ajuste e tratamento das séries temporais das variáveis envolvidas. Neste caso, utilizou-se uma regressão múltipla em painel de dados, como metodologia estatística de previsão para a receita operacional líquida (variável dependente), a fim de determinar por meio da correlação entre as suas variáveis explicativas (variáveis independentes) o quanto estariam oscilando os seus valores toda vez que houver alterações no PIB, na taxa Selic, no IPCA, na taxa da caderneta de poupança, na taxa de desemprego e na taxa de câmbio.

Modelos de análise de regressão são muito utilizados em diversas áreas, como na computação, na administração, nas engenharias, na economia, na saúde etc. O principal objetivo desta técnica é determinar uma equação que explique a relação entre uma variável dependente ou variável resposta com uma ou mais variáveis independentes ou variáveis explicativas, para poder gerar predições de valores toda vez que ocorrerem alterações de resultados entre as variáveis correlacionadas, ou seja:

$$Y = a + b_1X_1 + b_2X_2 + b_3X_3 + b_4X_4 + b_5X_5 + b_6X_6 + \mathcal{E} \qquad (2)$$

onde:

- Y = é a estimativa da variável dependente;
- X_n = variáveis independentes;
- a = constante = intercepto múltiplo no eixo Y, para quando $X_n = 0$;
- b_n = constante = coeficientes de regressão ou determinação de cada uma das variáveis X_n.
- $\mathcal{E}$ = erro

O coeficiente de regressão ou de determinação representa a variação esperada na receita operacional líquida (Y) em função da variação de uma unidade em uma ou mais das variáveis X_n.

7.7.2 Análise multivariada dos dados

Com relação à consideração de variáveis macroeconômicas em um modelo de simulação, haverá sempre um maior risco na tomada de decisões, toda vez que houver um grau de incerteza para a determinação de suas variações na economia do país.

A análise multivariada de dados refere-se aos métodos estatísticos que analisam simultaneamente as relações entre as múltiplas variáveis existentes em um modelo (Hair et al., 2009). Na análise multivariada, pode-se determinar as relações interdependentes entre as variáveis do modelo, por meio da análise de agrupamentos, em que para uma amostra de "n" objetos, cada um deles medido segundo "p" variáveis, procura um esquema de classificação que possa agrupar os objetos em "g" grupos (Everitt et al., 2010). Os resultados da análise de agrupamentos podem ser afetados toda vez que houver a inclusão de uma ou mais variáveis inadequadas ao modelo (Milligan, 1980).

7.7.3 Função da regressão

Com base nas variações obtidas em cada uma das variáveis independentes e da variável dependente (receita operacional líquida), conforme se pode observar na Tabela 7.1, os resultados são obtidos pelo método dos mínimos quadrados (MMQ) para o ajuste da regressão múltipla para as variações percentuais anuais da receita operacional líquida (Y) e suas variáveis independentes.

Tabela 7.1 Variações das variáveis dependente e independentes

Ano	Variação (%)						
	Receita operacional líquida	Produto Interno Bruto	Taxa de juros	Taxa de inflação	Caderneta de poupança	Taxa de desemprego	Taxa de câmbio
	Y RCL	X1 PIB	X2 Selic	X3 IPCA	X4 POUP.	X5 DESEMP.	X6 CÂMBIO
1996	-55,87	2,20	-24,32	-12,85	-25,07	15,10	6,88
1997	-8,44	3,40	16,05	-4,34	-0,83	16,00	7,41
1998	-15,07	0,40	-9,00	-3,56	-0,97	18,20	8,27
1999	-33,13	0,50	-10,00	7,28	-2,34	19,30	48,01
2000	3,24	4,40	-3,25	-2,97	-4,14	17,60	9,30
2001	-4,78	1,30	3,25	1,70	-0,12	17,00	18,67
2002	-4,38	3,10	6,00	4,86	0,48	19,00	52,27
2003	3,59	1,20	-8,50	-3,23	2,33	12,30	-18,23
2004	9,94	5,70	-0,12	-1,70	-3,25	11,40	-8,13
2005	3,31	3,10	2,75	-1,91	1,15	9,80	-11,82
2006	15,97	4,00	-4,22	-2,55	-0,78	9,90	-8,66
2007	18,99	6,00	-2,87	1,32	-0,61	9,30	-17,15
2008	19,93	5,00	0,41	1,45	-0,06	7,80	31,94
2009	9,08	-0,20	-2,32	-1,59	-0,65	8,10	-25,49
2010	10,90	7,60	-0,23	1,60	-0,29	6,70	-4,31
2011	5,89	3,90	1,86	0,59	0,69	6,00	12,58
2012	7,75	1,80	-3,14	-0,66	-0,93	5,50	8,94
2013	7,34	2,70	-0,33	0,07	-0,26	5,40	14,64
2014	3,39	0,10	2,67	0,50	0,470	4,80	13,39
ANÁLISE DE DISPERSÃO							
Média	2,45	2,96	-1,86	-0,84	-1,84	11,57	7,29
Desvio padrão	12,30	2,12	7,79	4,01	5,66	5,01	20,34
Mínimo	-33,13	-0,20	-24,32	-12,85	-25,07	4,80	-25,49
Máximo	19,98	7,60	16,05	7,28	2,33	19,30	52,27
Curtose	2,32	0,48	3,46	3,62	16,19	-1,52	0,27
Variância	151,34	4,49	60,72	16,05	32,07	25,11	413,71
Mediana	3,59	3,10	-0,33	-0,66	-0,61	9,90	8,27
Pearson	1,00	0,56	0,18	-0,10	0,20	-0,72	-0,52
Assimetria	-1,21	0,38	-0,72	-0,98	-3,90	0,26	0,63
Cauda	Esquerda	Esquerda	Esquerda	Esquerda	Esquerda	Direita	Esquerda

Fonte: elaborada pelo autor.

Os resultados obtidos pelo método dos mínimos quadrados (MMQ) para o ajuste da regressão múltipla para as variações percentuais anuais da receita operacional líquida (Y) e suas variáveis independentes devem passar por uma validação pela análise multivariada de dados.

7.7.4 Ajuste das variáveis da regressão

No intuito de obter um grau de precisão cada vez maior em relação aos coeficientes, correlações e testes de significância, realizou-se uma melhor análise em relação às variáveis independentes.

Para realizar-se as correções e os ajustes necessários nos coeficientes da regressão múltipla, que estima as variações da receita operacional líquida (Y) em função das variações do PIB (X1) e da taxa de desemprego (X5), das variações dos pontos percentuais da taxa Selic (X2), da taxa do IPCA (X3), da taxa da caderneta de poupança (X4) e da variação percentual da taxa da câmbio (X6), utilizou-se o *software* estatístico Gretl.

O Gretl é um pacote estatístico livre e multiplataforma desenvolvido, principalmente, para ser usado em pesquisas econométricas. Ele permite a aplicação de uma ampla variedade de técnicas econométricas e possui maior flexibilidade na determinação de estimadores ou coeficientes, baseados no método dos mínimos quadrados, máxima verossimilhança e método dos momentos generalizados, podendo ser utilizado na análise de diversos tipos de dados, como séries temporais, dados de corte transversal (*cross-section*) e dados em painel (Andrade, 2015).

Nosso principal objetivo é determinar uma equação que explique a relação entre uma variável dependente e as variáveis independentes ou variáveis explicativas, por meio da geração do método dos mínimos quadrados (MMQ) de coeficientes que possam representar uma relação com níveis de significância entre 1%, 5% e 10% e que sejam validados na análise de regressão múltipla, apresentando resultados de R^2, R^2 ajustado e testes F de Snedecor e F de significação ou p-valor, condizentes com a efetivação de previsões futuras da receita operacional líquida.

7.7.5 Ajuste de dados: defasagem temporal

Com base nas relações entre a variável dependente e as variáveis independentes, deve-se levar em consideração aspectos temporais para uma melhor estimativa dos coeficientes da regressão múltipla. Nesse caso, pode-se usar uma análise de regressão por modelos de defasagem, pois a relação entre as variáveis raramente são instantâneas e a variável dependente pode reagir somente após um determinado tempo (defasagem) após a variação em uma ou mais de suas variáveis independentes (Gujarati, 2011).

Pela análise exploratória do conjunto de dados, verificou-se um comportamento discrepante em relação à maioria das oscilações das variáveis. Nesse caso, busca-se a aplicação de métodos robustos em relação às diferenças observadas pelo modelo linear para com seus pressupostos. As técnicas de regressão robusta fornecem o entendimento das relações da regressão por mínimos quadrados na relação linear entre as variáveis independentes e a dependente, com os erros normalmente distribuídos. Para a análise e verificação da não influência de inconsistências com o conjunto de dados do modelo, deve-se incluir a reanálise excluindo-se as observações que estão provocando, dependendo das circunstâncias, tais inconsistências.

A estatística robusta busca produzir estimadores que possam ser considerados consistentes e razoavelmente eficientes, estatísticas de teste com nível estável e poder considerável, quando o modelo não é bem especificado (Heritier et al., 2009).

Por meio do *software* Gretl, realizou-se o tratamento das variáveis dependente e independentes ao longo do período analisado com o intuito de buscar eventuais distorções provocadas pela relação dos dados ao longo do tempo (séries temporais) com base, desta vez, em defasagens.

Quando inserimos variáveis que descrevem a evolução da economia em um modelo, necessita-se verificar as suas reações ao longo do tempo.

> Os formuladores da política econômica sem dúvida têm conhecimento dos efeitos defasados de suas ações. Para efetuar modificações na política, devem levar em conta o momento das modificações e o tempo necessário para que seus efeitos se façam sentir. Para formular uma política, eles devem saber quanto da modificação ocorrerá no instante em que ela ocorre, quanto ocorrerá um mês após, quanto ocorrerá dois meses após e assim por diante (Hill; Griffiths; Judge, 2003, p. 370).

Após o processamento realizado pelo *software* Gretl identificou-se a melhor regressão múltipla que representa as variações da receita operacional líquida (Y) em função da existência de defasagem no modelo. Constatou-se a necessidade de exclusão das variáveis independentes: a) a taxa de juros da caderneta de poupança (X4) e b) a taxa Selic (X2).

Com as mudanças e os ajustes nos coeficientes e a alteração realizada na base de dados em consideração às defasagens, constatou-se uma nova equação de regressão múltipla, determinada com base em uma nova disposição dos dados ao longo do período de 1996 a 2014.

$$Y^* = 10{,}8397 + 2{,}56033 X_1 + 1{,}00739 X_3 - 1{,}10329 X_5 - 0{,}205424 X_6 \quad (3)$$

Para a determinação desta equação de regressão múltipla, verificou-se uma relação que satisfizesse o intervalo de 1% para o p-valor, que representa o seu grau de precisão de cada uma das variáveis independentes, assim como coeficiente de correlação, R^2 e R^2 ajustado que possam explicar a conexão entre as variáveis do modelo o mais próximo dos 100%, um melhor valor para o teste F ou um p-valor(F) que seja o mais reduzido e próximo de zero com um desvio padrão bem pequeno, conforme evidenciado na Tabela 7.2:

Tabela 7.2 Coeficientes da regressão múltipla

MOO, usando as observações 1997-2014 (T = 18) Variável dependente: ROL					
Coeficientes da regressão	Erro padrão	razão-*t*	*p*-valor	Significância	
const.	10,8397	5,01978	2,1594	0,05009	"	10%
PI8	2,56033	0,737219	3,473	0,00412	""	1%
IPCA_1	1,00739	0,382706	2,6323	0,0207	""	5%
DESEMP_1	-1,10329	0,336268	-3,281	0,00596	"""	1%
CÂMBIO	-0,205424	0,0784154	-2,6197	0,0212	""	5%

Média var. dependente	2,917109	D. P. var. dependente	12,83915
Soma resid. quadrados	575,8489	E. P. da regressão	6,655529
R-quadrado	0,794512	R-quadrado ajustado	0,731285
F (6.11)	12,56598	P-valor(F)	0,00021
Log da verossimilhança	-56,73016	Critério de Akaike	123,4603
Critério de Schwartz	127.9122	Critério Hannan-Quinn	124,0742
ρ	0,299846	Durbim-Watson	1,383311

Fonte: elaborada pelo autor.

Após as análises e a definição da equação da regressão múltipla e a validação da sua eficácia em relação às variações das variáveis do modelo, verifica-se a estruturação de aplicação integrada de contabilometria no processo de planejamento econômico da organização em estudo. Determinou-se a distribuição normal de probabilidade para direcionar as simulações dos números aleatórios com base na média e no desvio padrão das variações em estudo.

Por meio da simulação de Monte Carlo, gerou-se 10.000 (dez mil) variações aleatórias pelo simulador do Microsoft Excel, para cada uma das variáveis independentes e o seu resultado, com base nos coeficientes do modelo da regressão múltipla para a receita operacional líquida estimada (Y*) que pode ser visualizado na Figura 7.4:

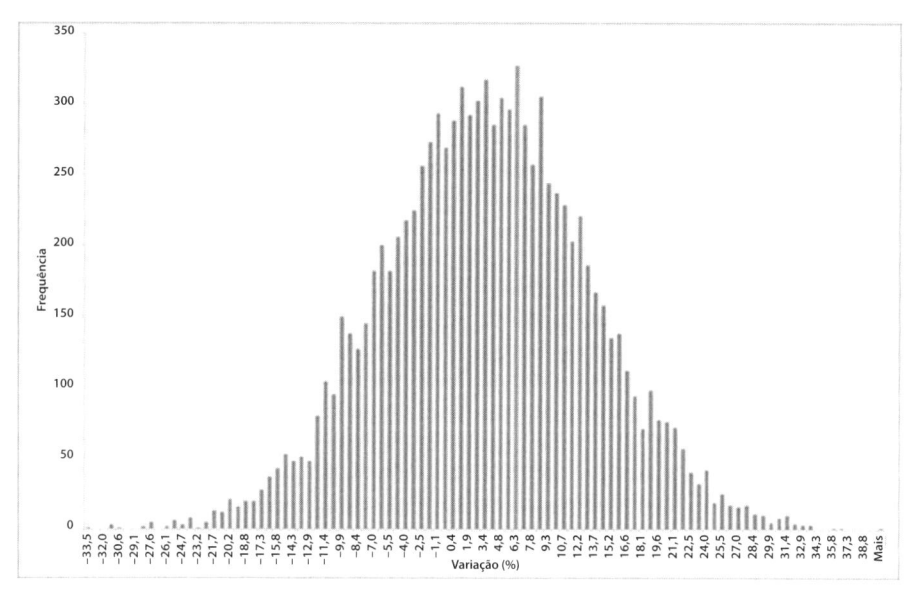

Figura 7.4 Distribuição de frequência da receita operacional líquida.

Fonte: elaborada pelo autor.

A distribuição das variações da receita operacional líquida, dividida em blocos no eixo x, representa as variações acumuladas entre os seus intervalos. No caso da maior barra representada pela variação de 5%, entende-se que no intervalo entre 5% e 10% encontram-se os resultados com maior probabilidade de ocorrência para a receita operacional líquida.

7.7.6 Simulações do modelo de simulação

Após a realização da simulação de 10.000 variações aleatórias para as variáveis independentes do nosso modelo de aplicação integrada, pode-se gerar consultas e relatórios envolvendo as estimativas de projeções para cada situação. Desta maneira, buscou-se as variações descritas na simulação de Monte Carlo que apresentaram variação de 1% para o PIB. Observou-se os resultados na Tabela 7.3:

Tabela 7.3 Simulação da receita operacional líquida para variação do PIB de 1%

Simulações	Rec. operacional líquida Y*	PIB X1	IPCA X3	Desempr. X5	Câmbio X6
75	–7,11	1,00	–1,19	18,64	–6,10
3523	8,44	1,00	3,78	8,28	–1,78
6377	6,44	1,00	0,50	5,34	7,64
6561	–5,02	1,00	2,08	18,32	1,47
7021	–9,20	1,00	3,15	15,32	43,22

Fonte: elaborada pelo autor.

A coluna Simulações representa a ordem sequencial das simulações realizadas e compreende o intervalo entre 1 e 10.000. Com base nas variações obtidas para o PIB (X1) de 1%, pode-se obter as variações da receita operacional líquida calculada pela regressão múltipla (Y*), se as variações das demais variáveis independentes oscilarem conforme demonstrado nessas simulações. Desta maneira, se o IPCA (X3) varia para 3,78%, a taxa de desemprego (X5) para 8,28% e a taxa de câmbio para –1,78%, tem-se uma variação estimada para o próximo ano, ou seja, para o ano de 2015, da receita operacional líquida (Y*) de 8,44%.

No entanto, o rigor nos resultados apurados para a receita operacional líquida estará disponível sempre que se obtiverem variações simuladas, o mais próximo das suas oscilações reais na economia do país. Nesse caso, é indispensável usar as variações reais na projeção do modelo. Os resultados apontados pela simulação de Monte Carlo apresentam uma combinação de variações que completam o modelo e permitem a realização de projeções ao longo do tempo.

7.7.7 Projeção das demonstrações contábeis

Como complemento da simulação realizada, deve-se obter, após as análises dos resultados das variações obtidas com as variáveis independentes, uma comparação com as suas variações históricas de mercado, para buscar, entre suas características, quais as que realmente possam satisfazer as condições de análise conjunta com as oscilações macroeconômicas entre o PIB, o IPCA, a taxa de desemprego e a taxa de câmbio, com a receita líquida real e a estimada. Desta maneira, obtêm-se premissas de referências para projetar o orçamento das demonstrações contábeis, tais como:

a) demonstração dos resultados;
b) balanço patrimonial;
c) fluxo de caixa;
d) demonstração das origens e aplicação de recursos.

Com base nas projeções apontadas pelo modelo de simulação de Monte Carlo, obtêm-se as prováveis variações da receita operacional líquida que serão utilizadas para gerar os resultados da projeção da Demonstração do Resultado do Exercício (DRE), considerando-se os valores médios do período em análise e suas representações percentuais (análise vertical) com a receita operacional líquida e o custo dos produtos vendidos, o lucro bruto, as despesas com vendas, as despesas administrativas e, finalmente, o lucro operacional.

Com a estimação do lucro operacional do período, pode-se produzir as demais projeções em relação ao balanço patrimonial e a demonstração de fluxo de caixa.

Na Tabela 7.4, pode-se verificar os totais e os percentuais médios da receita operacional líquida, do custo dos produtos vendidos, do lucro bruto, das despesas com vendas e administrativas e do lucro operacional calculados com base nas demonstrações financeiras anuais da organização, de janeiro de 1996 a dezembro de 2014.

Tabela 7.4 Resultados acumulados médios da Demonstração do Resultado do Exercício – DRE – de 1996 a 2014

Contas	Média anual 1996 a 2014	
	R$	Análise vertical (%)
Receita operacional líquida	7.992.284,47	100%
Custo – Produtos vendidos	5.608.407,11	70,17%
Lucro bruto	2.383.877,36	29,83%
Despesas com vendas	1.283.627,68	16,06%
Despesas administrativas	212.171,79	2,65%

Fonte: elaborada pelo autor.

Com a análise vertical, verificou-se a relação percentual entre as contas dos resultados médios da DRE e a receita operacional líquida média. O custo dos produtos vendidos e as despesas com vendas serão projetados com relação aos seus percentuais médios de 70,17% e 16,06%, respectivamente. Para as despesas administrativas, considerar-se-á como parâmetro de determinação no nosso modelo de estruturação da aplicação integrada de contabilometria no planejamento econômico, o seu valor fixo até quando houver uma variação na receita operacional líquida de 20%, para então ser reajustada nessa mesma proporção, embora tenha uma representatividade média de 2,65%. Desta maneira, pode-se projetar as variações da receita operacional líquida no modelo de simulação de Monte Carlo e, assim, verificar o seu impacto nos resultados das contas da DRE.

As despesas não incidem diretamente nos custos dos produtos vendidos, mas são imprescindíveis para a apuração do lucro operacional ou o resultado da organização. As despesas administrativas têm a finalidade de manter a máquina administrativa da organização funcionando e seu saldo compõe-se basicamente de ordenados da administração, honorários dos diretores, material de expediente, serviços contábeis e jurídicos, *pró-labore*, entre outros.

7.7.8 Projeção futura

Após a confecção da regressão múltipla que representa as variações das variáveis macroeconômicas do mercado em relação à receita operacional líquida (vendas), realizou-se a simulação de Monte Carlo, que apresentou 10.000 (dez mil) projeções, seguindo as características das oscilações das variações do PIB, da taxa Selic, do IPCA, da taxa da caderneta de poupança, da taxa de desemprego e da taxa de câmbio no período analisado de 1996 até 2014. Em seguida, determinaram-se as relações médias acumuladas entre as contas da DRE, para obter um modelo determinístico contabilométrico de simulação do lucro operacional da organização, derivado das variações da sua receita operacional líquida, que, por sua vez, é determinado pelas projeções do modelo probabilístico da regressão múltipla e do método de Monte Carlo.

No entanto, necessita-se determinar os melhores números que possam representar as variações esperadas no mercado para compor os dados nas projeções e simulações dentro do planejamento econômico. O planejamento econômico compreende um modelo de mensuração econômica e financeira do planejamento operacional e da programação orçamentária. A elaboração de planos operacionais de produção e vendas com base nas variações projetadas para a receita operacional líquida é papel da programação orçamentária. Já a integração, escolha e avaliação das alternativas obtidas pela simulação de Monte Carlo são papel do planejamento operacional, que realiza todos os ajustes e alterações necessários para a obtenção de parâmetros confiáveis, para, então, proporcionar aos gestores melhores condições de tomada de decisão.

O uso de modelos de simulação na gestão das organizações mensura um conjunto de possibilidades que representam uma ou mais alternativas de atuação no mercado. Os resultados gerados pela simulação probabilística ou estocástica com o modelo de Monte Carlo devem apresentar características em relação à realidade no mundo dos negócios.

Desta maneira, por meio da seleção de informações no mercado e na mídia, pode-se projetar os valores e variações anuais futuras das variáveis macroeconômicas pertencentes ao modelo. Segue na Tabela 7.5 um conjunto de suposições referentes às grandezas esperadas para as variáveis independentes.

Tabela 7.5 Parâmetros de referência para simulação do modelo de Monte Carlo

Variáveis macroeconômicas	Simulação de projeção (%)		
	Atual	Anterior	Variação
Taxa do PIB	−1,12	0,10	−1,12
Taxa do IPCA	8,00	6,41	1,59
Taxa de desemprego	10,00	4,80	10,00
Taxa de câmbio	3,17	2,66	19,47

Fonte: elaborada pelo autor.

Consideram-se como parâmetros para o modelo de simulação, variações anuais, com base nos resultados de dezembro de 2014, uma taxa do PIB de −1,12%, uma taxa de desemprego em torno de 10%, um aumento da taxa do IPCA de 1,59% e um crescimento da taxa de câmbio em 19,47%.

Após a determinação dos parâmetros de referência, buscou-se na simulação gerada pelo modelo de Monte Carlo. Nesse caso, pode-se verificar os resultados da seleção da simulação na Tabela 7.6:

Tabela 7.6 Resultado da busca dos dados da simulação de Monte Carlo

Simulações	Receita operacional líquida Y*	PIB X1	IPCA X3	Desemp. X5	Câmbio X6
517	−9,49	−1,12	−2,33	10,74	15,88
4.388	2,68	−1,12	−0,90	8,24	−22,93
5.731	−4,46	−1,12	0,45	11,64	0,12
5.910	−12,76	−1,12	−7,40	12,03	0,04
6.213	−10,56	−1,12	−1,25	10,36	28,45
8.714	−2,85	−1,12	6,31	10,01	29,89

Fonte: elaborada pelo autor.

Tomando como base o valor do PIB de −1,12%, buscaram-se as variações para as demais variáveis. Percebe-se que o modelo não gerou todos os valores de referência, mas disponibilizou resultados aproximados aos sugeridos.

Com os resultados obtidos pela consulta realizada, obtêm-se as premissas que servirão para operacionalizar as estratégias em relação às variações da receita operacional líquida.

Tabela 7.7 Determinação da receita operacional líquida e do lucro operacional

	2014		Variação									
	R$		-9,49 R$	2,68 R$	-4,46 R$	-12,76 R$	-10,56 R$	-2,85 R$
Receita operacional líquida	19.914.018,00	100,00%	18.024.177,69	20.447.713,68	19.025.852,80	17.372.989,30	17.811.097,70	19.346.468,49
Custo – produtos vendidos		70,17%	12.647.565,49	14.348.160,69	13.350.440,91	12.190.626,59	12.498.047,26	13.575.416,94
Lucro bruto		29,83%	5.376.612,21	6.099.552,99	5.675.411,89	5.182.362,71	5.313.050,44	5.771.051,55
Despesas com vendas		16,06%	2.894.682,94	3.283.902,82	3.055.551,96	2.790.102,08	2.860.462,29	3.107.042,84
Despesas administrativas	R$ 736.015,68		736.015,68	736.015,68	736.015,68	736.015,68	736.015,68	736.015,68
Lucro operacional			1.745.913,59	2.079.634,49	1.883.844,25	1.656.244,94	1.716.572,47	1.927.993,03
Margem do lucro operacional			9,69	10,17	9,90	9,53	9,64	9,97

Fonte: elaborada pelo autor.

Com as variações da receita operacional líquida, obtiveram-se os parâmetros de variação para o lucro bruto e o lucro operacional em valores monetários e margem do lucro operacional. Foram mantidas as mesmas estruturas do custo dos produtos vendidos e despesas com vendas. Para as despesas administrativas, utilizou-se o saldo anual de 2014 para as variações da receita operacional líquida menores que 20%.

Para cada uma das variações estimadas para a receita operacional líquida, obtém-se a sua margem do lucro operacional correspondente, indicando que o lucro operacional da organização estará com uma variação média em torno de 10%.

Como variação da receita operacional líquida mais provável de ocorrer, pode-se indicar a variação de 2,68%, uma vez que esse resultado está de acordo com a distribuição de frequência indicada na Figura 7.4 e mais próximo da maior concentração dos resultados gerados pelo modelo de Monte Carlo, ou seja, o intervalo de 5% a 10%.

A leitura do ambiente das organizações por meio da realização de simulações e a elaboração de cenários internos e externos que apresentem uma visão de futuro deveriam ser a essência de todo planejamento estratégico, principalmente porque deve combinar sempre as ações que maximizem resultados, minimizando cada vez mais o dispêndio dos recursos disponíveis ao longo do tempo.

Com a leitura do ambiente, deve-se verificar a posição da organização em relação ao mercado. Dessa maneira, utiliza-se a análise SWOT para verificar as forças e fraquezas e as oportunidades e ameaças para gerar os objetivos e estratégias, que exigirão uma avaliação da atual estrutura organizacional, para determinar quais serão as exigências de redirecionamentos e/ou alterações exigidas pelo plano diretor, no planejamento estratégico, que foi cuidadosamente elaborado em todo esse processo.

As organizações atuam em um ambiente de negócios que exige cada vez mais a identificação de novos riscos e oportunidades dentro do seu contexto estratégico. Desta maneira, vem se tornando indispensável possuir consistentes estruturas de gestão, com informações gerenciais para apurar e entender a relação que resultados globais têm na elaboração de planos estratégicos mais eficientes. A generalização do uso da tecnologia da informação pode proporcionar uma reestruturação cada vez mais eficiente ao mensurar a quantidade de produtos e serviços que serão demandados pelo mercado por meio de relações com oscilações de variáveis macroeconômicas, por um modelo de regressão múltipla em painel de dados, permitindo obter relações matemáticas que conectem a estrutura patrimonial e de resultados da organização estudada, demonstrando aos seus gestores toda a dinâmica do negócio tanto a nível micro quanto macroeconômico.

Desenvolver um modelo de aplicação de contabilometria para correlacionar variáveis do ambiente macroeconômico com os resultados das organizações, por meio da construção de cenários que possam representar um ambiente de negócios o mais próximo da realidade quanto possível, só pode se concretizar com a estruturação de um modelo de regressão múltipla capaz de sintetizar as variações do PIB, do IPCA, da taxa de desemprego da economia e da taxa de câmbio etc. Este estudo pode ser complementado por meio de um modelo de simulação probabilístico estocástico, para determinar as variações futuras da receita operacional líquida da organização em estudo, e estimar os efeitos no resultado do lucro operacional, por meio, desta vez, de um modelo de simulação contabilométrico determinístico, construído por meio das relações das contas contábeis da DRE.

É imprescindível que as organizações saibam se posicionar e se relacionar com o ambiente de modo que garantam seu sucesso continuado. A integração do planejamento estratégico com o planejamento operacional e o planejamento ou programação orçamentária, em uma aplicação estruturada da contabilometria ou métodos quantitativos, não só deu origem a um modelo de simulação que possibilita a verificação da interdependência de variáveis macroeconômicas importantes no cenário da organização, como também demonstrou que pode ser adaptado e incorporado em qualquer estrutura organizacional, permitindo a criação e análise de alternativas e premissas para um eficiente planejamento estratégico.

A análise do ambiente externo das organizações, por meio do acompanhamento das variáveis macroeconômicas da economia, é, sem dúvida, o primeiro passo para a elaboração de modelos matemáticos de simulação com o objetivo de prever acontecimentos com base na compreensão das mudanças do mercado. Com o passar do tempo, as organizações deverão concentrar-se em gerar resultados cada vez mais otimizados, em que o grau de incertezas possa ser reduzido por meio da conexão entre os métodos quantitativos como a contabilometria, a pesquisa operacional, a teoria econômica e a gestão estratégica do mundo dos negócios.

7.8 QUESTÕES E EXERCÍCIOS

1. Baseando-se no esquema geral do plano orçamentário, descreva objetivamente as etapas do orçamento operacional.

2. Descreva a seguir os principais pontos de vantagens obtidos na simulação pelo uso da tecnologia e dos métodos computacionais.

capítulo 8

Subsistema de indicadores de desempenho

O termo "Indicador" tem origem no latim (medieval), *indicator -óris*, com forte relação à INDEX, também do latim, significando "o indicador", de INDICARE, formado por IN-, "em", + DICARE, "proclamar, apontar", derivado de DICERE, "dizer".

Podemos definir então "indicadores de desempenho" como um conjunto de medidas financeiras e não financeiras, preestabelecidas pela administração, que indicará, apontará e até "dirá" como está o andamento patrimonial e econômico da empresa e dos gestores divisionais, servindo como metas a serem alcançadas ou superadas.

As empresas sempre utilizaram indicadores ou medidas de desempenho para avaliar seus processos e atividades. De um modo geral, essas medidas eram aplicadas pontualmente para avaliar os processos fabris e comerciais, sem uma preocupação específica em integrá-los com os dados financeiros e objetivos estratégicos.

Na década de 1930, René Delaporte (1930) já mencionava, em sua obra *Concepts raisonnés de la comptabilité économique* (em tradução livre: *Conceitos fundamentais de contabilidade econômica*), a definição de contabilidade como uma ciência cujo objetivo é descrever os processos econômicos, calcular os custos e avaliar situações financeiras, resultados de operações e do valor dos ativos. Delaporte considerou ainda que a contabilidade deve também permitir prever ou facilitar a tomada de decisão.

Na mesma época, em 1936, no Brasil, Herrmann Jr. (1996, p. 54) remetia--nos a um pensamento elevado acerca da análise dos dados extraídos da conta-bilidade:

Bem vemos que a contabilidade não se resume na arte assaz difícil de colocar os elementos em condições de resumi-los na demonstração gráfica, que muito se assemelha a um pórtico, em cujas colunas laterais estão inscritas as palavras Ativo e Passivo, e na arquitrave Balanço. Esse monumento resulta de inúmeras fórmulas gráficas que durante muito tempo foram tidas como únicas da Contabilidade. Entretanto, os arcanos da contabilidade estão reservados àqueles que souberem transpor esse pórtico para conhecer a essência dos fatos contábeis. Não se deve por isso confundir a representação gráfica com os fenômenos.

Esses fenômenos apontados por Herrmann Jr. são introduzidos ao sistema contábil por meio dos lançamentos contábeis, tamanha sua importância que podem ser comparados, por analogia, a uma "pérola; cada lançamento deve ser feito e lapidado de tal maneira, pois seu futuro será seguramente importante e ampliando, e o pórtico apresentado por Herrmann Jr. será construído (Padoveze, 2015) pela junção destas pérolas contábeis.

Devemos buscar tais fenômenos muitas vezes entrelaçados nos relatórios contábeis, que, por meio de indicadores, se revelarão e apontarão os ajustes, caminhos e trilhas a serem seguidos.

Neste ponto, torna-se fundamental avaliar o valor da informação a ser obtida por meio dos indicadores. Tal valor está relacionado com: i) a redução da incerteza no processo de tomada de decisão; ii) a relação do benefício gerado pela informação *versus* o custo de produzi-la, e, por fim, iii) o aumento da qualidade da informação (Padoveze, 2015).

Sabendo-se que a empresa, por mais estática que possa ser, caminha pela linha temporal, ou seja, a empresa que existe em 20X1 chegará em 20X2, poderá chegar em 20X2 maior, igual, menor ou até falir no caminho, mas de alguma forma chegará. Busquemos nas leis da física uma análise deste movimento temporal que a empresa perpassa.

Neste movimento, existe a força motriz, aquela que "leva" a empresa ao longo da sua caminhada, força a empresa a caminhar. Com a força motriz em ação, outra força surge, a força de atrito. Para a existência da força de atrito, é necessário o contato entre no mínimo duas superfícies; neste nosso caso temos a empresa em contato com o ambiente externo, e, ao mesmo tempo, as definições e metas em contato com o ambiente interno. Assim a empresa em sua jornada terá de gerir duas forças de atrito:

- empresa com o ambiente externo, e
- empresa com seu próprio ambiente interno.

A dimensão do atrito é proporcional ao peso da empresa e das arestas existentes entre o contato das superfícies. Todo esse atrito da caminhada temporal dissipa energia, que poderá ser convertida e aproveitada para a empresa ou apenas desperdiçada, movimento este ilustrado pela Figura 8.1:

Legendas

- Zona de atrito do ambiente interno com dissipação de energia
- Zona de atrito do ambiente externo com dissipação de energia
- Ineficiências; incapacidades produtivas; desperdícios

Figura 8.1 Atrito causado pelo movimento temporal da organização.

Fonte: elaborada pelo autor.

Nesta jornada, apresentada pela Figura 8.1, os indicadores são acionados, alimentados e deles extraem-se balizas para a condução do negócio. Independente de como a empresa chegará em 20 × 2, os indicadores existirão, cabe ao gestor ter *feeling* para sua leitura e análise.

O primeiro obstáculo a ser suplantado é a criação de instrumentos de mensuração capazes de apresentar informações que facilitem a avaliação desta jornada temporal, monitorem as tendências de seu desenvolvimento e contribuam na definição de metas de melhoria.

Para facilitar a utilização e operacionalização dos indicadores-chave de desempenho, propomos três classificações:

1) quanto ao tempo;
2) quanto à origem;
3) quanto ao nível empresarial.

Essas classificações serão detalhadas nos próximos itens.

8.1 INDICADORES-CHAVE DE DESEMPENHO QUANTO AO TEMPO

Quanto ao tempo os indicadores poderão ser:

- comparativos;
- de controle;
- preditivos.

São comparativos aqueles indicadores de desempenho que alimentam uma base de dados histórica contribuindo:

- nas decisões futuras;
- na elaboração de orçamentos e projeções.

Torna-se fundamental para o êxito nesta etapa o registro de todos os eventos econômicos ocorridos, mas não pelo simples fato do registro em si, mas pela geração de informações capazes de auxiliarem nas decisões e nos rumos futuros.

Sugere-se também o registro das decisões tomadas em detrimento de outras alternativas existentes naquele momento, pois assim se criará um banco de dados rico em decisões acertadas que poderão ser replicadas, ou decisões equivocadas, que poderão ser evitadas em um momento futuro semelhante.

Os indicadores-chave de desempenho podem ser classificados ainda quanto ao tempo em indicadores de controle. São indicadores concomitantes à ocorrência dos eventos econômicos, alimentando uma base de dados dinâmica. Estes indicadores são gerados diariamente e permitem comparar o que fora planejado ao que está sendo executado de forma *on-line*; tais indicadores permitem ajustes rápidos levando a empresa ao alcance de suas metas, ou até permitindo ajustes nas metas determinadas.

Por fim, no que tange a classificação tempo, há os indicadores preditivos, que permitem antecipar de certa forma o caminho futuro pelo qual fluirá a empresa. São indicadores relacionados a tendências de mercado, fornecedores, clientes, economia local-regional-internacional, indicadores políticos, indicadores internos de produtividade, estoque, patrimônio, entre outros.

Os indicadores preditivos serão a base da elaboração dos orçamentos e das demonstrações contábeis projetadas, permitindo um desenho financeiro de cenários futuros e possíveis. Para que haja efetividade na utilização, os indicadores de desempenho classificados quanto ao tempo – comparativos, de controle – preditivos – devem ser tratados de forma indissociável.

A Figura 8.2 apresenta a estratificação dos indicadores de acordo com o critério tempo:

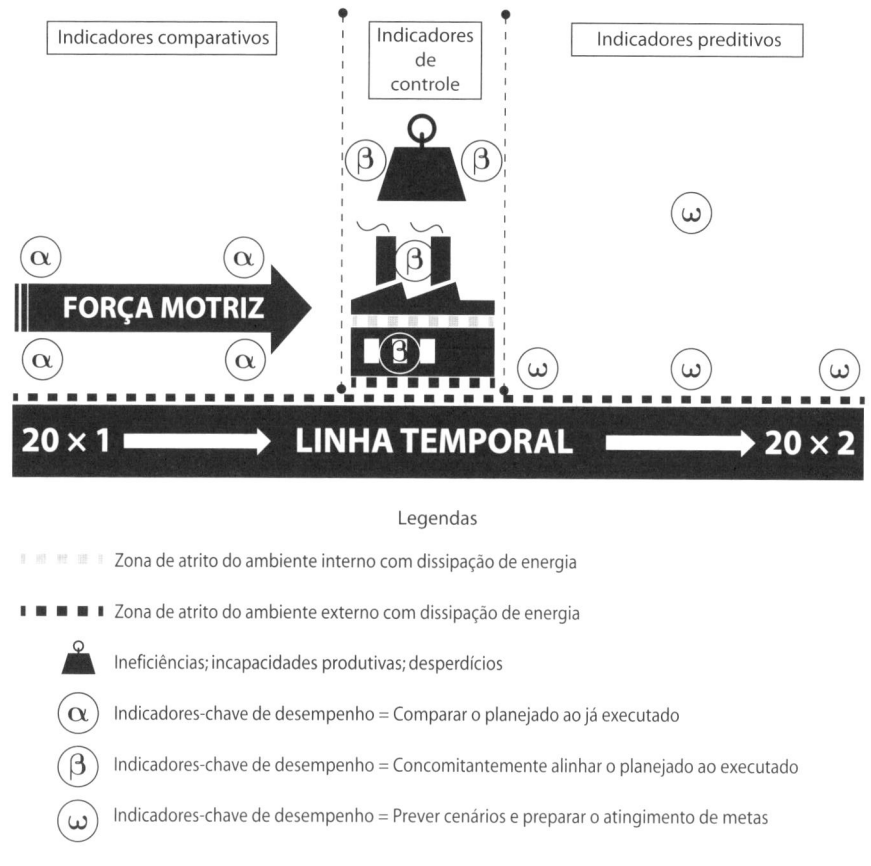

Figura 8.2 Indicadores-chave de desempenho quanto ao tempo.
Fonte: elaborada pelo autor.

8.2 INDICADORES-CHAVE DE DESEMPENHO QUANTO À ORIGEM

Quanto à origem, os indicadores serão extrínsecos ou intrínsecos.

Serão extrínsecos aqueles provenientes de fora do negócio, do ambiente externo, mas que influenciam no desenvolvimento do negócio, subdividindo-se em comuns e específicos.

Entende-se por indicadores extrínsecos comuns aqueles disponíveis a todos, a qualquer momento sem necessariamente desprender-se custos para sua obtenção, e que afetem o negócio. São exemplos: os índices econômicos, PIB atual, projeção do PIB, inflação atual, prevista, poupança, taxa de juros, moeda estrangeira, já abordados no Capítulo 5.

Entende-se por indicadores extrínsecos específicos aqueles inerentes ao negócio, ao ramo, setor. São exemplos: análise dos concorrentes, análise de fornecedores, posição de mercado, logística, também já abordados no Capítulo 5.

Já os indicadores intrínsecos são os gerados, internamente, pela operação da empresa.

O controle e as anotações dos eventos econômicos geram um banco de dados, e com as ferramentas adequadas poder-se-á explorá-lo por meio de indicadores-chave de desempenho. Os indicadores de desempenho intrínsecos são subdivididos em diretos e indiretos.

Os indicadores intrínsecos diretos são gerados de forma interna, sem influência do ambiente externo, por exemplo: produtividade do maquinário, produtividade dos colaboradores, composição dos custos produtivos, entre outros.

Já os indicadores intrínsecos indiretos, apesar de gerados internamente na empresa, sofrem influência do ambiente externo, por exemplo: variação do custo de energia elétrica pelo aumento governamental na conta, aumento do valor com mão de obra proveniente de dissídio coletivo, estrutura do ativo--investimento, estrutura do passivo-financiamento, entre outros.

De forma sistemática, a Figura 8.3 apresenta a classificação dos indicadores-chave de desempenho quanto à origem.

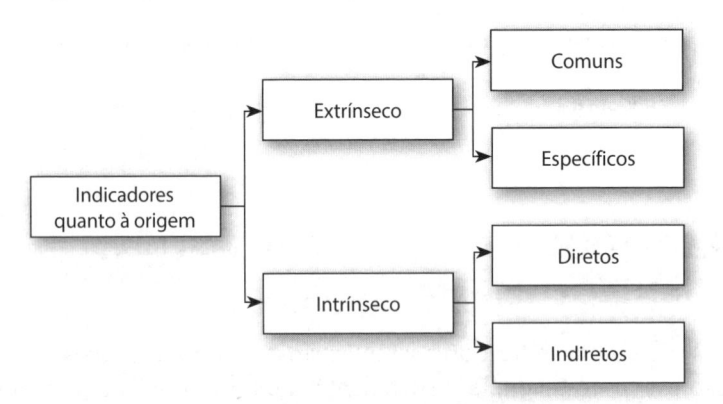

Figura 8.3 Indicadores-chave de desempenho quanto à origem.

Fonte: elaborada pelo autor.

8.3 INDICADORES-CHAVE DE DESEMPENHO QUANTO AO NÍVEL EMPRESARIAL

Diferentes níveis geram diferentes informações, assim os indicadores de desempenho também acompanharam essa hierarquia. Quanto ao nível, portanto, as empresas terão indicadores de desempenho:

- estratégicos;
- táticos;
- operacionais.

A Figura 8.4 ilustra a classificação dos indicadores quanto ao nível empresarial.

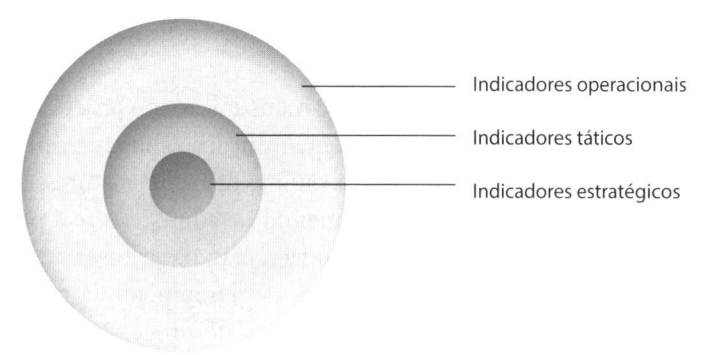

Figura 8.4 Indicadores-chave de desempenho quanto ao nível empresarial.

Fonte: elaborada pelo autor.

8.4 INDICADORES-CHAVE DE DESEMPENHO (KPI)

Uma vez apresentada a tipificação dos indicadores, passa-se a uma análise dos indicadores-chave de desempenho. Cabe salientar que algumas literaturas têm apresentado, como nomenclatura para definir indicadores-chave de desempenho, o termo: Medição de Desempenho (MD).

Com a disseminação, a partir dos anos 1970, dos conceitos de controle de qualidade total, baseados fortemente em indicadores não financeiros, houve uma conscientização maior da importância de a empresa utilizar sistematicamente indicadores para mensuração de processos e atividades-chave para complementar as mensurações financeiras.

Os KPIs, ao serem elaborados, devem contemplar qual perspectiva atenderão, à qual parte interessada atenderão (*Stakeholders/Shareholders*).

Ponto referencial na redescoberta da importância de utilizar outros indicadores foi a proposta de Kaplan e Norton (1997) para adoção de um conjunto ordenado e integrado de indicadores oriundos do planejamento estratégico para serem utilizados na mensuração do desempenho da empresa e dos gestores. Assim, eles propuseram uma fusão entre as informações financeiras e não financeiras, denominada pelos autores de *balanced scorecard*.

Trabalhar com indicadores não se resume meramente à elaboração de cálculos, divisões e índices, itens extraídos facilmente por *softwares* e planilhas eletrônicas; trabalhar com indicadores vai além, requer dedicação, conhecimento, visão macro e micro do negócio avaliado.

O conceito central e fundamental na adoção de indicadores de desempenho é a métrica, a medição. A base conceitual é "tudo o que não é medido não é gerenciado". Assim, para o adequado gerenciamento das atividades e dos processos empresariais e, consequentemente, dos gestores, há a necessidade de traduzir a avaliação em números e, como proposta básica, transformá-los em indicadores parâmetros.

Mintzberg (1973) afirmava que sendo a mensuração um processo quantitativo, ações estratégicas pautadas por essa quantificação somente seriam possíveis se padronizações fossem encontradas em meio aos indicadores.

Uma vez elaborados, torna-se fundamental decidir-se sobre a priorização entre eles, tarefa de grau elevado de dificuldade para os gestores.

A possibilidade de construir indicadores de desempenho é muito ampla, uma vez que dentro das empresas a quantidade de processos e atividades é extensa, e se consegue identificar processos de maneira extremamente analítica, podendo chegar a identificar milhares de processos com seus respectivos indicadores.

Como claramente a utilização de muitos indicadores tende a confundir e enviesar a visão adequada dos negócios, o conceito que foi desenvolvido e consolidado foi o de indicadores-chave de desempenho, hoje conhecidos pela sigla KPI – *Key Performance Indicators*.

Podemos definir KPIs como indicadores que medem o nível de desempenho de um determinado processo ou a eficiência da realização de uma atividade. É importante que a escolha dos KPIs seja estruturada e os indicadores coordenados entre si. A escolha de KPIs deve levar em conta alguns conceitos básicos, como:

a) devem ser específicos, isto é, ser claros e focados;
b) devem possibilitar acurácia da mensuração;
c) devem ser desafiados, mas passíveis de serem alcançados (*challenge*);
d) devem representar processos e atividades atuais e ter condições de serem obtidos de forma sistêmica.

Alguns exemplos de KPIs são:

a) tempo de tramitação de pedidos;
b) tempo de processamento de notas fiscais;
c) tempo de respostas de chamados de assistência técnica;
d) participação da empresa na demanda do mercado;
e) faturamento do funcionário;
f) satisfação dos clientes;
g) grau de ocupação de capacidade;
h) venda por metro quadrado em lojas de departamento;
i) economia de água (específico de saneamento-produtividade) por unidade, divididos em Capex[1] e Opex[2] etc.

8.5 SISTEMAS DE INFORMAÇÕES DE INDICADORES DE DESEMPENHO

São vários conceitos de sistemas de indicadores de desempenho que podem ser acoplados ou não a *softwares* genéricos ou construídos especificamente para isso. Os conceitos mais conhecidos de sistemas de gestão por indicadores de desempenho que antecederam ao conceito generalista de KPI são:

1. TQC – *Total Quality Control* – (Controle da Qualidade Total): a filosofia básica deste conceito é de que a qualidade deve ser assegurada desde a concepção inicial do produto e em todos os processos por onde passa o produto. O foco é o cliente, assim, os produtos devem ser construídos pensando na satisfação dos clientes da empresa.
2. ISO 9000: os sistemas ISO focam também a qualidade dos produtos e serviços, tendo por referência que os processos devem ser realizados em conformidade com o procedimento estabelecido e com os padrões desenhados para atender as necessidades dos clientes. A diferença básica, na prática, entre TQC e ISO é que a ISO é regulamentada e as empresas

---

[1] Capex é a sigla da expressão inglesa *capital expenditure* (em português, despesas de capital ou investimento em bens de capital), que significa o montante de dinheiro utilizado na compra de bens de capital de uma determinada empresa. O Capex é, portanto, o montante de investimentos realizados em equipamentos e instalações, de forma a manter a produção de um produto ou serviço ou manter em funcionamento um negócio ou um determinado sistema.

[2] Opex é a sigla da expressão inglesa *operational expenditure* (em português, despesas operacionais), que significa o custo associado à manutenção dos equipamentos e aos gastos de consumíveis e outras despesas operacionais, necessários à produção e à manutenção em funcionamento do negócio ou sistema.

têm de ter a certificação oficial para qualificarem seu sistema de qualidade, enquanto TQC é um conceito interno que não exige certificação.
3. Seis Sigma: é também um conceito que tem como referência o sistema de qualidade com a característica adicional que também incorpora um sistema de redução de custos. Originalmente implementado pela Motorola no final dos anos 1980 (McCarty et al., 2004). O fundamento do modelo Seis Sigma é impor padrões rigorosos de qualidade, monitorados por modelos estatísticos, objetivando garantir a completa conformidade dos processos e trabalhos livres de falhas. A metodologia segue uma sistematização conhecida como DMAIC (*Define, Measure, Analyse, Improve, Control*) (Eckes, 2003).

A palavra "sigma" representa o desvio padrão da curva normal de probabilidades. Sabe-se que 68,26% das medidas de aceitação normal estão localizadas dentro de dois desvios padrões e 95,46% em quatro desvios padrões. Quando se trabalha com conformidade em seis sigmas, ou em seis desvios padrões, praticamente se busca erro zero, 99,73% dentro do esperado, ilustrado pela Figura 8.5.

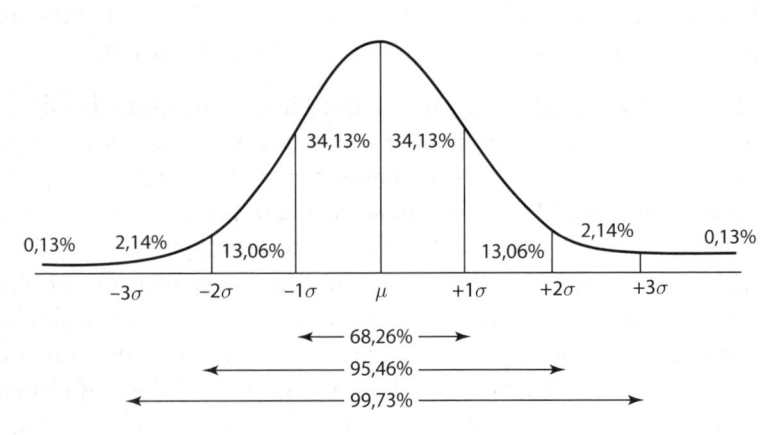

Figura 8.5 Curva simétrica em forma de sino.
Fonte: Eckes, (2000).

A Tabela 8.1 apresenta de forma detalhada os percentuais para uma escala de zero a seis sigmas.

Tabela 8.1 Valores parciais de conversão Sigma

Rendimento a longo prazo	Processo Sigma	Defeitos por 1.000.000 de oportunidades
99,99966%	6,0	3,40
99,98%	5,0	233,00
99,40%	4,0	6.210,00
93,80%	3,0	66.807,00
84,10%	2,5	158.655,00
69,10%	2,0	308.538,00
50,00%	1,5	500.000,00
46,00%	1,4	539.828,00
42,10%	1,3	579.260,00
38,20%	1,2	617.911,00
34,50%	1,1	655.422,00
30,90%	1,0	691.462,00
15,90%	0,5	841.345,00
6,70%	–	933.193,00

Fonte: Adaptado de Eckes, (2003, p. 24).

Portanto, quando se trabalha no processo Seis Sigma, espera-se encontrar 3,4 erros em 1.000.000 de oportunidades.

São diversos os conceitos de gestão por indicadores, além dos apresentados anteriormente. São exemplos também: Kaizen; Lean Manufacturing; Agile Model, entre outros.

O modelo KPI pode conviver com os modelos relacionados com a qualidade, deixando os indicadores de processos analíticos nos sistemas de qualidade e reservando para o modelo KPI os indicadores mais aderentes à estratégia. É o caso da proposta do modelo *balanced scorecard*.

A operacionalização do modelo de KPI pode ser em *software* específico, mesmo em Excel, como em ambientes de tecnologia de informação mais avançados. Os sistemas mais conhecidos para operacionalizar KPI são: DW – *Datawarehouse*, BI – *Business Intelligence* e CPM – *Corporate Performance Management*.

Todos esses *software*s utilizam-se de dados dos sistemas operacionais e de gestão, com as características de conterem parametrizações ou algoritmos que permitem transformar os dados em informações para a alta administração para a tomada de decisão.

8.6 INDICADORES DE EXCELÊNCIA EMPRESARIAL

A ideia dos indicadores de excelência empresarial é similar aos indicadores de manufatura de classe mundial, mas aplicados ao negócio como um todo e que permitam caracterizar-se como *benchmarking* (padrões externos de excelência) para as empresas de uma determinada atividade.

Um exemplo bastante conhecido em nosso país é a pesquisa anual feita pela revista de negócios *Exame* em parceria com a *Fipecafi*[3]. Em um universo das 1.000 maiores empresas do Brasil, pelo critério do desempenho da receita líquida em dólares, excluídas as empresas do setor financeiro, o levantamento congrega pontuação de diversos ângulos da excelência empresarial para a escolha das 100 empresas "maiores e melhores". Ela utiliza os seguintes indicadores:[4]

a) crescimento das vendas = PESO 10
   Este indicador retrata o dinamismo da empresa no ano: se aumentou ou diminuiu sua participação no mercado e sua capacidade de, expandindo-se, gerar novos empregos.
b) liderança de mercado = PESO 20
   Este indicador compara as participações de mercado das empresas no setor em que atuam e estabelece uma classificação entre elas em termos percentuais.
c) liquidez corrente = PESO 25
   Este indicador indica se a empresa tem ou não boa saúde financeira, ou seja, se está operando com segurança no curto prazo ou dentro de seu ciclo operacional.
d) rentabilidade do patrimônio = PESO 30
   Este indicador mede a eficiência, o controle de custos e o aproveitamento das oportunidades de negócios.
e) riqueza criada por empregado = PESO 15
   Por fim, este indicador mede quanto a empresa produz de riqueza em relação ao número de empregados, independentemente do total de vendas ou da margem de lucro.

8.7 *BALANCED SCORECARD*

Como complemento das medidas de desempenho não financeiras, há a proposta da adoção do conceito de *balanced scorecard* (literalmente: cartão de marcação

---
[3] Disponível em: <www.fipecafi.org>. Acesso em: 30 abr. 2016.
[4] Disponível em: <http://www.fipecafi.org/downloads/projeto-exame-melhores-maiores/mm-criterios-desempenho.pdf >. Acesso em: nov. 2015.

balanceado), objetivando unir a visão estratégica com as fases de execução e controle do processo de gestão empresarial.

A proposta de Kaplan e Norton (1996) parte do pressuposto que as empresas constroem metas estratégicas, porém não desenvolvem um sistema de acompanhamento para o dia a dia da empresa e dos gestores divisionais. Assim, os autores propõem um sistema simples e eficiente de acompanhamento do desempenho da estratégia da empresa.

Os próprios autores fazem questão de referir que, na realidade, um sistema semelhante é utilizado na Europa, principalmente na França, já há mais de duas décadas, denominado de *Tableau de Bord*. O *Tableau de Bord* tem por finalidade ajudar a pilotar a empresa mediante a identificação dos fatores-chave de sucesso, principalmente aqueles que podem ser medidos por variáveis físicas.

Ambos os conceitos se apoiam no conceito de que "o que não é medido não é gerenciado". Um sistema de indicadores afeta fortemente o comportamento das pessoas dentro e fora da empresa.

Podemos resumir o objetivo do *balanced scorecard* dentro da estrutura básica de implantação, conforme Figura 8.6:

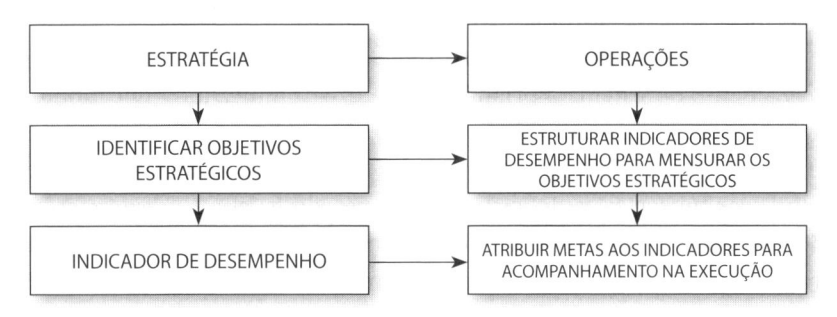

Figura 8.6 *Balanced scorecard* – estrutura básica de implementação.
Fonte: elaborado pelo autor.

A implantação do conceito do *balanced scorecard* pode ser dividida em duas etapas:

I – elaboração e difusão do *balanced scorecard*;
II – elaboração e acompanhamento dos indicadores.

> *O* **balanced scorecard** *é um sistema de informação para gerenciamento da estratégia empresarial. Traduz a missão e a estratégia da empresa num conjunto abrangente de medidas de desempenho financeiras e não financeiras que servem de base para um sistema de medição e gestão estratégica.*

8.7.1 Relações de causa e efeito da estratégia

O *balanced scorecard* continua enfatizando a busca de objetivos financeiros, mas também inclui os vetores de desempenho desses objetivos. Procura medir o desempenho organizacional sob quatro perspectivas equilibradas: financeira, do cliente, dos processos internos da empresa e do aprendizado e crescimento (Kaplan e Norton, 1997). É interessante notar que apesar da conotação estratégica, o *balanced scorecard* atua fortemente na área operacional, pois grande parte dos indicadores sugeridos é, na realidade, de objetivos e metas de cunho operacional. Adicionalmente, convém ressaltar o aspecto sistêmico deste conceito.

O **enfoque financeiro**, que conclui os vetores operacionais e estratégicos, está relacionado com o objetivo da empresa e a visão do lucro como medida da eficácia empresarial. Portanto, relaciona-se com o elemento mais importante de um sistema, que é o seu objetivo.

O **enfoque do cliente** claramente se relaciona com o componente da saída do processo sistêmico, pois são os clientes que recebem os produtos e serviços gerados pelo sistema empresa.

O **enfoque dos processos do negócio** relaciona-se com o elemento processamento do sistema. Portanto, há que existir indicadores que monitorem os objetivos e as metas para gestão dos processos de negócios.

O **enfoque do aprendizado e crescimento** relaciona-se com os elementos das entradas ou recursos do sistema. No caso do *balanced scorecard*, a ênfase, como não poderia deixar de ser, é com a capacitação do funcionário, ou, em outras palavras, com o capital humano e intelectual, o recurso mais importante do sistema empresa.

Isto pode ser visualizado conforme mostra a Figura 8.7.

PERSPECTIVA

Financeira

Do cliente

Dos processos do negócio

Do aprendizado e crescimento

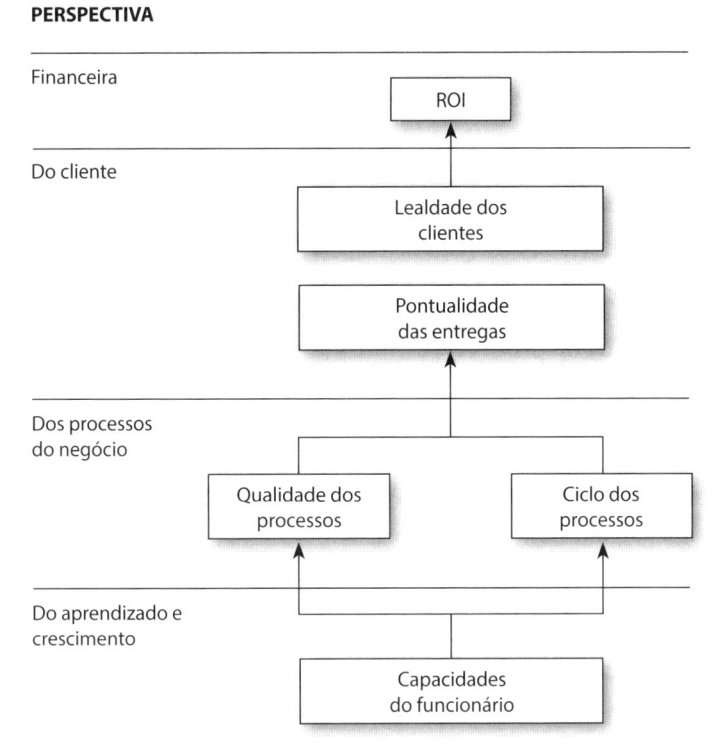

Figura 8.7 Relações de causa e efeito da estratégia.

Fonte: elaborado pelo autor.

8.8 OS QUATRO PROCESSOS DO *BALANCED SCORECARD*

O processo de elaboração e difusão do *balanced scorecard* é efetuado em quatro etapas ou processos:

a) tradução da visão;
b) comunicação e comprometimento;
c) planejamento de negócios;
d) *feedback* e aprendizado.

8.8.1 Tradução da visão

É o processo de traduzir a missão da empresa de forma compreensível para os gestores divisionais. Isso ajuda os gestores a formar um consenso em torno da visão e estratégia da organização. As diretrizes estratégicas devem ser traduzidas de forma fácil em termos operacionais e oferecer orientação útil para as ações dos gestores. As declarações da missão empresarial devem ser expressadas como um conjunto integrado de objetivos e indicadores, que descrevem direcionadores de sucesso de longo prazo. Esses objetivos e indicadores devem ser aceitos por todos os gestores divisionais.

8.8.2 Comunicação e comprometimento

Esta segunda etapa ou processo permite aos gestores comunicar sua estratégia, para cima e para baixo, na organização, e ligar os objetivos empresariais aos objetivos departamentais e individuais. O "*scorecard*" proporciona aos gestores uma maneira de assegurar que todos os níveis da organização entendam as estratégias de longo prazo e que tanto os objetivos departamentais quanto os individuais estão alinhados entre si.

8.8.3 Planejamento de negócios

Este processo possibilita às empresas integrar seus planos comerciais e financeiros. É nesta etapa que as estratégias e iniciativas da empresa são transformadas em indicadores para os planos dos gestores divisionais, bem como para formar uma base para alocar recursos e estabelecer prioridades.

8.8.4 *Feedback* e aprendizado

O *feedback* e os processos de revisão de foco existentes se concentram no fato de a empresa, seus departamentos ou seus empregados, isoladamente, terem alcançado suas metas financeiras orçadas. Com o *balanced scorecard* no centro de seus sistemas de gerenciamento, uma empresa pode monitorar os resultados de curto prazo por meio de três diferentes perspectivas adicionais – clientes, processos internos de negócios e aprendizado e crescimento –, e assim avaliar a estratégia adotada à luz do recente desempenho. Esse quarto processo possibilita o que Kaplan e Norton (1997) denominam de aprendizado estratégico (Figura 8.8).

capítulo 8   Subsistema de indicadores de desempenho   ▶   **199**

```
                    ┌─────────────────────────┐
                    │ Esclarecendo e traduzindo│
                    │   a visão e a estratégia │
                    │  • Esclarecendo a visão  │
                    │  • Esclarecendo o consenso│
                    └─────────────────────────┘
```

Comunicando e estabelecendo vínculos
• Comunicando e educando
• Estabelecendo metas
• Vinculando recompensas a medidas de desempenho

Balanced scorecard

Feedback e aprendizado estratégico
• Articulando a visão compartilhada
• Fornecendo *feedback* estratégico
• Facilitando a revisão e o aprendizado estratégico

Planejamento e estabelecimento de metas
• Estabelecendo metas
• Alinhando iniciativas estratégicas
• Alocando recursos
• Estabelecendo marcos de referência

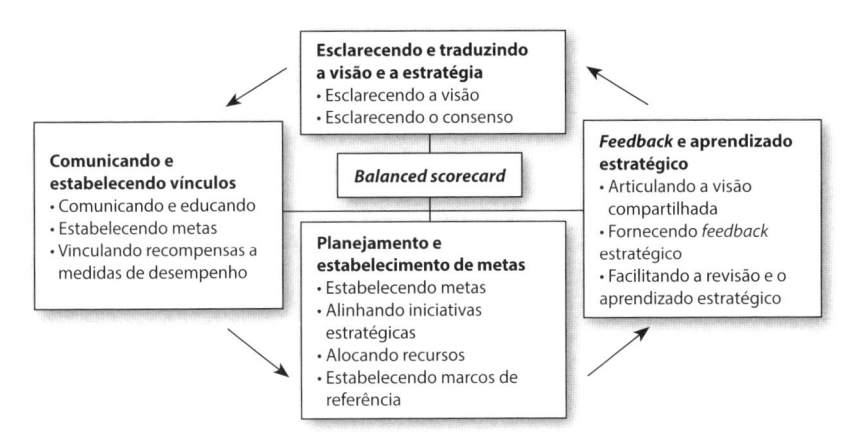

Figura 8.8   Quatro processos do *balanced scorecard*.
Fonte: elaborado pelo autor.

8.9 EXEMPLO DE *BALANCED SCORECARD*

O Quadro 8.1 apresenta um modelo de *balanced scorecard* com os objetivos e metas discriminados por perspectivas.

Quadro 8.1   *Balanced Scorecard* – aplicado.

PERSPECTIVA			OBJETIVOS	METAS
Financeira		ROI	Remunerar adequadamente os acionistas. Cumprir o orçamento de despesas	Rentabilidade de 15% aa Investimento em pesquisa e desenvolvimento
Do cliente	Lealdade dos clientes / Pontualidade das entregas		Vender o volume previsto. Faturar nos prazos contratados	Tempo de tramitação de pedidos. Performance de entrega de máquinas e fundidos. Treinamento de clientes. Satisfação dos clientes. Dentro e fora da garantia. Reclamações dos clientes. Graves, abertas, fechadas, saldo
Dos processos de negócios	Qualidade dos processos	Ciclo dos processos	Cumprir o programa de produção Cumprir o orçamento de despesas Reduzir o nível dos estoques Otimizar os processos de fabricação Reduzir o preço dos insumos comprados Melhorar continuadamente a qualidade	Estatística de rejeito Estatística de repasse Propostas de modificação de engenharia. Abertas, fechadas, saldo Performance de entrega dos fornecedores Investimentos em recursos para melhoria da qualidade
Do aprendizado e crescimento	Capacidades do funcionário		Investir continuadamente em recursos humanos	Índice de treinamento – internos, externos

Fonte: elaborado pelo autor.

Na Tabela 8.2, damos um exemplo de um conjunto de indicadores de acompanhamento da estratégia, também extraído do trabalho de Kaplan e Norton (1997).

Tabela 8.2 Exemplo de *balanced scorecard*.

Objetivos estratégicos	Indicadores estratégicos	
	(Indicadores de ocorrência)	(Indicadores de tendência)
Financeira F1 – Melhorar lucros F2 – Ampliar *mix* de receita F3 – Reduzir estrutura de custos	Retorno sobre investimento Aumento da receita Mudança do custo de manutenção de depósitos	Variedade de produtos/serviços geradores de receita
Dos clientes C1 – Aumentar o nível de satisfação dos clientes com nossos produtos e pessoal C2 – Aumentar o nível de satisfação "após a venda"	Participação no segmento Retenção de clientes	Profundidade do relacionamento Pesquisa de opinião sobre satisfação
Interna I1 – Compreender nossos clientes I2 – Criar produtos inovadores I3 – Efetuar a venda cruzada dos produtos I4 – Transferir cliente para canais rentáveis I5 – Minimizar problemas operacionais I6 – Atendimento eficiente	Receita gerada por novos produtos Quociente de venda cruzada Mudança de *mix* de canais Taxa de erros de serviço Tempo de atendimento de solicitações	Ciclo de desenvolvimento de produtos Horas passadas com o cliente
Do aprendizado A1 – Desenvolver habilidades estratégicas A2 – Fornecer informações estratégicas A3 – Alinhar metas pessoais	Satisfação dos funcionários Receita por funcionário	Índice de cobertura de funções estratégicas Índice de disponibilidade de informações estratégicas Alinhamento de metas pessoais (%)

Fonte: elaborado pelo autor.

A Tabela 8.3 é um modelo de *balanced scorecard* para aplicação em uma instituição de ensino privada.

Tabela 8.3 *Balanced scorecard* de uma instituição de ensino privada do Rio de Janeiro.

Área do mapa	Conceito	Indicadores	Meta	Realizado
Financeira	Lucratividade	Margem de contribuição – 60% a 65%		
		Lucro após mantenedora – 12%.		
	Receita	Cada unidade faz o seu exercício Receita total (crescimento da receita bruta total).		
	Mensalidade média líquida	Mensalidade do entrante entre as três mais elevadas da cidade no segmento.		
		Aumento anual das mensalidades: no mínimo a inflação.		
Mercado	Novos alunos	Taxa de crescimento no mínimo de alunos (cada um faz o seu).		
		Candidato/vaga: Nacional: 4 para 1. Local precisa ser adequado.		
	Reter alunos Total do orçamento (premissa é por volta de 7%). 0,6/% a.m.	Evasão ≤ 5% somente espontânea Utilizar fórmula de cálculo Rio.		
	Proposição de valor – exigências básicas:			
	Confiabilidade da instituição "X"			
	Atendimento	Pesquisa Serv– Qual[1]		
	Infraestrutura	Pesquisa Serv– Qual		
	Qualidade acadêmica	A no provão + B, MB no relatório INEP		
	Relação custo x benefício	Evasão ≤ 5%		
	Diferenciadores			
	Imagem da marca – empregabilidade	% de alunos empregados estagiando no 8º semestre.		
		Pesquisa com egresso após 1 ano.		
	Didática do corpo docente	Pesquisa com alunos média geral do curso > 5,30		
	Experiência profissional do corpo docente			
	Ênfase no teórico-prática			
	Titulação do corpo docente	% mestre e doutores PDI serve como parâmetro inicial		
	Parcerias internacionais	McGill,[2] IAD,[3] OCR,[4] Nebrija[5] Uma nova parceria com qualidade por ano.		

1. A pesquisa Serv-Qual é um modelo que se baseia em estudos desenvolvidos por Parasuraman et al. (1988), que busca mensurar a qualidade do valor percebido no serviço prestado, por meio de indicadores.
2. Universidade de Montreal – Canadá.
3. Instituto de Artes Visuais, Design e Marketing de Lisboa.
4. Universidade da Califórnia.
5. Universidade de Nebrija – Espanha.

(Continua)

Fonte: Mathias (2002).

(Continuação)

Área do mapa	Conceito	Indicadores	Meta	Realizado
Interna	Reconhecida no meio empresarial	Encontros empresariais; Diferentes encontros; Empresas/encontro.		
		Pesquisa de egresso		
	Estreitar relacionamento com o mercado/com a mídia	Relatório de presença espontânea somente impressa e somente os principais locais e nacionais.		
	Ter acesso às escolas de 1ª linha	*Roadshow*.[1] – Rio enviará parâmetro inicial para estabelecimento de metas.		
	Aumentar a oferta de cursos	*Mix* de receita		
		% de receita bruta de novos cursos.		
	Aprimorar excelência acadêmica	H/h treinamento acadêmico		
	Aprimorar excelência em serviços	Pesquisa Serv-Qual		
		H/h treinamento de funcionários	.	
	Gerenciar custos diretos e indiretos	Perfil de despesas		
Aprendizagem e crescimento	*Habilidades estratégicas*			
	Atrair e manter os melhores professores	Estar entre as três que melhor remuneram localmente		
		Retenção do corpo docente		
	Desenvolver cultura e serviços na equipe interna	H/h treinamento de funcionário Pesquisa de clima		
	Tecnologia Utilização do *software* de gestão acadêmica (W/AE)			
	Cultura Disseminar cultura BSC			

[1] Programa de visitas às escolas do Rio de Janeiro.

8.9.1 Indicadores essenciais

Na avaliação de Kaplan e Norton (1997), os indicadores essenciais que devem compor o *balanced scorecard* são os seguintes:

Indicadores financeiros essenciais:

- retorno sobre o investimento/valor econômico adicionado;
- lucratividade;
- aumento/*Mix* de receita;
- produtividade da redução de custos.

Medidas essenciais dos clientes:

- participação de mercado;
- aquisição de clientes;
- retenção de clientes;
- lucratividade dos clientes;
- satisfação dos clientes.

Medidas essenciais de aprendizado e crescimento:

- satisfação dos funcionários;
- retenção de funcionários;
- lucratividade por funcionário;
- produtividade por funcionário.

8.10 EXEMPLOS DE MAPAS ESTRATÉGICOS

O *balanced scorecard* pode ser apresentado dentro de uma visão de mapeamento, sempre tomando como referencial as quatro perspectivas. Apresentamos a seguir, na Figura 8.9, um exemplo de mapa estratégico de uma empresa varejista de vestuário.

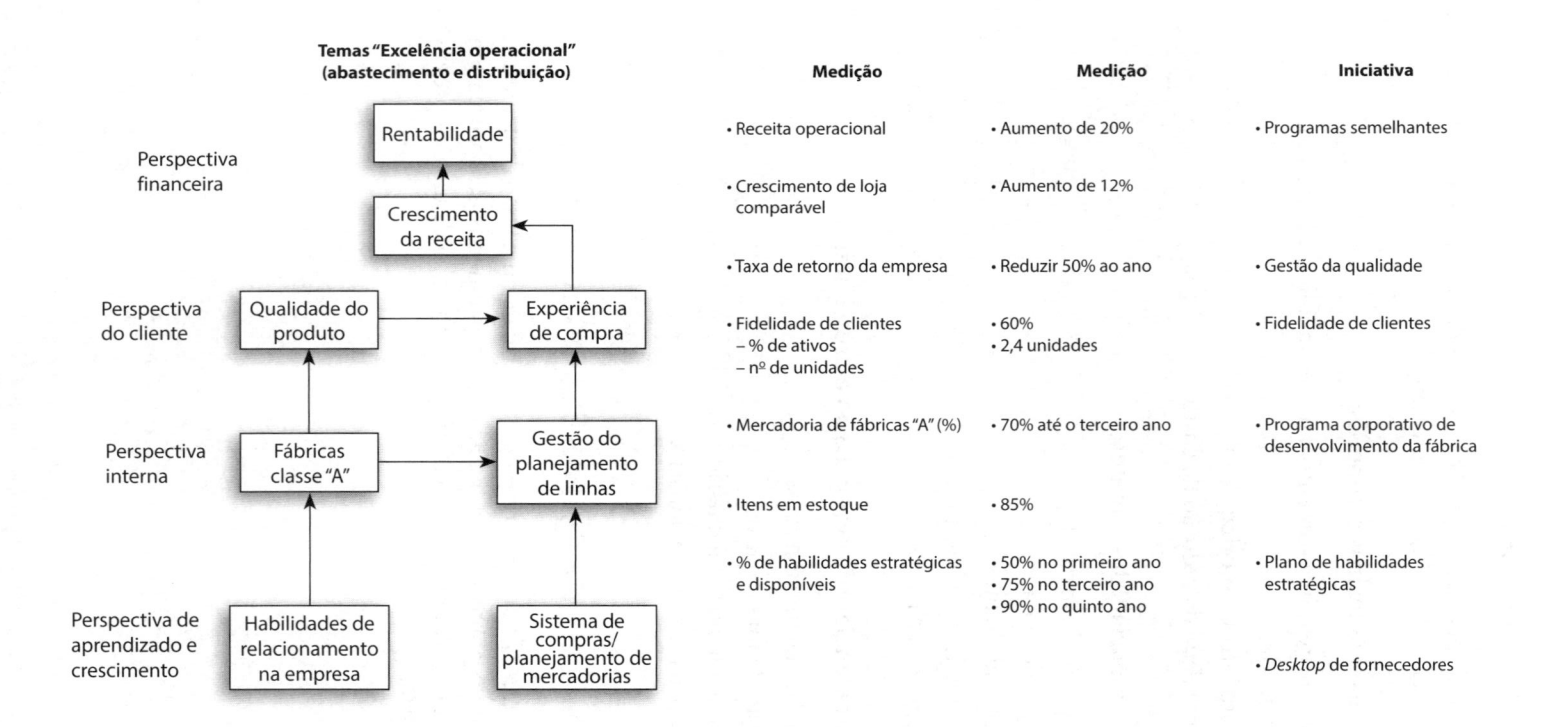

Temas "Excelência operacional" (abastecimento e distribuição)

	Medição	Medição	Iniciativa
Perspectiva financeira	• Receita operacional	• Aumento de 20%	• Programas semelhantes
	• Crescimento de loja comparável	• Aumento de 12%	
Perspectiva do cliente	• Taxa de retorno da empresa	• Reduzir 50% ao ano	• Gestão da qualidade
	• Fidelidade de clientes – % de ativos – nº de unidades	• 60% • 2,4 unidades	• Fidelidade de clientes
Perspectiva interna	• Mercadoria de fábricas "A" (%)	• 70% até o terceiro ano	• Programa corporativo de desenvolvimento da fábrica
	• Itens em estoque	• 85%	
Perspectiva de aprendizado e crescimento	• % de habilidades estratégicas e disponíveis	• 50% no primeiro ano • 75% no terceiro ano • 90% no quinto ano	• Plano de habilidades estratégicas • *Desktop* de fornecedores

Figura 8.9 Exemplo de mapa estratégico – empresa varejista de vestuário.

Fonte: extraído de Norton (2001, p. 24).

Outro exemplo de mapa estratégico é de uma instituição de ensino, conforme mostra a Figura 8.10.

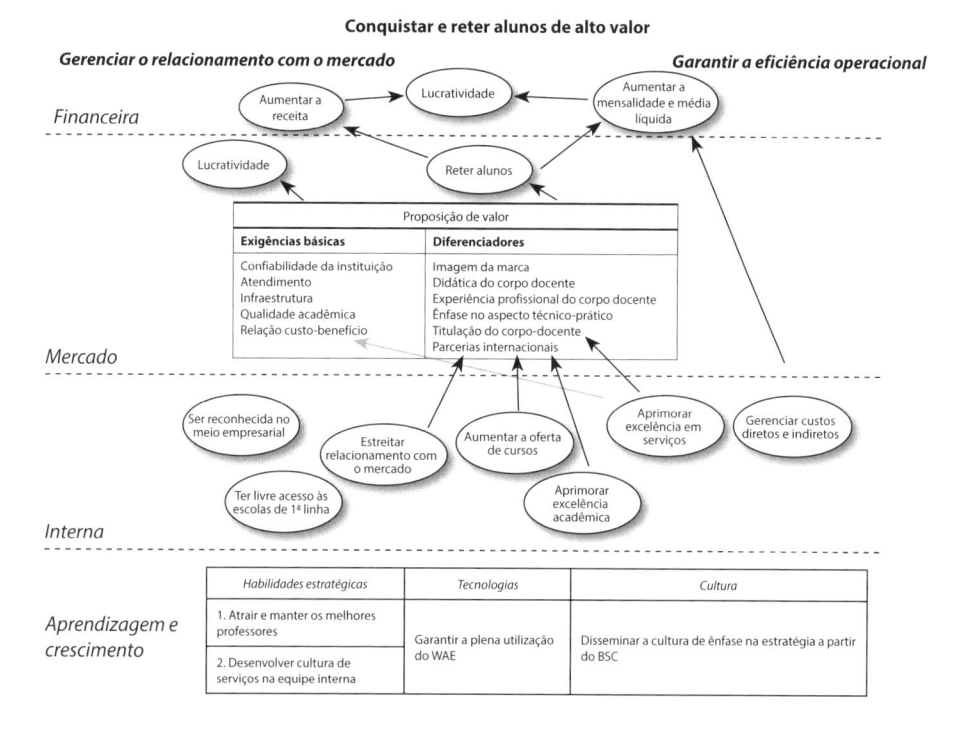

Figura 8.10 Mapa estratégico de uma instituição de ensino com fins lucrativos.

Fonte: Extraído de Oliveira (2005).

É importante salientar que o mapeamento estratégico, com a indicação das relações de causa e efeito dos objetivos e metas, deve anteceder ao processo de implantação e construção dos indicadores.

8.11 *BALANCED SCORECARD* E INTANGÍVEIS

Uma das preocupações mais importantes dos criadores do *balanced scorecard* é com o acompanhamento e gestão dos intangíveis por meio desse sistema. O objetivo é que o *balanced scorecard* contenha os objetivos e metas estratégicas para monitoramento da criação e manutenção do capital intelectual da empresa. A Tabela 8.4 mostra um modelo com exemplos de objetivos, metas e indicadores para essa gestão, alocando indicadores para gestão dos intangíveis dentro das quatro perspectivas do *balanced scorecard*, considerando também a relação de causa e efeito entre eles.

Tabela 8.4 Balanced scorecard com ênfase em intangíveis

Perspectiva	Objetivos	Meta 2016	Indicador
Financeira			
1. Valor do acionista	Maximização do valor da ação	US$ 150 milhões	Número de ações × Cotação da ação no mercado
2. Goodwill	Aumento do intangível	US$ 20 milhões	Valor da empresa (−) Patrimônio líquido contábil após pay out
3. Ebitda	Maximização do valor da empresa	Múltiplo de 5	Valor operacional da empresa/Ebitda
4. Custo de capital de terceiros	Maximização da alavancagem financeira	7%	Custo dos financiamentos/Dívidas onerosas
5. Rentabilidade	Maximização do retorno de investimentos	12%	Lucro operacional (−) Tributos s/ Lucro/Ativo operacional
6. Pay out	Maximização da distribuição de lucros (dividendos + juros sobre o capital próprio)	50% do lucro líquido $ 1,20 por ação	Pay out total/Número de ações/Lucro líquido
dos Clientes			
1. Lançamento de novos produtos	Aumentar a velocidade de lançamento de novos produtos	20 novos produtos 4 meses	Quantidade de produtos novos lançados Tempo da concepção do projeto até o projeto em linha de produção
2. Marca	Maximizar a retenção da marca	Perda de 2 marcas	Tempo de manutenção de marcas em vendas
3. Atualização de produtos	Aumentar a participação de novos produtos no faturamento	45%	Faturamento de novos produtos/Faturamento total
4. Relacionamento (carteira de clientes)	Aumentar o número de clientes Reter o máximo de clientes	Adicionar 2.500 novos clientes Perder no máximo 800 clientes	Quantidade de novos clientes Faturamento anual dos novos clientes Quantidade de clientes que não efetuaram compras em 2008 Vendas do ano anterior dos clientes perdidos
5. Participação no mercado	Aumentar a participação	52%	Vendas da empresa/Tamanho do mercado
6. Concorrentes	Reduzir a concorrência	3	Número de concorrentes ativos e influenciadores
dos Processos			
1. Tecnologia/Know how	Totalmente atualizada	Estado da arte	Benchmarking com os principais concorrentes e institutos e universidades de pesquisa
2. Processos de fabricação	Velocidade de desenvolvimento	1,4	Média de dias para desenvolver cada processo
3. Tecnologia de fabricação	Totalmente atualizada	Estado da arte	Média de idade dos equipamentos
4. Tecnologia de comercialização	Totalmente atualizada	Estado da arte	
5. Tecnologia de informação	Totalmente atualizada	Estado da arte	Benchmarking com os principais concorrentes e institutos e universidades de pesquisa
6. Tecnologia administrativa	Totalmente atualizada	Estado da arte	
dos Funcionários			
1. Produtividade intelectual	Aumentar a produtividade intelectual	1,25	Receita dos funcionários/Investimento nos funcionários
2. Capital intelectual	Aumentar o número de patentes	20 100	Número de patentes registradas Quantidade de projetos patenteáveis realizados
3. Conhecimento	Aumentar a concentração de conhecimento	0,2 cursos novos por funcionário	Cursos de aumento de graduação realizados/Número de funcionários
4. Retenção de funcionários	Transmissão de experiência	0,05 de Turnover	Funcionários desligados/Funcionários médios do ano

Fonte: elaborado pelo autor.

8.12 DESDOBRAMENTO DO *BALANCED SCORECARD*: ESTABELECENDO VINCULAÇÕES

Por força da própria filosofia do *balanced scorecard*, é fundamental o desdobramento de sua estrutura de acordo com a Figura 8.11.

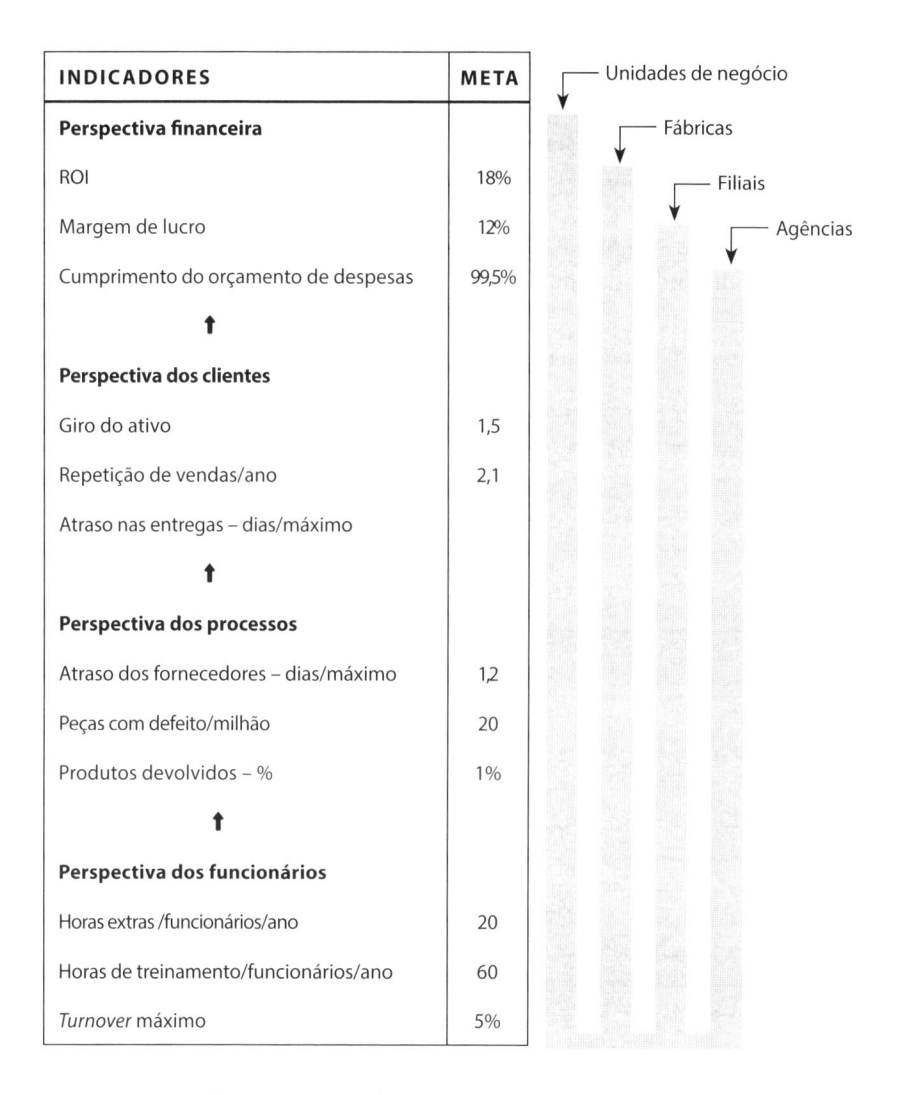

INDICADORES	META
Perspectiva financeira	
ROI	18%
Margem de lucro	12%
Cumprimento do orçamento de despesas	99,5%
↑	
Perspectiva dos clientes	
Giro do ativo	1,5
Repetição de vendas/ano	2,1
Atraso nas entregas – dias/máximo	
↑	
Perspectiva dos processos	
Atraso dos fornecedores – dias/máximo	1,2
Peças com defeito/milhão	20
Produtos devolvidos – %	1%
↑	
Perspectiva dos funcionários	
Horas extras /funcionários/ano	20
Horas de treinamento/funcionários/ano	60
Turnover máximo	5%

— Unidades de negócio
— Fábricas
— Filiais
— Agências

Figura 8.11 Vinculações e disseminação da estratégia.
Fonte: elaborado pelo autor.

Assim, a estrutura do *balanced scorecard* deve ser desdobrada ou detalhada dentro da hierarquia empresarial.

8.13 SISTEMAS DE ACOMPANHAMENTO

As empresas de tecnologia da informação oferecem diversas opções de sistemas de informação de *balanced scorecard*, algumas que procuram estar bastante aderentes às propostas de Kaplan e Norton e outras com abordagens diferenciadas. Os criadores do *balanced scorecard* entendem que o modelo deve contemplar um número não muito grande de indicadores (ao redor de duas dezenas). O mercado de tecnologia tem oferecido sugestões que contemplam até centenas de indicadores, normalmente apresentados pelos conceitos e nomes como Corporate Performance Management (Gerenciamento do Desempenho Corporativo) e BI – *Business Inteligence* (Inteligência dos Negócios).

A Tabela 8.5 e a Figura 8.12, apresentam um exemplo de monitoramento individual de um indicador do *balanced scorecard*.

Tabela 8.5 Exemplo de monitoramento individual

	Índice de acompanhamento de prazos de entrega													
	jan./04	fev.04	mar./04	abr./04	maio/05	jun./04	jul./04	ago./04	set./04	out./04	nov./04	dez./04	Média 03	Média 04
Real	2,0	0,9	1,6	0,0	1,4	0,2	0,3	0,1	0,0	0,0	0,3	0,8	1,9	0,6
Limite de controle	2,0	2,0	2,0	2,0	2,0	2,0	2,0	2,0	2,0	2,0	2,0	2,0	2,0	2,0
Limite aceito	3,0	3,0	3,0	3,0	3,0	3,0	3,0	3,0	3,0	3,0	3,0	3,0	3,0	3,0

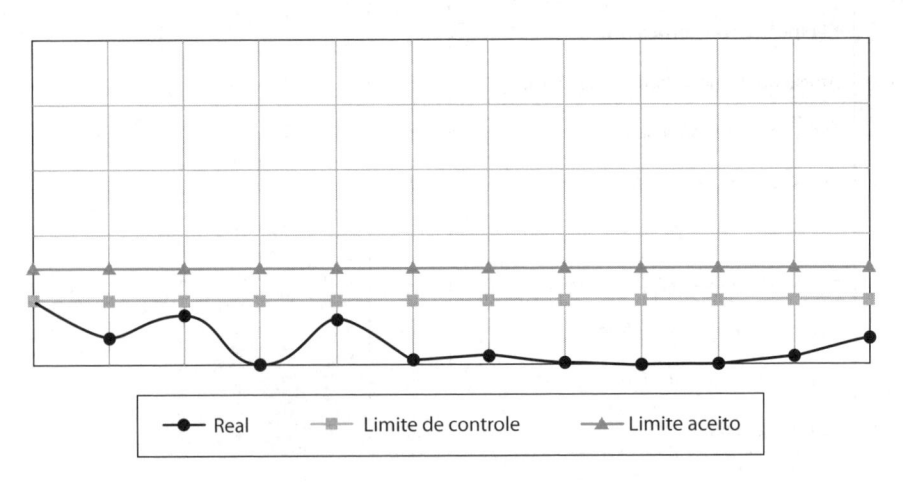

Figura 8.12 Exemplo de monitoramento – BSC.
Fonte: elaborado pelo autor.

A Tabela 8.6 apresenta outro exemplo de monitoramento individual de um indicador do *balanced scorecard*.

Tabela 8.6 Exemplo de monitoramento do conjunto de indicadores

Perspectiva	Meta	Mês 1	Mês 2	Mês 3	Mês N	Acumulado	Anualizado	Variação
Aprendizado e crescimento								
Horas de treinamento – Internos	**2.400**	120	200	220	180	720	2.160	-10%
Cursos externos	**60**	5	4	7	5	21	63	5%
Turnover	**0,75**	0,8	0,9	0,5	0,7	0,725	0,725	-3%
Processos internos								
Rejeitos por milhão	**1.200**	120	100	80	150	450	1.350	13%
Repasse/horas padrão – %	**1,43**	1,5	1,2	1,5	1,3	5,5	1,375	-4%
PMEs – Abertas	**100**	120	95	110	80	405	101,25	1%
PMEs – Fechadas	**95**	120	90	91	87	388	97	2%
PMEs – Saldo	**5**	0	5	19	-7	17	4,25	-15%
Fornecedores – dias em atraso	**2**	4	5	6	4	4,75	4,75	138%
Investimentos em qualidade – %	**0,95**	1,5	1,2	0,95	0,8	1,1125	1,1125	17%
Clientes								
Dias de tramitação pedidos	**2**	4	3	2	2	2,75	2,75	38%
Entrega – dias	**1**	1,5	1,2	1,4	1	1,275	1,275	28%
Treinamento de clientes – horas	**80.000**	5.000	6.000	7.000	7.500	25.500	76.500	-4%
Satisfação dos clientes	**98%**	90%	85%	88%	92%	0,8875	0,8875	-9%
Reclamações dos clientes								
Graves	**6**	1	0	0	0	1	3	-50%
Não graves	**12**	1	2	3	2	8	24	100%
Total	**18**	2	2	3	2	9	27	50%
Não resolvidas	**0**	0	1	1	0	0,5	0,5	
Financeira								
Rentabilidade	**15%**	1,0%	2,0%	1,5%	1,3%	5,8%	17,25%	15%
Margem operacional	**8%**	7,0%	10,0%	9,0%	8,0%	8,5%	8,50%	6%
Investimentos em P&D – % ROL	**2,5%**	3,0%	3,5%	3,0%	2,8%	3,1%	3,08%	23%

Fonte: elaborado pelo autor.

8.14 QUESTÕES E EXERCÍCIOS

1. Comente a seguinte afirmação: "tudo o que não é medido não é gerenciado":

2. Utilizando uma empresa real de sua região, comente qual a influência dos itens a seguir na gestão da empresa:
   a) tempo de tramitação de pedidos;
   b) tempo de processamento de notas fiscais;
   c) faturamento por funcionário;
   d) satisfação dos clientes;
   e) venda por metro quadrado em lojas de departamento;
   f) *ticket* médio mensal.

3. Nos dados do ano anterior, encontre uma empresa que tenha sido listada entre as 100 empresas maiores e melhores pela revista *Exame*. Em seguida, encontre os valores apresentados pela empresa em atendimento à métrica do cálculo:
   a) crescimento das vendas;
   b) liderança de mercado;
   c) liquidez corrente;
   d) rentabilidade do patrimônio;
   e) riqueza criada por empregado.

4. Analise os indicadores dos anos 1 e 2, compare-os com os indicadores-meta e explique a relação de causa e efeito desses indicadores, tendo como referência final o ROI. Faça uma análise para cada ano e verifique as relações de um ano para outro.

Indicadores	Meta	Dados reais obtidos	
		Ano 1	Ano 2
Perspectiva financeira			
ROI	18,0%	16,0%	19,5%
Crescimento das vendas	8%	8,5%	7,8%
Perspectivas dos clientes			
Repetição de vendas/ano	2,1	2,2	2,3
Reclamações de clientes/ano	200	230	190
Perspectivas dos processos			
Peças com defeito/milhão	20	24	18

Indicadores	Meta	Dados reais obtidos	
		Ano 1	Ano 2
Produtos devolvidos %	1%	1,1%	0,9%
Perspectivas dos processos			
Horas extras/funcionários/ano	20	30	12
Horas de treinamento/funcionário/ano	60	62	45
Turnover máximo	4,0%	3,5%	4,1%

Base: 10.000 unidades vendidas/ano

capítulo 9
Subsistema de gestão de riscos

A análise do ambiente busca identificar as oportunidades e ameaças que o ambiente externo apresenta para a empresa para confronto com seus pontos fracos e fortes. Portanto, a análise do ambiente é fundamentalmente uma análise de riscos, pois tem por finalidade mapear e identificar os riscos positivos (as oportunidades do ambiente e os pontos fortes da empresa) e os riscos negativos (as ameaças do ambiente e os pontos fracos da empresa).

A atividade de gerenciamento do risco é uma atividade estratégica, mas os riscos podem ser de diversos tipos, podendo ser classificados, numa primeira análise, em riscos estratégicos, riscos de gestão e riscos operacionais. Esse modelo de classificação pode ser apresentado no formato de uma pirâmide, como na Figura 9.1.

Figura 9.1 Pirâmide de tipos de riscos.
Fonte: elaborado pelo autor.

Os riscos classificáveis como estratégicos são aqueles que decorrem das diretrizes definidas no planejamento estratégico. Basicamente se relacionam com os negócios e mercados onde a empresa atua, o modelo de gestão adotado e as estruturas organizacionais definidas para operacionalizar os negócios e realizar o modelo de gestão adotado. Caracterizam-se como riscos estruturais, pois decorrem das macro variáveis econômicas, políticas, ambientais etc. que podem afetar os resultados econômicos dos negócios da empresa.

A questão do gerenciamento do risco tem merecido revisões conceituais constantes. A visão tradicional do risco e seu gerenciamento é trabalhada profundamente na teoria de finanças, com a associação do retorno do investimento. O dilema risco-retorno tem ocupado a maior parte dos capítulos dos livros de administração financeira. Podemos denominar essa visão tradicional de risco financeiro.

Outrossim, a empresa está sujeita a outros tipos de riscos, cujas origens não são estritamente financeiras e devem merecer uma gestão igualmente importante. A relação com clientes, fornecedores, recursos humanos, tecnologia, câmbio etc., envolve também riscos e deve ser considerada dentro de um modelo geral de risco empresarial.

Não há dúvida que todos os riscos que envolvem a empresa impactam os resultados. Portanto, o efeito da exposição da empresa aos diversos riscos é mensurado normalmente pela contabilidade, por meio da demonstração de resultados e do balanço patrimonial. Nesse sentido, os conceitos de mensuração do valor da empresa com base em fluxos futuros são os mais adequados para o modelo de gestão focado em resultados.

9.1 GERENCIAMENTO DO RISCO – CONCEITOS E VISÃO GERAL[1]

O foco da gestão do risco é manter um processo sustentável de criação de valor para os acionistas, uma vez que qualquer negócio sempre está exposto a um conjunto de riscos. Para tanto, é necessário criar uma arquitetura informacional para monitorar a exposição da empresa ao risco. Esses aspectos podem ser visualizados na Figura 9.2:

---

[1] Extraído e adaptado do *Estudo nº 9 – International Management Accounting Study*, da *International Federation of Accountants*, junho de 1999.

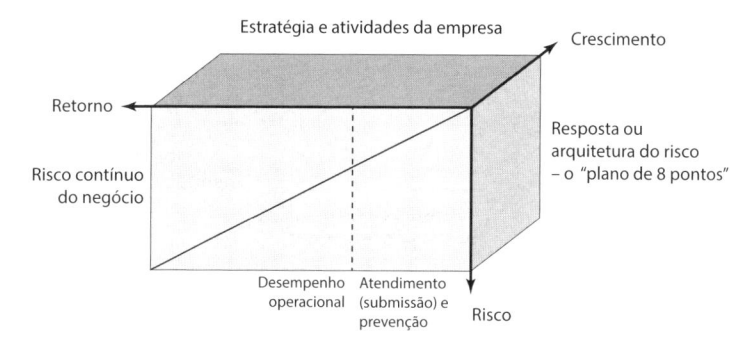

Figura 9.2 Visão integrada – criação de valor/risco contínuo/responsabilidade.

Fonte: Adaptada de: *Estudo nº 9 – International Management Accounting Study*, da International Federation of Accountants, junho de 1999.

O conceito de risco (Bernstein, 1997) de acordo com sua etimologia significa "ousar" e é uma opção e não um destino. Ele pode ser entendido também como a capacidade de definir o que poderá acontecer no futuro e de optar entre várias alternativas.

O risco é percebido em termos negativos (Damodaran, 2007). Por outro lado, o COSO (2007) apresenta a visão mais adequada, conceituando riscos como algo que pode também ser positivo, quando traz um efeito adicional ao previsto.

Dentro do conceito geral de risco, pode-se definir risco como:

> *Eventos futuros incertos que podem influenciar o alcance dos objetivos estratégicos, operacionais e financeiros da organização.*

A gestão do risco insere-se no conceito sistêmico e pode ser organizada e reconciliada em duas áreas de atuação, em relação aos ambientes do sistema: ambiente interno e ambiente externo. A gestão do risco considerando o ambiente interno vê o risco de uma perspectiva de conformidade (perspectiva de *compliance*[2]); a gestão do risco considerando o ambiente externo vê o risco de uma perspectiva de desempenho (perspectiva de *performance*). Essas perspectivas podem ser vistas na Figura 9.3, a seguir:

---

[2] *Compliance* pode ser entendido resumidamente como o processo de aderência às regras e cumprimento de normas e leis.

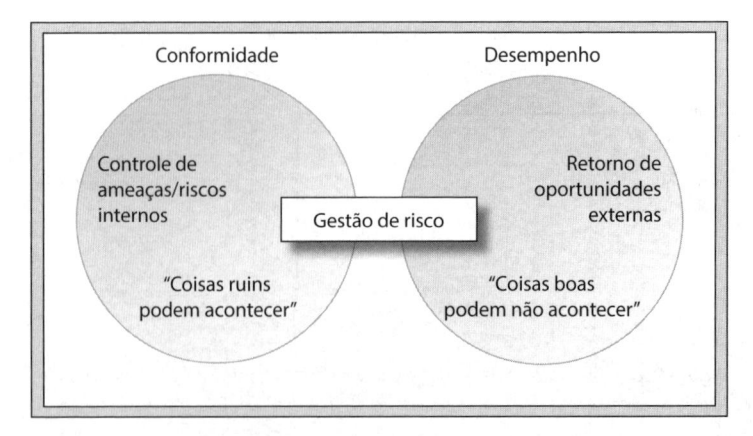

Figura 9.3 Conciliação de duas perspectivas.

Conformidade: Controle de ameaças/riscos internos — "Coisas ruins podem acontecer"

Desempenho: Retorno de oportunidades externas — "Coisas boas podem não acontecer"

Gestão de risco

Fonte: Adaptada de: *Estudo nº 9 – International Management Accounting Study*, da International Federation of Accountants, junho de 1999.

A importância do relacionamento da gestão do risco com valor para o acionista não pode ser subestimada. Como os administradores estão acautelando-se mais em relação à importância do risco, está havendo um progresso na gestão do espectro do risco que deve ganhar maior sofisticação. Isso pode ser visto na Figura 9.4:

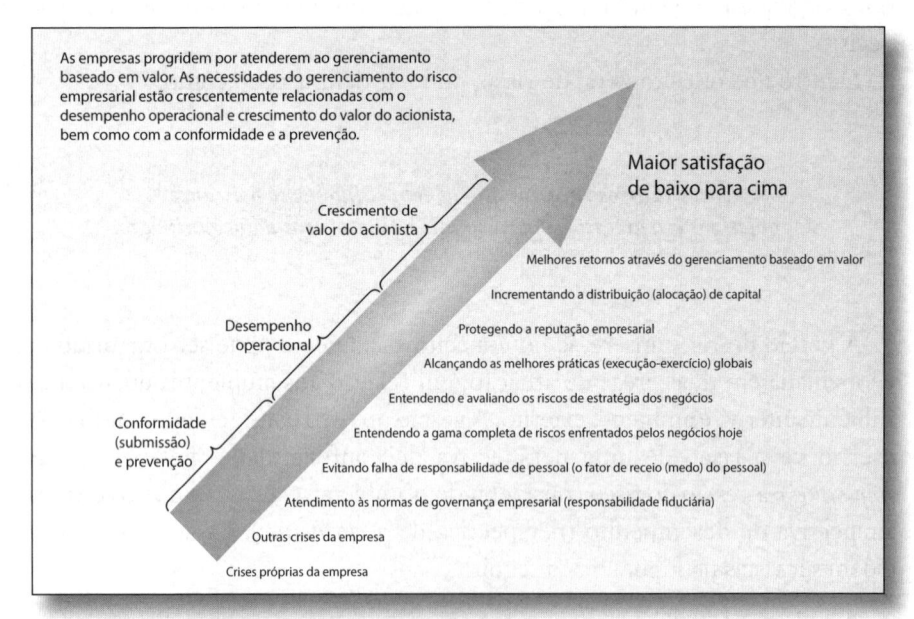

Figura 9.4 Etapas na progressão do gerenciamento do risco.

As empresas progridem por atenderem ao gerenciamento baseado em valor. As necessidades do gerenciamento do risco empresarial estão crescentemente relacionadas com o desempenho operacional e crescimento do valor do acionista, bem como com a conformidade e a prevenção.

Maior satisfação de baixo para cima

- Crescimento de valor do acionista
  - Melhores retornos através do gerenciamento baseado em valor
  - Incrementando a distribuição (alocação) de capital
- Desempenho operacional
  - Protegendo a reputação empresarial
  - Alcançando as melhores práticas (execução-exercício) globais
  - Entendendo e avaliando os riscos de estratégia dos negócios
- Conformidade (submissão) e prevenção
  - Entendendo a gama completa de riscos enfrentados pelos negócios hoje
  - Evitando falha de responsabilidade de pessoal (o fator de receio (medo) do pessoal)
  - Atendimento às normas de governança empresarial (responsabilidade fiduciária)
  - Outras crises da empresa
  - Crises próprias da empresa

Fonte: Adaptada de: *Estudo nº 9 – International Management Accounting Study*, da International Federation of Accountants, junho de 1999.

O diagrama acima demonstra a progressão natural da gestão dos riscos associados com prevenção e *compliance* (isto é, dentro da empresa) para uma gestão objetivando minimizar os riscos da incerteza do desempenho operacional, e movendo-se para o alto nível da gestão dos riscos das oportunidades (isto é, fora da empresa), com o objetivo de possibilitar um crescimento sustentável de valor para o acionista.

O enfoque mais sofisticado permite:

- a melhor alocação de capital para o risco e iniciativas de gestão do risco;
- dar suporte à melhor alocação na gestão do risco dos recursos;
- fornecer melhores indicadores de desempenho e monitoramento das oportunidades;
- dar alguma proteção contra exigibilidades executivas e publicidade adversa ou atenção dos investidores e outras entidades relacionadas;
- melhor nível de informação do risco por meio da organização.

Para esse direcionamento para o desempenho ter aplicação prática, dois conjuntos claros de perguntas devem ser estabelecidos:

- Quais são os direcionadores de valor e como eles podem ser estruturados e manejados?
- Quais são os riscos-chave associados com esses direcionadores de valor?

As respostas para essas questões podem ser formuladas por meio de:

- mapeamento dos processos dos direcionadores de valores dentro da organização;
- identificando e analisando os riscos do negócio e estabelecendo as respostas que terão o maior impacto nos direcionadores de valor.

9.2 PERFIL DE RISCO DA ORGANIZAÇÃO

Cada organização apresenta um conjunto específico de riscos. Para identificar o perfil de risco da organização, é necessário, primeiramente, reconhecer que o conceito de risco de maneira frequente é utilizado em diferentes perspectivas: risco como oportunidade, risco como perigo ou ameaça, ou risco como incerteza.

Risco como oportunidade está implícito no conceito de risco e retorno. Quanto maior o risco, maior o potencial de retorno, e, necessariamente, maior potencial de perda. Neste contexto, a gestão do risco significa utilizar técnicas para maximizar a parte exterior, considerando as restrições do ambiente operacional da organização, dada qualquer limitação que exista para minimizar a parte interior.

Risco como perigo ou ameaça é o que os administradores mais frequentemente entendem pelo termo. Eles estão referindo-se a eventos potencialmente negativos, tais como perdas financeiras, fraudes, danos à reputação, roubo ou furto, morte ou injúria, falha de sistemas ou demandas judiciais. Neste contexto, a gestão do risco significa instalar técnicas administrativas para reduzir a probabilidade de eventos negativos sem incorrer em custos excessivos ou paralisar a organização.

Risco como incerteza refere-se à distribuição de todos os resultados possíveis, sejam positivos ou negativos. Nesse contexto, a gestão do risco procura reduzir a variância entre os resultados antecipados e os resultados reais.

Cada um dos elementos da definição tripartite do risco acima conecta de uma forma abrangente com uma ou mais funções nas companhias. Embora ênfase funcional e fronteiras gerenciais sejam inerentemente flexíveis, risco como perigo representa tipicamente a perspectiva de gestores responsáveis pelas atividades de *conformance* (monitoramento do acompanhamento dos procedimentos internos) – particularmente a controladoria financeira, auditoria interna, administradores de seguros. Risco como incerteza é uma perspectiva de governança do responsável por administração e finanças e os gerentes de linha responsáveis pelas operações. Risco como oportunidade frequentemente reflete a perspectiva da alta administração e os setores de planejamento. Esses conceitos sustentam o perfil de risco da organização e podem ser ilustrados em termos de um risco contínuo do negócio, conforme apresentamos a seguir na Figura 9.5.

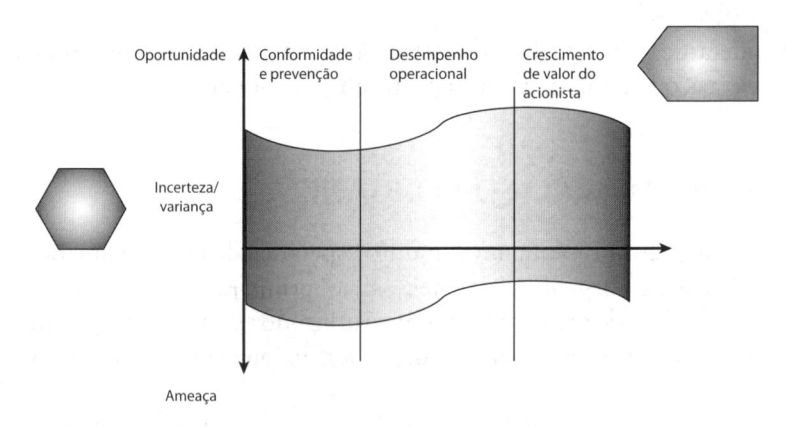

Figura 9.5 Risco contínuo do negócio.
Fonte: Adaptada de: *Estudo nº 9 – International Management Accounting Study*, da *International Federation of Accountants*, junho de 1999.

Em resumo, a natureza dos três componentes da percepção do risco pode ser observada por meio da Figura 9.6:

Ameaça	Incerteza/Variação	Oportunidade
• Foco tradicional • Defensivo por natureza • Objetivo é alocar recursos para reduzir a probabilidade ou o impacto de um evento negativo	• Controle focado na distribuição dos retornos/receitas • Proteção (*hedging*) por natureza • Objetivo é reduzir a variação entre retornos antecipados e resultados reais	• Focado no investimento • Ofensivo por natureza • Objetivo é tomar ações para alcançar ganhos positivos • Requerimento de uma estratégia de crescimento devido ao relacionamento implícito entre risco e retorno

Figura 9.6 Natureza dos componentes do risco.
Fonte: Adaptada de: *Estudo nº 9 – International Management Accounting Study*, da *International Federation of Accountants*, junho de 1999.

9.3 IDENTIFICAÇÃO E CLASSIFICAÇÃO DOS RISCOS

A identificação dos riscos da empresa passa sempre por um processo de análise do ambiente interno e externo, e consideração das variáveis e entidades que afetam o sistema empresa. É uma das etapas cruciais no processo de gerenciamento do risco. Cada risco deve ser explorado para identificar como ele potencialmente evolui por meio da organização. É importante assegurar que o risco está cuidadosamente definido e explicado para facilitar análises posteriores. A acurada definição do risco é um elemento crítico para o sucesso da gestão do risco.

Os procedimentos complementares para a identificação e análise de riscos não identificados primariamente podem ser:

- entrevistas e *workshops*;
- *brainstorming*;
- questionários;
- mapeamento dos processos que envolvem identificação e mapeamento da cadeia de processos e valor dos principais negócios da empresa, e a identificação das dependências dos fatores externos (órgãos reguladores, legislação, clientes, fornecedores de serviços etc.) e dos recursos internos (tais como pessoal, tecnologia, ativos físicos etc.) que interferem nos processos;
- comparações com outras organizações;
- discussão com coligadas.

Os riscos que uma empresa está sujeita são infinitos. A etapa de identificação é crucial exatamente por isso. O papel dos gestores nesta etapa é selecionar os riscos que realmente podem impactar a empresa para constar do sistema de informação.

Assim, ao longo do tempo, os gestores verificarão que algum risco identificado e selecionado não é mais importante, da mesma forma que poderão identificar e selecionar novos riscos. Esse processo não deixa de ser um processo contínuo de filtragem dos componentes do sistema de informação.

Após identificados e selecionados os riscos que constarão do sistema de informação, há a necessidade de um processo classificatório para sistematizar os riscos em agrupamentos lógicos, de modo a impedir a visão dispersa destes.

9.4 AVALIAÇÃO DOS RISCOS

Para cada risco identificado, deve haver uma avaliação do seu possível impacto e correspondente probabilidade de ocorrência, usando parâmetros consistentes que deverão possibilitar o desenvolvimento de um mapa de risco priorizado.

A avaliação do impacto e da probabilidade de cada risco normalmente é apresentada da seguinte forma:

Impacto:
- alto;
- moderado;
- baixo.

Probabilidade de ocorrência:
- alta – provável;
- moderada – possível;
- baixa – remota.

9.5 PRÁTICAS CONTÁBEIS E *DUE DILIGENCE*:[3] PASSIVOS CONTINGENTES

As práticas contábeis internacionais incorporam boa parte da identificação, avaliação e mensuração dos riscos. Basicamente, as práticas contábeis focalizam os riscos contingentes, decorrentes de processos e decisões administrativas ligadas aos aspectos cíveis, ambientais, trabalhistas e tributários. O procedimento mais usual é a identificação, em cima dos procedimentos administrativos identificados, bem como dos processos judiciais em andamento, de

---
[3] Segundo o Oxford English Dictionary, *due diligence* pode ser entendido como a diligência de alguém em gerenciar algo adequadamente.

passivos contingentes, ou seja, obrigações ainda não concretizadas, mas passíveis de se tornarem uma obrigação financeira para a empresa.

Reconhece-se que a utilização desta prática depende muito da capacidade de visão do *controller* e/ou contador, em entidades que não são obrigadas a submeter as demonstrações financeiras à auditoria externa. Quando a entidade é submetida à auditoria externa, o processo de identificação dos passivos contingentes fica mais preciso, uma vez que este passa por um duplo mapeamento.

Outra oportunidade para identificação dos riscos contingentes é o processo de *due diligence*, solicitado por empresas em determinados momentos. O processo de *due diligence* é um processo de identificação de riscos ou passivos contingentes que possam resultar posteriormente em processos judiciais contra a entidade, provocando perdas não esperadas.

Um *due diligence* normalmente é requerido em duas ocasiões principais: quando uma empresa vai fazer uma aquisição ou adquirir participação em outra empresa (*M&A – Merger & Acquisition*) ou quando a empresa vai lançar títulos de dívida ou ações, novas ou não, no mercado financeiro, para dar garantia adicional aos novos investidores. Normalmente, o processo é conduzido por uma empresa de auditoria externa em conjunto com uma empresa de serviços advocatícios.

Basicamente, o processo avalia o risco identificado pela probabilidade de ocorrência em termos de provável, possível e remota. As contingências avaliadas como prováveis são contabilizadas como despesa, contra passivo circulante ou de longo prazo. As demais não são contabilizadas, mas devem ser objeto de evidenciação em uma nota explicativa às demonstrações financeiras.

9.6 ESTRUTURAS DE GERENCIAMENTO DE RISCOS (GR)

Estabelecer estruturas de gerenciamento de riscos é um dos desafios das organizações, na busca de processos cada vez mais eficientes, competitivos e seguros. Neste contexto, a alta administração está sendo cada vez exigida a identificar e avaliar riscos estabelecendo níveis compatíveis com os objetivos da companhia. Esses riscos devem ser tratados por especialistas dentro dos vários departamentos da companhia por meio de um sistema integrado de gerenciamento de riscos que identifique, gerencie, mitigue e aumente as oportunidades dentro da companhia (Ben-Amar; Boujenoui; Zeghal, 2014).

Com relação aos modelos de gerenciamento, na estrutura Coso (2007), a estrutura de gerenciamento de riscos é orientada a fim de que a organização aumente a probabilidade de consecução dos objetivos e são classificados em quatro categorias: estratégicos – metas gerais alinhadas à missão e à visão da empresa; operações – utilização eficaz e eficiente dos recursos; comunicação – confiabilidade dos relatórios; conformidade – cumprimento de leis e regulamentos aplicáveis. No Coso, o processo de gerenciamento de riscos corporativos é desmembrado em oito componentes inter-relacionados e integrados com o processo de gestão. A Figura 9.7 demonstra esta estrutura:

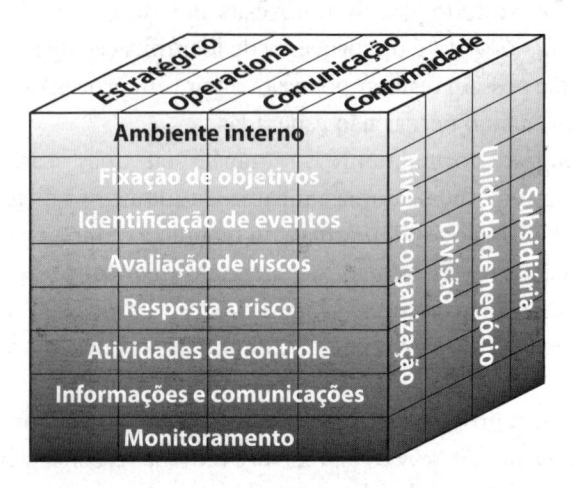

Figura 9.7 Estrutura de gerenciamento de riscos do Coso.
Fonte: Coso (2007).

Apesar de o Coso (2007) denominar na Figura 9.7, como primeiro componente, o ambiente interno, entende-se que o nome mais apropriado seria ambiente interno e externo, pois a leitura destes ambientes leva a empresa a fixar seus objetivos, identificar eventos negativos e oportunidades, avaliar riscos, implementar respostas aos riscos, executar as atividades de controle interno, comunicar os interessados e monitorar continuamente este processo para que ele seja sempre aprimorado para atender aos objetivos da organização.

A política de GR deverá trazer a estrutura para sua execução. A seguir é demonstrada, na Figura 9.8, a estrutura de GR proposta, que poderá ser praticada em todas as áreas de negócio para que a empresa tenha uma visão completa dos riscos que cercam seu ambiente:

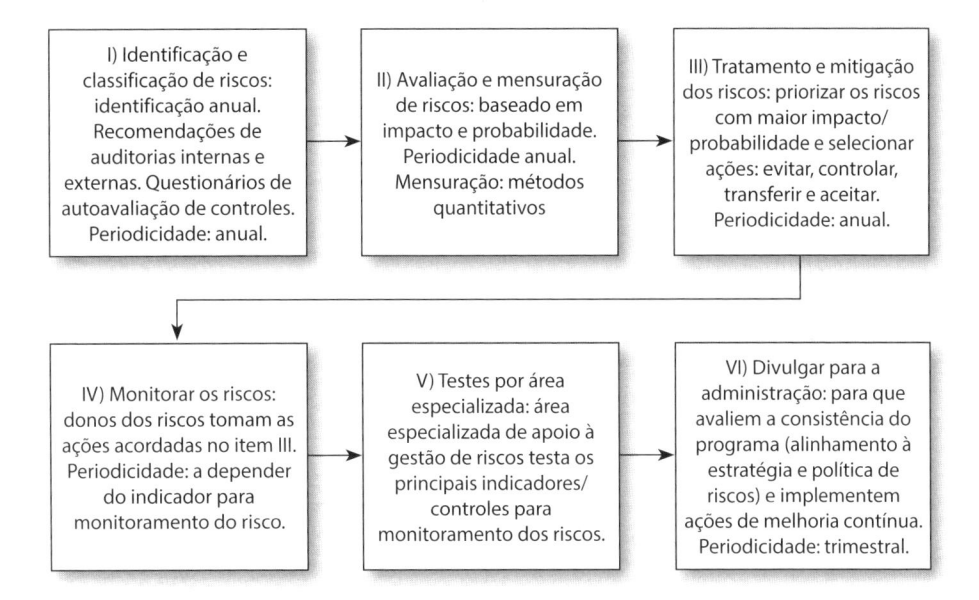

```
┌─────────────────────┐     ┌─────────────────────┐     ┌─────────────────────┐
│ I) Identificação e  │     │ II) Avaliação e     │     │ III) Tratamento e   │
│ classificação de    │     │ mensuração de       │     │ mitigação dos       │
│ riscos:             │     │ riscos: baseado em  │     │ riscos: priorizar   │
│ identificação anual.│ ──▶ │ impacto e           │ ──▶ │ os riscos com maior │
│ Recomendações de    │     │ probabilidade.      │     │ impacto/            │
│ auditorias internas │     │ Periodicidade anual.│     │ probabilidade e     │
│ e externas.         │     │ Mensuração: métodos │     │ selecionar ações:   │
│ Questionários de    │     │ quantitativos       │     │ evitar, controlar,  │
│ autoavaliação de    │     │                     │     │ transferir e        │
│ controles.          │     │                     │     │ aceitar.            │
│ Periodicidade: anual│     │                     │     │ Periodicidade: anual│
└─────────────────────┘     └─────────────────────┘     └─────────────────────┘
                                                                    │
        ┌───────────────────────────────────────────────────────────┘
        ▼
┌─────────────────────┐     ┌─────────────────────┐     ┌─────────────────────┐
│ IV) Monitorar os    │     │ V) Testes por área  │     │ VI) Divulgar para a │
│ riscos: donos dos   │     │ especializada: área │     │ administração: para │
│ riscos tomam as     │     │ especializada de    │     │ que avaliem a       │
│ ações acordadas no  │ ──▶ │ apoio à gestão de   │ ──▶ │ consistência do     │
│ item III.           │     │ riscos testa os     │     │ programa            │
│ Periodicidade: a    │     │ principais          │     │ (alinhamento à      │
│ depender do         │     │ indicadores/        │     │ estratégia e        │
│ indicador para      │     │ controles para      │     │ política de riscos) │
│ monitoramento do    │     │ monitoramento dos   │     │ e implementem ações │
│ risco.              │     │ riscos.             │     │ de melhoria         │
│                     │     │                     │     │ contínua.           │
│                     │     │                     │     │ Periodicidade:      │
│                     │     │                     │     │ trimestral.         │
└─────────────────────┘     └─────────────────────┘     └─────────────────────┘
```

Figura 9.8   Estrutura para gerenciamento de riscos.

Fonte: Adaptado de Prado (2014).

9.7 ESTABELECENDO UMA ARQUITETURA DE RISCO INTEGRADA

A gestão dos diferentes elementos de risco do negócio é uma responsabilidade compartilhada. O compartilhamento da responsabilidade pode ser feito de forma centralizada ou de forma delegada. O enfoque centralizado utiliza uma linguagem comum, técnicas, ferramentas e avaliações periódicas do perfil de risco da empresa como um todo. O enfoque delegado permite que cada unidade de negócio ou função crie sua própria linguagem para a gestão do risco e suas próprias ferramentas e técnicas.

A Figura 9.9 evidencia um exemplo de arquitetura de risco contendo um plano de oito pontos.

```
┌─────────────────────┐    ┌─────────────────────┐    ┌─────────────────────┐
│    Aceitação de     │ ▶  │   Comprometimento   │ ◀  │     Estabelecer     │
│ uma estrutura gerencial │ │   dos executivos e  │    │   a responsabilidade │
│      de risco       │    │   da alta Diretoria │    │ da estratégia do risco│
└─────────────────────┘    └─────────────────────┘    └─────────────────────┘
           ▼                          ▲                          ▲
┌─────────────────────┐    ┌─────────────────────┐    ┌──────────────────────────┐
│    Monitoramento    │ ◀  │     Arquitetura     │ ▶  │ Designar a responsabilidade │
│ do processo gerencial│   │         do          │    │  para o processo de mudança │
│      do risco       │    │        risco        │    │     do gerenciamento        │
│                     │    │                     │    │         do risco            │
└─────────────────────┘    └─────────────────────┘    └──────────────────────────┘
           ▼                          ▲                          ▼
┌─────────────────────┐    ┌─────────────────────┐    ┌─────────────────────┐
│ Reforço da cultura do risco│◀│   Comunicação    │ ▶  │   Responsabilizar   │
│ através de mecanismos de  │  │        e         │    │      recursos       │
│  Recursos Humanos   │    │    treinamento      │    │                     │
└─────────────────────┘    └─────────────────────┘    └─────────────────────┘
```

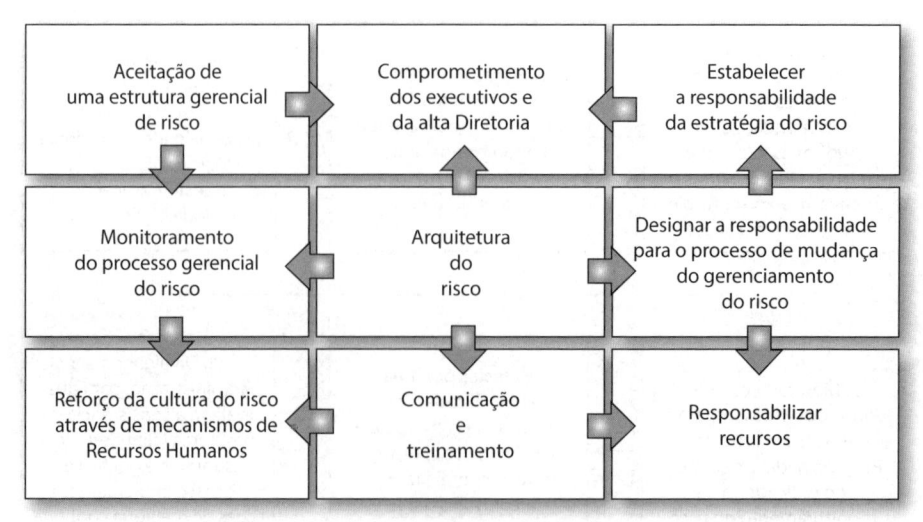

Figura 9.9 Arquitetura de risco – Plano de 8 pontos.

Fonte: Adaptada de: *Estudo nº 9 – International Management Accounting Study, da International Federation of Accountants*, junho de 1999.

Em linhas gerais, para a gestão do risco dentro da empresa quatro elementos são envolvidos:

- política de gerenciamento do risco:
  Define o enfoque da gestão do risco e sua atitude, ou apetite, em relação ao risco. Define também as responsabilidades gerais sobre a política para a revisão do risco e relatórios de acompanhamento necessários.
- recursos:
  Envolve a identificação dos recursos necessários para implementar, monitorar e coordenar o processo de gestão do risco, incluindo o processo de obtenção dos relatórios.
- implementação:
  Envolve a formalização dos processos com a identificação e definição dos riscos, sua avaliação em termos, probabilidades e impactos, e os aspectos-chave dos processos de negócios para responder ao risco.
- revisão e relatórios:
  Inclui a revisão do risco e os relatórios necessários para monitorar todo o processo de gerenciamento do risco.

Com o objetivo de ter uma estrutura padronizada e reconhecida internacionalmente, foi criada a ISO 31000 (Padrão de Gerenciamento de Riscos). Segundo o IIA (2010), esse modelo provê uma estrutura de GR para entidades de qualquer porte, envolvendo o desenho, a implantação e a melhoria contínua do GR.

As técnicas utilizadas para GR podem variar significativamente nas organizações. Dependendo do tamanho e da complexidade das atividades de negócio da organização, os processos de GR podem ser: formais ou informais; quantitativos ou subjetivos; incorporados nas unidades de negócios ou centralizados corporativamente (IIA, 2009).

Quanto à mensuração dos fatores de riscos, os modelos existentes estão focados em uma combinação de impacto e probabilidade. São citados a seguir modelos existentes para avaliação quantitativa ou qualitativa.

O *Special report* do IIA (2012) demonstra uma escala de 1 a 5 para mensuração de impacto e probabilidade. A Figura 9.10 apresenta esta classificação:

IMPACTO	1 – INSIGNIFICANTE	2 – BAIXO	3 – MODERADO	4 – ALTO	5 – CRÍTICO
5 – CRÍTICO	TRANSFERIR	TRANSFERIR	CONTROLAR	MITIGAR	MITIGAR
4 – ALTO	TRANSFERIR	TRANSFERIR	CONTROLAR	MITIGAR	MITIGAR
3 – MODERADO	CONTROLAR	CONTROLAR	CONTROLAR	CONTROLAR	CONTROLAR
2 – BAIXO	ACEITAR	ACEITAR	CONTROLAR	CONTROLAR	CONTROLAR
1 – INSIGNIFICANTE	ACEITAR	ACEITAR	CONTROLAR	CONTROLAR	CONTROLAR

PROBABILIDADE

Figura 9.10 Ações de resposta aos riscos.

Fonte: THE INSTITUTE OF INTERNAL AUDITORS (IIA). Special Report: Contemporary Practices in Risk Management. Janeiro-2012. Disponível em: <http://www.iia.nl/SiteFiles/IIA_leden/Contemporary_Practices_in_Risk_Management[1].pdf>. Acesso em 30 abr. 2016.

Nestes mapas, os riscos que possuem maior impacto e probabilidade são os que merecem o foco das organizações para que haja respostas a eles (mitigando, aceitando, controlando ou transferindo).

9.8 MATRIZ OU MAPA DE RISCO: A MEDIDA-CHAVE DO PERFIL DO RISCO

O mapa de riscos ou matriz de risco é considerado um dos melhores instrumentos para uma visão geral do risco e o seu gerenciamento. Ele incorpora os riscos identificados e sua avaliação.

Um exemplo desse tipo de instrumento pode ser visto nas Figuras 9.11 e 9.12.

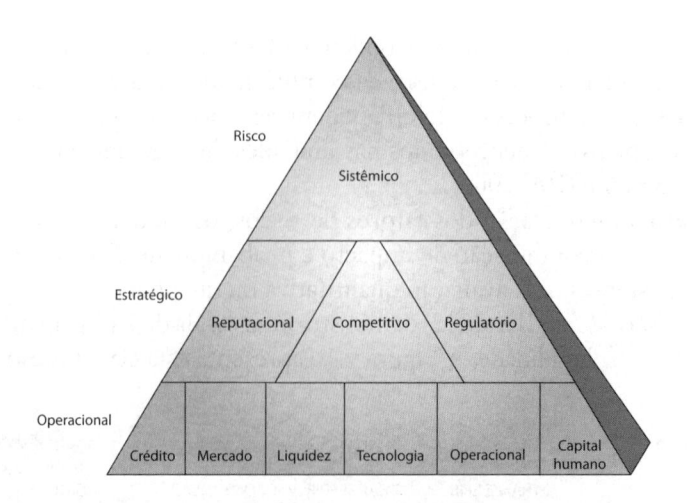

Figura 9.11 Estrutura de gestão de risco do grupo financeiro Royal Bank.
Fonte: extraído do Estudo nº 9 – International Management Accounting Study, da International Federation of Accountants, junho de 1999.

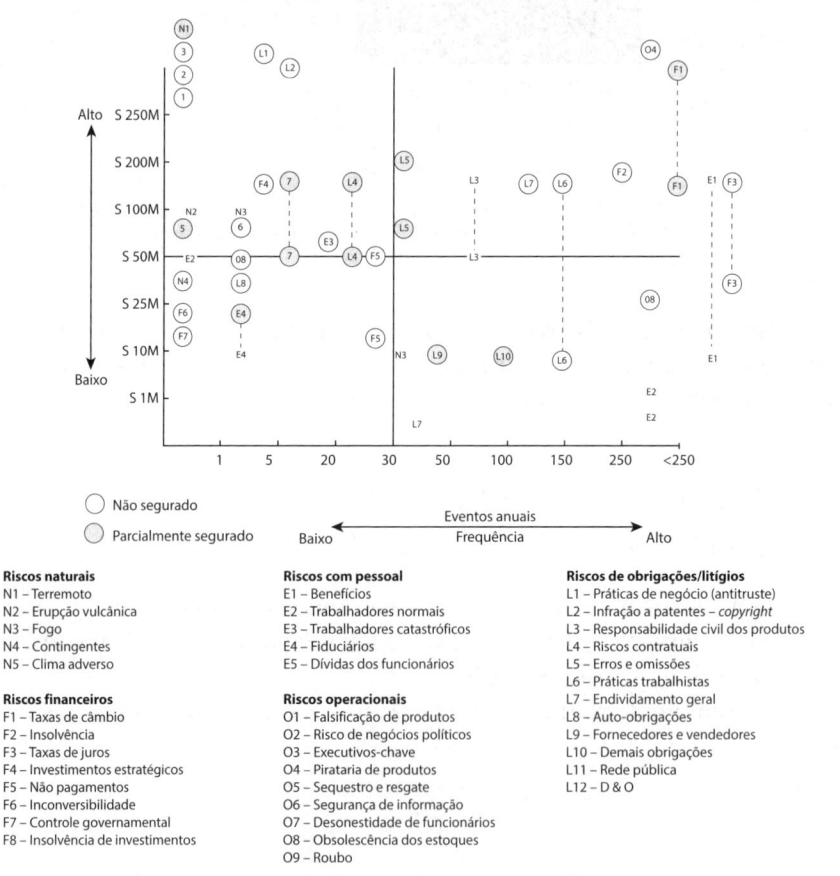

Riscos naturais
N1 – Terremoto
N2 – Erupção vulcânica
N3 – Fogo
N4 – Contingentes
N5 – Clima adverso

Riscos financeiros
F1 – Taxas de câmbio
F2 – Insolvência
F3 – Taxas de juros
F4 – Investimentos estratégicos
F5 – Não pagamentos
F6 – Inconversibilidade
F7 – Controle governamental
F8 – Insolvência de investimentos

Riscos com pessoal
E1 – Benefícios
E2 – Trabalhadores normais
E3 – Trabalhadores catastróficos
E4 – Fiduciários
E5 – Dívidas dos funcionários

Riscos operacionais
O1 – Falsificação de produtos
O2 – Risco de negócios políticos
O3 – Executivos-chave
O4 – Pirataria de produtos
O5 – Sequestro e resgate
O6 – Segurança de informação
O7 – Desonestidade de funcionários
O8 – Obsolescência dos estoques
O9 – Roubo

Riscos de obrigações/litígios
L1 – Práticas de negócio (antitruste)
L2 – Infração a patentes – *copyright*
L3 – Responsabilidade civil dos produtos
L4 – Riscos contratuais
L5 – Erros e omissões
L6 – Práticas trabalhistas
L7 – Endividamento geral
L8 – Auto-obrigações
L9 – Fornecedores e vendedores
L10 – Demais obrigações
L11 – Rede pública
L12 – D & O

Figura 9.12 Exemplo de mapa de risco – Microsoft Corporation.

9.9 IDENTIFICANDO E MENSURANDO RISCOS ESPECÍFICOS

A teoria do risco de rentabilidade tem como base a rentabilidade da empresa e sua relação com a rentabilidade média do mercado, sempre medidas em termos de probabilidades de ocorrência, cenários e variância ou desvio padrão. Contudo, há possibilidade de se fazer um mapeamento mais específico dos riscos da empresa, buscando elementos mais objetivos para mensuração dos riscos identificados.

Dessa maneira, uma metodologia possível seria a de classificar os riscos possíveis em dois grandes blocos:

a) riscos associados aos planos de curto prazo e em andamento;
b) riscos associados aos fluxos futuros de longo prazo.

Basicamente esse tipo de classificação dos possíveis riscos pode ser visto de outra maneira:

a) riscos do que existe e em operação;
b) riscos do que vai existir.

Os riscos do que vai existir seriam os riscos de longo prazo, e estariam intimamente ligados ao planejamento estratégico. Os elementos, variáveis e entidades que representam fraquezas da empresa, e ameaças do ambiente externo seriam as fontes de identificação desses riscos. Normalmente podem ser mensurados de maneira genérica nos fluxos futuros de lucro de longo prazo.

Exemplos representativos desses riscos seriam:

- riscos relacionados com a manutenção, criação ou perda de clientes;
- riscos relacionados com os mercados interno e externo;
- riscos relacionados com os produtos e seus respectivos mercados e clientes;
- riscos relacionados com a manutenção, perda ou criação de tecnologia produtiva, comercial e administrativa;
- riscos relacionados com os concorrentes atuais e potenciais;
- riscos relacionados com a manutenção, perda ou criação de fornecedores estratégicos etc.

Os riscos do que existe e da empresa em operação são mais visíveis, e grande parte deles pode ser associada ao balanço patrimonial e a demonstração de resultados. Como exemplos, poderíamos citar:

- riscos associados às aplicações financeiras e concentração de operações bancárias;
- riscos associados aos valores em moeda estrangeira e sua exposição à volatilidade das taxas de câmbio;
- riscos de obsolescência de estoques;
- riscos de concentração de vendas para clientes;
- riscos de perdas com inadimplência;
- riscos com passivos trabalhistas e contingências tributárias;
- riscos com tecnologia e obsolescência das plantas fabris;
- riscos com aumento de custos dos fornecedores de bens e serviços;
- riscos de mudança de políticas tributárias e trabalhistas;
- riscos de perda de controle interno;
- riscos de fraudes etc.

A maior parte dos riscos de curto prazo permite facilidades de mensuração, já que estão relacionados com ativos e passivos, e as operações, existentes e em andamento. Pode-se fazer um mapa desses riscos, mensurando perdas prováveis. Como modelo geral, sugere-se o balanço e a demonstração de resultados dentro de um conceito de contas analíticas. Cada elemento patrimonial do balanço e cada elemento da demonstração de resultados pode ser alinhado e, em cima disso, trabalhar as possibilidades de perdas para um horizonte de 1 ou dois anos.

9.10 MODELO DE ACOMPANHAMENTO

Cada tipo de risco especificado deve ser objeto das suas principais variáveis, com objetivo de possuir uma maior abrangência na identificação de seus componentes e da acuracidade de sua mensuração. Após a leitura de todos os modelos de gestão de cada risco identificado, é necessária sua consolidação em um mapa geral dos riscos identificados, trazendo o resumo e os principais elementos e sua mensuração.

A Tabela 9.1 apresenta um modelo genérico de gerenciamento de risco, que pode ser adaptado para qualquer empresa ou entidade, de qualquer porte. O modelo foi desenvolvido em Excel® e pode ser aplicado a cada grupo de riscos específicos identificados.

Tabela 9.1 Modelo de relatório de avaliação de riscos.

Riscos identificados	Dado	Variação possível	Valor nominal	Probabilidade Avaliação	Probabilidade %	Impacto	Valor do risco	Sistema de proteção	Contabilização
Riscos correntes									
Patrimoniais									
Aplicações financeiras			20.000	B	1%	A	200	*Hedge*	Sim
Créditos em moeda estrangeira	2,9	20%	10.000	M	50%	A	-2.900	Securitização	Não
Débitos em moeda estrangeira	2,9	20%	25.000	M	50%	A	7.250	Securitização	Não
Perdas de estoque não contabilizadas			10.000	A	90%	A	9.000	Não	Não
Créditos com clientes concentrados			20.000	B	10%	A	2.000	SIG	Não
Inadimplências – Atrasos existentes			5.000	A	99%	A	4.950	SIG	Sim
Imobilizados – Passíveis de furtos			2.000	B	10%	B	200	Seguro	Não
Imobilizados – Obsolescência			50.000	B	2%	A	1.000	SIG	Sim
Subtotal			**142.000**				**21.700**		
Contingentes									
Processo trabalhista 1			4.000	B	2%	B	80	Não	Sim
Processo trabalhista N			2.500	A	95%	A	2.375	Não	Não
Risco trabalhista N			30.000	A	5%	A	1.500	Liminar	Não
Risco procedimento ICMS			50.000	M	50%	A	25.000	Liminar	Sim
Risco procedimento IR/CSLL			150.000	M	50%	A	75.000	Não	Não
Subtotal			**236.500**				**103.955**		
Riscos futuros									
Patrimoniais									
Resultados de controladas	1	20%	200.000	M	50%	A	20.000	SIG	Não
Perda de controle interno	1	2%	800.000	B	20%	M	3.200	SIG	Não
Subtotal			**1.000.000**				**23.200**		
Operacionais									
Aumento de custos de fornecedores	1	15%	800.000	B	20%	A	24.000	SIG	Não
Perda de *market share*	1	10%	4.000.000	B	5%	A	20.000	SIG	Não
Subtotal			**4.800.000**				**44.000**		
Total geral			**6.178.500**				**192.855**		

A = Alto / M = Moderado / B = Baixo
SIG = Sistema de Informação Geral

Fonte: adaptado de PADOVEZE, C. L.; BERTOLUCCI, R. G. Gerenciamento de risco corporativo em controladoria. 2. ed. São Paulo: Atlas, 2013. p. 288-289.

O modelo contempla todos os conceitos recomendáveis. Introduziu-se a informação de valor nominal por se entender relevante. O valor dos riscos deve ser mensurado utilizando o modelo estatístico mais adequado ao risco (variação, desvio padrão, probabilidade simples, Value At Risk (V@R), *stressing*, simulação de Monte Carlo, *duration* etc.).

Neste modelo, o valor do risco de todos os riscos identificados foi avaliado por probabilidade simples. É importante ressaltar que os riscos podem ser minimizados (mitigados) de diversas maneiras. Nesse sentido, o modelo contempla a coluna de Sistema de Proteção. As proteções podem ter custos, como seguros, *hedges*, derivativos, depósitos judiciais etc. O mínimo que se espera é que se tenha proteção por um sistema de informação gerencial.

Muitos riscos são conhecidos e as práticas internacionais de contabilidade exigem sua contabilização: por exemplo, provisões para créditos incobráveis, provisão para perdas com estoques deterioráveis ou obsoletos, provisão para passivos contingentes prováveis etc. Essa informação deve constar no modelo de relatório de acompanhamento.

Complementarmente pode-se criar uma última coluna denominada "Dono do risco" na qual se identificará o setor, área ou departamento responsável pela gestão do risco, facilitando seu controle e mitigação.

9.11 QUESTÕES E EXERCÍCIOS

1. Tome uma empresa conhecida como exemplo e estruture um mapa de gerenciamento de risco. Para cada risco identificado, faça uma explanação, indicando:

    a) se o impacto é alto, moderado ou baixo;
    b) se a probabilidade de ocorrência é alta, moderada ou baixa.

2. Tome o balanço patrimonial de uma empresa conhecida e procure identificar o risco possível em cada elemento patrimonial, do ativo e do passivo, atribuindo probabilidade e mensurando em termos de valor as possibilidades de perda.

3. Preencha os parênteses com a letra correspondente ao risco:

    (A) Riscos de fluxos futuros de lucro de longo prazo.
    (B) Riscos do que existe e da empresa em operação.
    (   ) Riscos com tecnologia e obsolescência das plantas fabris.
    (   ) Riscos relacionados com os produtos e seus respectivos mercados e clientes.
    (   ) Riscos com aumento de custos dos fornecedores de bens e serviços.
    (   ) Riscos com passivos trabalhistas e contingências tributárias.
    (   ) Riscos de obsolescência de estoques.

( ) Riscos associados às aplicações financeiras e concentração de operações bancárias.
( ) Riscos relacionados com a manutenção, perda ou criação de fornecedores estratégicos.
( ) Riscos de fraudes.
( ) Riscos de concentração de vendas para clientes.
( ) Riscos relacionados com os concorrentes atuais e potenciais.
( ) Riscos relacionados à manutenção, criação ou perda de clientes.
( ) Riscos de perdas com inadimplência.
( ) Riscos relacionados com os mercados interno e externo.

Referências bibliográficas

AAKER, D. A. *Strategic market management*. New York: John Willey & Sons, 2001.
ACKOFF, R. L. *Creating the corporate future*. John Wiley & Sons, Inc. 1981.
_____. *Planejamento empresarial*. Rio de Janeiro: Livros Técnicos e Científicos, 1975.
ANDRADE, C. H. C. de. *Manual de introdução ao pacote econométrico Gretl*. Disponível em: <http://www.ufrgs.br/ppge/pcientifica/ 2013_12.pdf> Acesso em: 1º maio 2015.
ANSOFF, I. H. *Administração estratégica*. São Paulo: Atlas, 1990.
ANTHONY, R. N. *Contabilidade gerencial*. São Paulo: Atlas, 1979.
ANTÔNIO, N. S. *Estratégia organizacional: do posicionamento ao movimento*. Lisboa: Edições Sílabo, 2006.
ATKINSON, A. A. et al. *Management accounting*. 2. ed. Upper Saddle River, New Jersey: Prentice-Hall Inc., 1997.
BATAGLIA, W. et al. *Implicações das teorias ambientais para a Administração Estratégica*. Encontro Nacional da Associação Nacional de Pós-graduação e Pesquisa em Administração. Salvador: EnANPAD. 2006. p. 9.
BELFIORE, P.; FÁVERO, L. P. *Pesquisa operacional para cursos de administração, contabilidade e economia*. Rio de Janeiro: Elsevier, 2012.
BEN-AMAR, V.; BOUJENOUI, A.; ZEGHAL, D. The relationship between corporate strategy and enterprise risk management: evidence from Canada. *Journal of Management and Strategy*, v. 5, n. 1, 2014. Disponível em: <http://sciedu.ca/journal/index.php/jms/article/view/4234/2426>. Acesso em: 27 abr. 2014.
BERNSTEIN, P. L. *Desafio aos deuses*: a fascinante história do risco. 7. ed. Rio de Janeiro: Campus, 1997.
BERTALANFFY, L. von. *Teoria geral dos sistemas*. Petrópolis: Vozes, 1975. 351p.
BERTOLUCCI, R. G. *Gerenciamento de risco corporativo em controladoria*. 2. ed. São Paulo: Atlas, 2013. p. 288-289.
BEUREN, I. M. *Gerenciamento da informação*. São Paulo: Ed. Atlas, 1998.
BIO, S. R. *Sistemas de informação*: um enfoque gerencial. São Paulo: Atlas, 1985.
BOURGEOIS, L. J. Strategy and environment: a conceptual integration. *Academy of Management Review*, v. 5, n.1, p. 25-39, 1980.

BOYATZIS, R. E. *The competent manager*: a model for effective performance. New York: John Wiley & Sons, 1982.

BOYNTON, W. C.; JOHNSON, R. N.; KELL, W. G. *Auditoria*. 7. ed. São Paulo: Atlas, 2002.

BRASIL, BANCO CENTRAL DO BRASIL. Documento 3050: Modalidades de crédito. Brasília, 2015.

CALCAGNOTTO, A. C. P. V. *Planejamento estratégico*: as estratégias competitivas e sua aplicação em empresas de varejo da região de Caxias do Sul. São Paulo: FGV/EAESP, 1995. Disponível em: <http://bibliotecadigital.fgv.br/space/bitstream/handle/10438/4727/1199600127.pdf?sequence=1>. Acesso em: 4 ago. 2015.

CARAVANTES, G. R.; PANNO, C. C.; KLOECKNER, M. C. *Administração*: teorias e processo. São Paulo: Pearson Prentice Hall, 2005.

CARDOSO, L. *Estratégia e competitividade*: como vencer nos negócios no ambiente vertiginoso e global do século XXI. Lisboa: Editorial Verbo, 2006.

CARDOSO, R. L.; MENDONÇA NETO, O. R.; OYADOMARI, J. C. Os estudos internacionais de competências e os conhecimentos, habilidades e atitudes do contador gerencial brasileiro: análises e reflexões. *Brazilian Business Review*, v. 7, n. 3. Vitória, p. 91-113. set.-dez. 2010.

CATELLI, A. *Apontamentos de sala de aula*. Disciplina Controladoria. Doutorado em Controladoria e Contabilidade. FEA-USP, 1994.

_____; et al, (coord.) 2. ed. *Controladoria*: uma abordagem da gestão econômica. São Paulo: Atlas, 2015.

_____; GUERREIRO, R. Gecon – Sistema de informação de gestão econômica: uma proposta para mensuração contábil do resultado das atividades empresariais. In: *Boletim do CRC-SP*, setembro de 1992.

CGMA. Chartered Global Management Accountant. SMITH, N.; TILLEY, C.; TAGOE, N. USA/UK. Disponibilizado por Associação Nacional de Programas de Pós-Graduação em Ciências Contábeis. ANPCONT. In: III Encontro de Professores de Contabilidade Gerencial, 2016. Disponível em: <http://www.cgma.org/Resources/Tools/Pages/cgma-competency-framework.aspx>. Acesso em: 3 abr. 2016.

CHANDLER, A. D. Jr. *Strategy and structrure*. Cambridge, Massachussets: MIT Press, 1962.

CHARTTERJEE, S. *Estratégia à prova de falhas*: como lucrar e crescer correndo riscos que outros evitam. Trad. de Ellane P. Zanith Brito. Porto Alegre: Bookman, 2006.

COLANTONI, C. S. et al. A Unified Approach to the Theory of Accounting and Information Systems. *The Accounting Review*, January, 1971.

COMISSÃO DE VALORES MOBILIÁRIOS – CVM. Deliberação CVM nº 29, de 5 de fevereiro de 1986. Brasília: CVM, 1986.

COSO – Committee of Sponsoring Organizations of the Treadway Commission. *Gerenciamento de riscos corporativos*: estrutura integrada, 2007. Disponível em: <http://www.coso.org/documents/COSO_ERM_ExecutiveSummary_Portuguese.pdf >. Acesso em: 30 abr. 2016.

CROZATTI, J. Modelo de gestão e cultura organizacional – conceitos e interações. In: *Caderno de Estudos Fipecafi*, nº 18, maio/agosto/1998.

CUNHA, Antônio Geraldo da. Dicionário etimológico da língua portuguesa. 4. ed. 4ª imp. Rio de Janeiro: Lexikon, 2013.

D'AMORE, D.; CASTRO, A. de S. *Curso de contabilidade*. 14. ed. São Paulo: Saraiva, 1967.

DAMODARAN, A. *Avaliação de empresas*. 2. ed. São Paulo: Pearson Prentice Hall, 2007.

DEL VALLE, D.; BEZERRA, E. C.; TAMURA, S. M. *O papel do "controller" nas organizações*. FEA-USP, Pesquisa acadêmica, disciplina do Prof. Fábio Frezatti, 2º sem. 2000. Não publicado.

DELAPORTE, R. *Concepts raisonnés de la comptabilité économique*. Neuilly: Delaporte, 1930.
DRIVER, M. J.; MOCK, T. J. Human information processing, decision style theory and accounting information systems: a reply. *The Accounting Review*, v. 52, n. 4, pp. 988-990, out. 1977. Disponível em: <http://www.jstor.org/stable/245601?seq=1#page_scan_tab_contents>. Acesso em: 2 set. 2015.
DRUCKER, P. *The effective executive*. New York: Harpercollins Publishers, 1993.
ECKES, G. *Six sigma for everyone*. New York: John Wiley & Sons, 2003.
_____. *The Six sigma revolution*. How generation and others turned Process into profits. 4. ed. New York; John Wiley & Sons, 2000.
EOM, S.; KIM, E. A survey of decision support system aplications (1995-2001). *Journal of the Operational Research Society*, v. 57, p. 1264-1278, 2006. Disponível em: <http://cstl hcb.semo.edu/sbeom/research/dss3surveyARTICLE.pdf>. Acesso em: 9 mar. 2015.
EVERITT, B. S. et al. *Cluster analysis*. New York: Wiley, 2010.
FAYOL, H. Administration industrielle et gérérale. Paris: H. Dunod et E. Pinat, Éditeurs, 1916.
FIGUEIREDO, S.; MOURA, H. A utilização dos métodos quantitativos pela contabilidade. *Revista Brasileira de Contabilidade*, Brasília, ano 30, n. 127, p. 51-61, jan./fev. 2001. Disponível em: <http://www.isesonline.com.br/downloads/sandra/artigos/A_UTILIZACAO_DOS_METODOS_/QUANTITATIVOS_NA_CONTABILIDADE.pdf> Acesso em: 3 fev. 2015.
FISKE, W. P. Training for the controllership. *The Accounting Review*. Sarasota, Florida, v. 15, n. 2, p. 232-238, jun. 1940.
FRANCIA, A. J. et al. *Managerial accounting*. 9. ed. Houston: Dame Publ., 1991.
FRANCISCHETTI, C. E. *Aplicação de contabilometria no processo de planejamento econômico de uma empresa de varejo nacional*. Piracicaba: UNIMEP – Universidade Metodista de Piracicaba. Tese (Doutorado) – Faculdade de Gestão e Negócios, 2015.
GIBSON, J. L.; IVANCEVICH, J. M.; DONNELLY, J. H. *Organizações*: comportamento, estrutura, processos. São Paulo: Atlas, 1988.
GLAUTIER, M. W. E.; UNDERDOWN, B. *Accounting theory and practice*. Londres: Pitman, 1977.
GUERREIRO, R. *Modelo conceitual de sistema de informação de gestão econômica*: uma contribuição à teoria da comunicação da contabilidade. São Paulo, Tese de Doutoramento, FEA-USP. 1989.
_____. Um modelo de sistema de informação contábil para mensuração do desempenho econômico das atividades empresariais. In: *Caderno de Estudos FIPECAFI/FEA-USP*, n. 4, março de 1991.
GUJARATI, D. N. *Econometria básica*. Porto Alegre: Elsevier, 2011.
HAIR, J. F. et al. *Análise multivariada de dados*. Porto Alegre: Bookman, 2009.
HECKERT, J. B.; WILLSON, J. D. *Controllership*. 2. ed. New York: Ronald Press, 1963.
HEIJDEN, K. van der. *Cenários*: a arte da conversação estratégica. Trad. de Carlos Alberto Silveira Netto e Nivaldo Montingelli Jr. Porto Alegre: Bookman, 2004.
HENDRIKSEN, E. S. *Accounting theory*. 3. ed. Homewood: Richard D. Irwin, 1977.
HERITIER, S. et al. Robust methods. In: *Biostatistics*. Chichester: John Wiley & Sons, 2009.
HERRMANN JR., F. *Contabilidade superior*. 10. ed. São Paulo: Atlas, 1978.
_____. *Contabilidade superior*. 11. ed. São Paulo: Atlas, 1996.
HILL, R. C.; GRIFFITHS, W. E.; JUDGE, G. G. *Econometria*. São Paulo: Saraiva, 2003.
HORNGREN, C. T. *Introdução à contabilidade gerencial*. 5. ed. Rio de Janeiro: Prentice/Hall, 1985.
_____; FOSTER, G.; DATAR, S. M. *Cost accounting*: a managerial emphasis. 8. ed. Englewood Cliffs, New Jersey: Prentice-Hall, 1994.

_____; SUNDEM, G. L.; STRATTON, W. O. *Contabilidade gerencial*. São Paulo: Pearson, 2004.
IBGE. Instituto Brasileiro de Geografia e Estatística. Disponível em: <http://www.ibge.gov.br/home/> Acesso em: 19 mar. 2015.
IFAC. International Federation of Accountants. PAIB – Professional Accountants in Business Committee. *The roles and domain of the professional accountant in business*. 2005.
IMA – Institute of Management Accountants – Management Accounting Practices Committee. Statements on Management Accounting – SMA 1A. Montvale, New Jersey, USA. 1981.
International Management Accounting Study. Extraído e adaptado do *Estudo nº 9 – International Management Accounting Study*, da International Federation of Accountants, junho de 1999.
INTERNATIONAL MONETARY FUND (IMF). World economic outlook : a survey by the staff of the International Monetary Fund. Washington, DC : International Monetary Fund, 1980. Disponível em: < http://www.imf.org/external/pubs/ft/weo/2015/01/pdf/text.pdf> Acesso em: 10 jan. 2016.
IPEADATA. *Taxa de câmbio nominal*. Banco Central do Brasil, seção Balanço de pagamentos. Disponível em: <http://www.ipeadata.gov.br/ExibeSerie.aspx?serid =38389>. Acesso em: 25 mar. 2015.
IUDÍCIBUS, S. de. *Contabilidade gerencial*. 4. ed. São Paulo: Atlas, 1987.
_____. Por uma teoria abrangente de contabilidade. In: *Boletim do IBRACON*, ano XVII, n. 200, janeiro de 1995.
_____. *Teoria da contabilidade*. São Paulo: Atlas, 1980.
JUCIUS, M. J.; SCHLENDER, W. E. *Introdução à administração*. 3. ed. São Paulo: Atlas, 1990.
JULIO, C. A.; SALIBI NETO, J. *Estratégia e planejamento: autores e conceitos imprescindíveis*. São Paulo: Publifolha, 2002.
KAHNEMAN, D. A hora de pedir conselhos. *Revista da ESPM*, ano 21, edição 97, n. 2. p. 51-55. mar./abr./2015.
KANITZ, S. C. *Controladoria*: teoria e estudo de casos. São Paulo: Pioneira, 1976.
KAPLAN, R. S.; JOHNSON, H. T. *Contabilidade gerencial*. Rio de Janeiro: Campus, 1993.
_____.; NORTON, D. P. *A estratégia em ação*: balanced scorecard. Rio de Janeiro: Campus, 1997.
_____.; _____. Using the balanced scorecard as a strategic management system. In: *Harvard Business Review*, jan.-fev. 1996.
KOTLER, P. *Administração de marketing*: análise, planejamento, implementação e controle. São Paulo: Atlas, 1992.
LANCHTERMACHER, G. *Pesquisa operacional na tomada de decisões*. Rio de Janeiro: Campus, 2004.
LAZATTI, S. *RP/TD*: El Processo Decisorio. Buenos Aires: Ediciones Macchi, 1997.
LEXIKON. *Dicionário etimológico da Língua Portuguesa*. Rio de Janeiro: Lexikon, 2013.
LOBATO, D. M. et al. *Estratégia de empresas*. Rio de Janeiro: FGV, 2007.
LOVEMAN, G.; SENGENBERGER, W. Introduction. In: *The re-emergence of small enterprises*. Geneva: OIT, 1990.
MARCIAL, E. C.; GRUMBACH, R. J. dos S. *Cenários prospectivos*: como construir um futuro melhor. 5. ed. rev. e ampl. Rio de Janeiro: Editora FGV, 2008.
MATHIAS, A. A construção do BSC em uma instituição de ensino privada do Rio de Janeiro. I Fórum Balanced Scorecard Brasil. Symnetics. Rio de Janeiro, 2002.
MARTINS, E. O papel do contador estratégico do futuro – contadoria e contabilidade estratégicas. 1º Simpósio Nacional IOB de Contabilidade. 19 de junho de 1998. São Paulo.

McCARTY, T. et al. *The six sigma black belt handbook*. Six SIGMA Operational Methods. McGraw-Hill Education: New York, 2004.
McCLELLAND, D. C. Testing for competence rather than for intelligence. *American Psychologist*, p. 1-14. January, 1973.
MILLIGAN, G. W. An examination of the effect of six types of error perturbation on fifteen clustering algorithms. *Psychometrika*, 45, pp. 325-342, 1980.
MINTZBERG, H. *The nature of managerial work*. New York: Harper & Row, 1973.
_____; AHLSTRAND, B.; LAMPEL, J. et al. *Safári de estratégia*: um roteiro pela selva do planejamento estratégico. Porto Alegre: Bookman, 2010.
MOSIMANN, C. P.; ALVES, O. de C.; FISH, S. *Controladoria*: seu papel na administração de empresas. Florianópolis: Editora da UFSC, 1993.
MOTTA, P. R. Dimensões gerenciais do planejamento à gestão estratégica. *Caderno de administração*. Belo Horizonte, v. 1, n. 1, p. 1-7, 1992.
NAKAGAWA, M. *Custos para a competitividade*. Trabalho apresentado para o concurso de Professor Titular. São Paulo: FEA-USP, 1993.
NAYLOR, T. H. *Computer simulation experiments with models of economic systems*. New York: John Wiley & Sons, Inc., 1971.
NBC TG estrutura conceitual – estrutura conceitual para elaboração e divulgação de relatório contábil-financeiro. Resolução CFC nº 1.374 de 2011.
NORTON, D. P. Medir a criação de valor, uma tarefa possível. In: *HSM Management*, n. 24, jan.-fev. 2001, p. 24.
OLIVEIRA, D. de P. R. *Sistemas, organização & métodos*. 3. ed. São Paulo: Atlas, 1992.
_____. *Sistemas, organização e métodos*: uma abordagem gerencial. 3. ed. São Paulo: Atlas, 1990.
OLIVEIRA, V. C. S. de. *Um estudo da aplicabilidade do balanced scorecard numa instituição de Ensino Superior*. UNISAL, Dissertação de Mestrado, 2005.
OLIVIER, S.; RILEY, D. Perceptions and practice of corporate communication in small businesses. Corporate Communications, *ABI/INFORM Global*, Ann Arbor/MI, p. 12-18, 1996.
PADOVEZE, C. L. *Sistema de informações contábeis*: fundamentos e análise. 7. ed. São Paulo: Atlas, 2015.
_____; BERTOLUCCI, R.G. Gerenciamento de risco corporativo em controladoria. 2. ed. São Paulo: Atlas, 2013.
PARASURAMAN, A.; ZEITHAML, U.A.; BERRY, L.L. Servqual: a multiple-item scale for measuring consumer perceptions of service quality. Journal of Retailing. v. 64, n. 1. Primavera de 1988.
PELEIAS, I. R. Falando sobre controle interno. Temática contábil e balanços – *IOB – Informações Objetivas*. 1ª semana, n. 9, março de 1999.
_____. et al. O processo de planejamento e a controladoria. *RBC*, n. 77, out.-dez. 1991.
PEREIRA, L. C. B. *Desenvolvimento e crise no Brasil*: 1930-1983. São Paulo: Brasiliense, 1987.
PETERS, M. R. S. *Controladoria internacional*. São Paulo: DVS Editora, 2004.
PORTER, M. *Estratégia competitiva*: técnicas para a análise de indústrias e da concorrência. 2. ed. Trad. de Elizabeth M. P. Braga. Rio de Janeiro: Elsevier, 2004.
PRADO, E. V. *Práticas de gerenciamento de riscos corporativos*: um estudo de caso em uma indústria multinacional de autopeças. Dissertação (Mestrado em Administração) – Faculdade de Gestão e Negócios / Programa de Pós-Graduação em Administração – Universidade Metodista de Piracicaba, 2014. 150 p.
RATTNER, H. *Estudos do futuro*: introdução à antecipação tecnológica e social. Rio de Janeiro: FGV, 1979.
RIBEIRO, M. de P. M. Planejamento por cenários: uma ferramenta para a era do conhecimento. Uninter: *Revista Intersaberes*, v. 1, n. 1, p. 186-202, jan.-jun./2006. Disponível

em: <http://www.grupouninter.com.br/intersaber es/index.php/ revista/article/viewFile/93/67>. Acesso em: 5 jan. 2015.
RICCIO, E. L. *Uma contribuição ao estudo da contabilidade como sistema de informação.* Tese de Doutoramento, FEA-USP, 1989, p. 15.
RICHARDSON, R. J. *Pesquisa social* – métodos e técnicas. São Paulo: Atlas, 2008.
SATHE, V. The controller's role in management. *Organizational Dynamics,* 11 (3): 31-48, winter, 1983.
SCHWARTZ, P. *A arte da visão de longo prazo*: planejando o futuro em um mundo de incertezas. São Paulo: Nova Cultural, 2006.
SENGE, P. *The fifth discipline*: the art and practice of the learning organization. New York: Doubleday, 1990.
SHANNON, R. E. *Systems simulation*: the art and science. Englewood Cliffs, EUA: Prentice-Hall, Inc., 1975.
SOBRAPO, Sociedade Brasileira de Pesquisa Operacional. Disponível em: <http://www.sobrapo.org.br>. Acesso em: 8 mar. 2015.
SPENCER, L. M. Jr.; SPENCER, S. M. *Competence at work*: models for superior performance. New York: John Wiley, 1993.
STEDRY, A. C. Getting the most from budgeting. In: KENNEDY, Alinson; DUGDALE, David. Management Accounting. Londres, v. 77, n. 2. fev. 1999.
TADEU, H. F. B.; SILVA, J. T. M. *Simulação de cenários para o planejamento estratégico empresarial. Caderno de ideias.* Disponível em: <http://www.fdc.org.br/pt/publicacoes>. Acesso em: 5 jan. 2015.
TARAPANOFF, K. *Inteligência organizacional e competitiva.* Brasília: Unb, 2001.
TESCHE, C. H. et al. Contabilidade: ciência, técnica ou arte? *RBC,* n. 74, 1991.
INSTITUTE OF INTERNAL AUDITORS – IIA. *Practice guide*: assessing the adequacy of risk management using ISO 31000. December 2010. Disponível em: <http://www.globaliia.org/standards-guidance>. Acesso em: 10 mar. 2016.
_____. *Special report*: contemporary practices in risk management. Janeiro, 2012. Disponível em: <http://www.globaliia.org/standards-guidance>. Acesso em: 10 mar. 2012.
_____. Orientação prática 2120-1: avaliação da adequação do gerenciamento de riscos. Abril, 2009. Disponível em: <http://www.global.theiia.org/standards-guidance/Pages/standards-and-guidance-IPPF.asps>. Acesso em: 28 abr. 2013.
_____. *Special report*: contemporary practices in risk management. Janeiro, 2012. Disponível em: <http://www.globaliia.org/standards-guidance>. Acesso em: 19 out. 2012.
THOMPSON, J. L. *The CIMA handbook of strategic management.* Londres: Butterworth Heinemann, 1995.
TIFFANY, P.; PETERSON, S. D. *Planejamento estratégico.* Rio de Janeiro: Campus, 1999.
U.S. DEPARTMENT OF THE TREASURY. Taxes. Disponível em: < https://www.treasury.gov/services/Pages/Taxes.aspx> Acesso em: 15 fev. 2016.
VAN HORNE, J. C. *Financial management and policy.* 12. ed. New Jersey: Prentice-Hall, 2001.
VIANA, C. da R. *Teoria geral da contabilidade.* 3. ed. Porto Alegre: Sulina, 1966.
WARD, K. *Strategic management accounting.* Oxford: Butterworth Heinemaa, 1996.
WATSON, H. J.; BLACKSTONE JR., J. H. *Computer simulation.* New York: John Wiley & Sons, Inc., 1989.
WRIGHT, P. KROLL, M. J.; PARNELL, J. *Administração estratégica.* São Paulo: Atlas, 2000.
YOSHITAKE, M. *Manual de controladoria financeira.* São Paulo: IOB, 1984.
ZACCARELLI, S. B. *Estratégia e sucesso nas empresas.* São Paulo: Saraiva, 2013.
_____. *Estratégia moderna nas empresas.* São Paulo: Zarco, 2004.

Índice remissivo

A
Acompanhamento do negócio, 101
Administração, 3, 22-23, 80, 85
American Institute of Certified Public Accountants (AICPA), 32
Ambiente externo, 17-18, 50, 52, 61, 79, 93, 95, 140, 142, 182, 184-185, 187-188, 213, 215
Análise
   de balanço, 123
   do ambiente, 147-150
   financeira, 17, 20, 123
   SWOT, 140-143, 146-147, 181
Arquitetura de risco, 224
Atuação, 3, 7, 12, 21, 26, 33, 40, 47, 51, 53, 87, 89-90, 92-95, 102, 105, 129, 137-138, 143, 149, 162, 178, 215
Avaliação dos riscos, 220

B
Balanced scorecard, 195, 199, 201, 206
Balanço patrimonial, 20
Banco dados, 13-14, 39, 102, 131
BCG, 136

C
Cenários, tipos, 97, 139
CGMA®, 17-18, 32
CHA, 32
Chartered Global Management Accountant®, 18, 32
Ciência contábil, 4-5, 9, 11-12, 16, 19, 23, 59
Chartered Institute of Management Accountants (CIMA), 32
Cinco forças de Porter, 88, 143-144, 147

Comparabilidade, 10, 15
Competência, 31, 149
Competência empresarial, 53, 57-58, 60
Competitividade, 84, 126-127
Compliance, 36, 215-216
Compreensibilidade, 10
Confiabilidade, 10, 201, 205
Conformance, 218
Construção de cenários, 71, 135, 140, 182
Contabilidade, 3, 5, 10, 15-18, 20, 35, 92-94, 97-98, 184
   financeira, 15, 18, 20
   gerencial, 15, 17, 20
   tradicional, 16
Contador, 10, 31-32, 62, 94, 99, 221
Controladoria, 3-4, 6, 21, 23-24, 35, 91, 95
Controladoria estratégica, 35, 91, 95
Controller, 29
Coso, 215, 221-222
Criação de valor, 1, 6, 57, 59, 66, 142, 214-215

D
Decisões de investimentos e financiamentos, 31
Demonstração de resultados, 39, 76, 228
Diagnóstico, 36, 75
Diagnóstico das necessidades de informações, 36
Diretor financeiro, 21, 30
Due diligence, 220-221

E
Eficácia, 57
Eficiência, 24, 44-46, 48

Enfoque controlístico, 12
Enfoque sistêmico, 1, 25, 45-46, 70
Estoque, 40, 78, 186, 204, 229
Estratégia
   competitiva, 85
   corporativa, 86, 92, 97
   de sobrevivência, 86, 139
   funcional, 86
   organizacional, 85, 92
Estrutura organizacional, 36, 149
Eventos econômicos, 37

F
Financeira, 16-17, 197, 199-201, 205-206, 209
Fluxo de caixa, 39, 60, 76, 160, 176
Focus, 119-121, 151
Forças e fraquezas, 80, 142, 153, 181
Função contábil, 29-30, 71
Funções contábeis, 15
Fundamentus, 125

G
Geração do lucro, 51, 57, 61
Gerenciamento
   de cenários, 138, 156
   de riscos, 221-224
   do risco, 213-214, 216, 219, 224
Gestão
   de riscos, 89
   do risco, 22
   econômica, 3, 6, 23, 26-27, 39, 156
   empresarial, 18-19, 40, 61-62, 65, 72, 101, 155, 195
   tributária, 35, 40
Globalização, 83

H
Habilidades, 32, 202, 204-205

I
Identificação dos riscos, 219, 221
Ifac, 29-30, 32
Indicadores-chave de desempenho, 187-189
Indicadores de desempenho, 95-97, 99, 183, 186, 188-191, 217
Indicadores de excelência empresarial, 194, 202, 205
Informação contábil, 10, 12-14, 16-17, 19, 21, 26, 33, 37, 59, 92, 94, 99, 159, 161, 164
Informações para acompanhamento do negócio, 95, 97, 99, 101
ISO, 191, 9000

K
KPI, 189-191, 193

L
Lei complementar nº 123 de 14 dezembro de, 2006, 28
Lei das s/a, 18, 28
Lei nº 7.256/84, 28
Leitura do ambiente e cenários empresariais, 95, 99, 135
Líder, 32-33, 64
Lucro como medida de eficácia da empresa, 58

M
Mapa de risco, 220, 225-226
Margem de contribuição, 76, 201
Materialidade, 10
Matriz, 39, 50, 66, 136-137, 225
Maximização da riqueza do acionista, 49
Mensuração, 14, 59, 66, 223
Mensuração econômica, 14
Mercado, 111, 119-121, 129-130, 149, 201, 205, 226
Métodos quantitativos, 156-157, 163-164, 182
Missão, crenças e valores, 25
Modelo de decisão, 70, 76
Modelo de gestão, 64-66
Monte Carlo, 163, 166-169, 174-179, 181, 230

Multidimensionalidade, 14

N
NBC, 10

O
Organização, 35, 86-87
Organograma, 28

P
Patrimônio, 66, 125, 206
PIB, 104-105, 107-110, 120, 130-131, 133, 147-148, 152, 162, 169, 171-172, 175-176, 178-179, 182, 188
Planejamento
  econômico, 95-97, 99, 155-158, 162-163, 165-168, 174, 177-178
  estratégico, 69, 71, 79, 87, 162
  operacional, 69, 71, 158-159, 162
Plano estratégico, 69, 87, 90, 144-145, 158
Plano orçamentário, 159
Porter, cinco forças de, 136, 140, 153
Preços de venda, 38, 40, 68
Processo de gestão, 67-68, 71-72
Produtos e serviços, 37, 70
Programação, 68, 70-71, 89

R
Relatório de mercado *focus*, 119-121
Relevância, 10
Responsabilidade compartilhada, 223

S
Seis SIGMA, 192-193
Simulação, 72, 96, 162, 176, 179
Simulação no planejamento econômico, 162
Sistema
  aberto, 43-44, 46-47, 95
  contábil gerencial, 40
  de cadastro de Clientes, 103
  de custos, 40
  de informação, 24-25
  de informação gerencial, 34, 62, 230

  integrado de gestão empresarial, 26, 94, 101
  nacional de índices de preços ao consumidor, 113
Sistemas
  abertos, 43
  de informações, 10, 17, 35-36, 38, 62, 67, 92, 94-96, 140, 191
  de informações operacionais, 35
Sobrevivência das organizações, 48
Staff, 24, 40, 107-108
Stakeholders., 31, 93, 189
Subsistema
  de gestão, 52, 99
  de gestão de riscos, 99
  de informação, 53
  físico-operacional, 54-55
  formal, 52
  institucional, 50
  organizacional, 52, 97
  social, 53
SWOT, análise, 80, 140-143, 146-147, 152, 181

T
Tempestividade, 10
Teoria contábil, 7-8, 12-13
Teoria da decisão, 8
Teoria da mensuração, 9
Teorias contábeis, 7, 11, 19, 89
Tesouraria, 21-23
Tipos de cenários, 97, 139
Tomada de decisão, 74-76
TQC, 191-192
Transformação patrimonial, 17
Tributos, 27, 44, 206

U
Unidade administrativa, 4, 23, 26, 28
Unidades de negócios, 37, 70

V
Valor da informação, 10, 184
Valor econômico da empresa, 59
Verificabilidade, 10, 15, 20
Visão sistêmica, 56